著作権トラブル解決実務ハンドブック

三山裕三［編著］

青林書院

は し が き

　編著者は，平成20年から９年間にわたり，東京理科大学専門職大学院の客員教授として，「著作権法実践特論」（後に「著作権法特論」）の講義を担当した。
　本書の構想及び内容は，かかる講義の内容及びレジュメをベースにしている。

　この講義で第１に心がけたことは，「交渉における戦略」の視点である。

　弁護士は，権利者，侵害者いずれの代理人にもなる。
　権利者側であれば，いかに侵害者に圧力をかけ，迅速に最大の成果を得るか，侵害者側であれば，いかに権利者からの圧力を回避し，可能な限り有利な結論を導くか，に腐心しなければならない。
　交渉においては，費用対効果の制約のもと，戦略を練り，圧力をかけ（もしくは回避し），相対的にプラスの結果を導く必要があるが，そこでは相手方との心理的な駆け引きに加え，依頼者の説得という大事な作業もある。
　油断して相手方との交渉にだけ専念していると，思いもかけず背中から弾が飛んでくることがある。
　実務家であれば，トラブルの解決（紛争の終息）という目的を達成するため，適時かつ適切に，最良の手段を行使して当面の目標を達成し，その積み重ねの末に目的に到達すべく，最善努力しなければならない。
　しかし，これは著作権法の分野に限らず，いかなる領域の法律問題の解決であれ，方法論としては同じである。
　とはいえ，その取り扱う対象が著作権法の条文，判例及び実務慣行という専門的分野であるが故に，それなりの知識及びノウハウが要求される。
　第１部第１節は「交渉における戦略」の中身であり，**第２部**はその教訓からの進化である。

　この講義で第２に心がけたことは，「著作権法の実務的解析」の視点である。

ii　はしがき

　第1部第1節「著作権紛争（著作権トラブル）の発生から解決にいたるまでの流れ」も，第2部「平時における免疫力の向上」も，第1部第2節「著作権紛争（著作権トラブル）の類型」の正しい理解があってはじめて可能になる。

　理論的考察は多くの他書に譲り，ひとえに実務家の視点から著作権法の条文等を解析し，それによって本書の個性（特色）が浮き出るように努めた。

　チャートを多用し，適宜，ポイント，間接事実，文例等を抽出のうえ特記したのはそのためであり，加えて新鮮さを出すため，平成30年の著作権法改正にも言及した。

　とはいえ，実務家的視点に基づき著作権法をダイナミックに照射するという本書の性格と，コンパクト性を重視すべく紙数を意図的に制約したことから，網羅的かつ詳細な記述はあえて控えた。

　この点については，編著者著の『著作権法詳説〔第10版〕』（2016年，勁草書房）で補完していただければ，本書との両輪になって，著作権法全体の理解が容易になるものと確信している。

令和元年7月吉日

三　山　裕　三

著 者 紹 介

■編著者

三 山　裕 三（弁護士）

執筆：第1部第1節・第2節，第2部

　　昭和56年　　　東京大学法学部卒業
　　昭和58年　　　弁護士登録（第一東京弁護士会）
　　昭和61年　　　三山裕三法律事務所設立
　　平成13年　　　三山総合法律事務所に改称
　　三山総合法律事務所代表弁護士
　　東京理科大学専門職大学院（知的財産戦略専攻）客員教授（平成20年～28年）

【主要著作】
- ・　『著作権法詳説〔第10版〕』（2016年，勁草書房）
- ・　「広告代理店の著作権処理義務——東京地判平成20・4・18」NBL884号（2008年，商事法務）
- ・　「デジタル・ネット時代における著作権のあり方(上)・(下)」NBL898号・899号（2009年，商事法務，共著）
- ・　「著作権法解釈の誤信と過失」『著作権判例百選〔第6版〕』（2019年，有斐閣）
- ・　「第29条（他人の特許権等との関係）■著作権ほかとの関係（除く意匠権）」『新・注解商標法』（2016年，青林書院）
- ・　「商標権と著作権の関係」『最新青林法律相談(16) 商標の法律相談Ⅰ』（2017年，青林書院）
- ・　「製造地の虚偽記載」『新・青林法律相談(24) 不正競争の法律相談』（2010年，青林書院）

　　　　　　　　　　　　　　　　　　　　　　　　　　　　　　　　　他多数

iv　　著者紹介

■共著者（執筆順）

津 島　一 登（弁護士）

執筆：第1部第1節

　　平成19年　　東京大学法学部卒業
　　平成21年　　慶應義塾大学法科大学院卒業
　　平成22年　　弁護士登録（第一東京弁護士会）
　　平成22年〜　三山総合法律事務所

佐 原　祥 太（弁護士）

執筆：第1部第2節

　　平成22年　　東京大学法学部卒業
　　平成24年　　中央大学法科大学院卒業
　　平成25年　　弁護士登録（第一東京弁護士会）
　　平成25年〜　三山総合法律事務所

田 中　慎 一（弁護士）

執筆：第2部

　　平成17年　　一橋大学法学部卒業
　　平成19年　　一橋大学法科大学院卒業
　　平成20年　　弁護士登録（第一東京弁護士会）
　　平成20年〜30年　三山総合法律事務所
　　平成30年〜　TANAKA法律事務所

本書の構成と利用の仕方

I　本書の構成

	実体（内容）	方法（論）
有　事	②第１部第２節	①第１部第１節
平　時		③第２部

II　本書の利用の仕方（以下の①〜③は上記表中のそれらに対応）

　(1)　基本的には，①⇒②⇒③の通読をお奨めする。著作権法の実体法的知識が十分になくても，方法論（選択手段）の理解は可能であるし，むしろ①のダイナミックな側面から著作権法に関心を持ち，その後②に進んだ方が著作権法の理解が早まると思われる。③は交渉における戦略の教訓からの進化であるから，最後に読むのが適切であろう。

　(2)　既に著作権法の知識がある読者については，通読に加え，次のような利用の仕方もあろう。

　(a)　法律実務家の方は，①がメインだが，②，③を含め，目次，事項索引，判例索引，ポイント，間接事実，書式，文例から，該当の本文に遡る読み方も効率的であろう。

　(b)　企業内弁護士や法務部員の方は，③がメインだが，その前提として②をカバーし，さらに①の知見があれば，有事となって顧問（外部）弁護士に依頼する場合も連携がスムーズになろう。

　(c)　著作権の実務に携わっている企業の現場担当者の方は，②がメインだが，予防的には③もカバーすることが必要で，①については顧問（外部）弁護士にアウトソースすると割り切った方が効率的かもしれない。

三　山　裕　三

凡　　例　**vii**

凡　　例

Ⅰ　叙述の仕方

⑴　叙述は，原文引用の場合を除いて，原則として常用漢字，現代仮名遣い
によった。

⑵　本文中の見出し記号は，原則として，**❶❷❸**……，ⅠⅡⅢ……，⑴
⑵⑶……，(a)(b)(c)……，㋐㋑㋒……，(ⅰ)(ⅱ)(ⅲ)……の順とした。

Ⅱ　法令の表記

⑴　とくにことわりのない場合，著作権法中の条文については「114条」の
ように単に条数のみ記した。

⑵　地の文における法令名の表記は，原則として，正式名称によった。

⑶　カッコ内における法令条項の引用は，原則として，次のように行った。

(a)　主要な法令名については，後掲の「法令略語例」を用いた。

(b)　同一の法令の条項は「・」で，異なる法令の条項は「，」で併記した。
それぞれ条・項・号を付し，「第」の文字は省いた。

Ⅲ　判例の表記

判例は，原則として，次の〔例〕のように表記し，後掲の「判例略語例」を
用いた。

〔例〕平成24年1月17日，最高裁判所判決，判例時報2144号115頁，暁の脱走
DVD事件
→　最判平成24年1月17日，暁の脱走DVD事件，判時2144号115頁

Ⅳ　文献の表記

⑴　三山裕三『著作権法詳説──判例で読む14章〔第10版〕』（2016年，勁草
書房）については「詳説524頁」のように表記した。

⑵　⑴以外の文献は，原則として，次のとおり表記した。

執筆者名「論文名」編者名編『書名』頁数
執筆者名「論文タイトル」掲載誌　頁数

viii 凡　例

【法令略語例】

施令	著作権法施行令	独禁	私的独占の禁止及び公正取引
施規	著作権法施行規則		の確保に関する法律
関税	関税法	不競	不正競争防止法
関税施令	関税法施行令	法適用通則	法の適用に関する通則法
商標	商標法	民	民法
刑	刑法	民執	民事執行法
刑訴	刑事訴訟法	民訴	民事訴訟法
下請	下請代金支払遅延等防止法	民調	民事調停法
仲裁	仲裁法	民保	民事保全法
特許	特許法		

【判例略語例】

最	最高裁判所		判例集
高	高等裁判所	無体裁集	無体財産権関係民事・行政裁
知財高	知的財産高等裁判所		判例集
地	地方裁判所	判時	判例時報
判	判決	判タ	判例タイムズ
決	決定	LEX/DB	LEX/DBインターネット
民集	最高裁判所民事判例集		（TKC法律情報データベー
知的裁集	知的財産権関係民事・行政裁		ス）

【文献略語例】

詳説	三山裕三『著作権法詳説──判例で読む14章〔第10版〕』

目　　次　　**ix**

目　　次

はしがき
著者紹介
本書の構成と利用の仕方
凡　　例
書式，文例，間接事実，ポイント一覧

第１部　著作権紛争（著作権トラブル）に　巻き込まれたときの有事対応 **(1)**

第１節　著作権紛争（著作権トラブル）の発生から解決にいたるまでの流れ………………………………………………………………………… **(3)**

1　端緒……………………………………………………………………… **(3)**

Ⅰ　発見　**(3)**
Ⅱ　情報提供　**(6)**
Ⅲ　内部告発　**(6)**

2　目的（トラブルの解決＝紛争の終息）……………………………… **(8)**

Ⅰ　目的と目標の区別及び手段の選択　**(8)**
Ⅱ　権利者側の場合　**(8)**
Ⅲ　侵害者側の場合　**(9)**
Ⅳ　侵害判断が微妙な場合　**(10)**

3　目標（当面の請求）…………………………………………………… **(12)**

Ⅰ　将来の利用（の停止）⇒ 差止め　**(12)**
Ⅱ　過去の利用（の経済的補填）⇒ 損害賠償又は不当利得　**(12)**
Ⅲ　名誉・声望の回復等⇒ 適当な措置　**(12)**
Ⅳ　謝罪＋再発防止誓約　**(13)**

4　手段（解決方法）……………………………………………………… **(14)**

Ⅰ　内容証明郵便の送付　**(14)**
Ⅱ　証拠保全　**(36)**

x　目　次

Ⅲ　和解　(**50**)

Ⅳ　仮処分　(**55**)

Ⅴ　本訴　(**66**)

Ⅵ　民事調停　(**91**)

Ⅶ　知財調停　(**95**)

Ⅷ　日本知的財産仲裁センターによる調停・仲裁　(**100**)

Ⅸ　紛争解決あっせん制度　(**106**)

Ⅹ　税関における輸入差止申立制度　(**109**)

第2節　著作権紛争（著作権トラブル）の類型 ·· (**116**)

1　著作権の独占的性格 ··· (**116**)

Ⅰ　禁止権（差止請求権）の付与　(**116**)

Ⅱ　弊害に対する歯止め（制限）　(**116**)

2　全体鳥瞰図と著作権紛争（著作権トラブル）の中身 ·················· (**118**)

Ⅰ　著作権紛争の発生場面　(**118**)

Ⅱ　トラブルの宝庫としての判例とそこから得られる教訓　(**119**)

Ⅲ　判決文の構造　(**119**)

Ⅳ　著作権紛争（著作権トラブル）の解決指針　(**120**)

3　主体（著作者）を巡る紛争 ·· (**121**)

Ⅰ　創作者の判定（協力者・補助者）　(**121**)

Ⅱ　法人著作　(**125**)

Ⅲ　下請・外注　(**130**)

Ⅳ　共同著作者　(**130**)

Ⅴ　編集著作者　(**130**)

Ⅵ　映画製作者　(**131**)

Ⅶ　出版権者　(**133**)

Ⅷ　間接侵害　(**133**)

4　利用（著作権）を巡る紛争 ·· (**136**)

Ⅰ　利用と使用　(**136**)

Ⅱ　著作財産権　(**136**)

Ⅲ　権利制限規定　(**154**)

Ⅳ　著作者人格権　(**180**)

Ⅴ　設定出版権（利用の許諾）　(**185**)

Ⅵ　著作隣接権　（**185**）

Ⅶ　利用者の過失責任（注意義務）　（**193**）

Ⅷ　不法行為責任　（**193**）

5　**客体（著作物）を巡る紛争**……………………………………………（**194**）

Ⅰ　保護対象　（**194**）

Ⅱ　例示著作物（10条1項）　（**195**）

Ⅲ　二次的著作物（翻案物）　（**202**）

Ⅳ　編集著作物　（**202**）

Ⅴ　データベース　（**203**）

Ⅵ　共同著作物　（**204**）

Ⅶ　無保護のもの（題号，キャッチフレーズ，スローガン，古美術）　（**207**）

6　**その他の紛争**……………………………………………………………（**210**）

Ⅰ　みなし侵害　（**210**）

Ⅱ　刑事罰　（**213**）

Ⅲ　発信者情報開示請求　（**217**）

Ⅳ　他の知的財産権等との抵触（衝突）　（**220**）

第2部
平時における免疫力の向上（**233**）

1　**法務の3ステージとその留意点**………………………………………（**235**）

Ⅰ　法務の3ステージ　（**235**）

Ⅱ　各ステージにおける留意点　（**237**）

2　**著作物の創作段階における留意点**　（**239**）

Ⅰ　依拠の必要性　（**239**）

Ⅱ　依拠していない場合　（**240**）

Ⅲ　依拠していても非侵害になる場合　（**241**）

Ⅳ　無意識の依拠　（**244**）

Ⅴ　（非依拠の反証になる）創作日時の立証　（**245**）

Ⅵ　（権利者側による）依拠の立証　（**247**）

3　**著作物の利用段階における留意点**……………………………………（**248**）

xii 目　　次

Ⅰ　権利制限規定の要件充足　**(248)**

Ⅱ　許諾取得　**(248)**

Ⅲ　恒常的に著作物を取扱う事業者（利用者）の注意義務　**(248)**

Ⅳ　ネットユーザ等個人利用者の留意点　**(250)**

Ⅴ　ビジネスソフト利用上の留意点（個人及び法人）　**(251)**

4　契約書，覚書，メールなどの書面の作成 ……………………………… **(253)**

Ⅰ　書面の重要性　**(253)**

Ⅱ　誰と合意するか　**(253)**

Ⅲ　何を合意するか　**(253)**

5　契約類型毎の留意点 ……………………………………………………… **(256)**

Ⓐ　中核条項 ………………………………………………………………… **(256)**

Ⅰ　譲渡系契約（著作権譲渡契約，複製権譲渡契約，原盤譲渡契約）　**(256)**

Ⅱ　制作委託系契約（コンテンツ制作委託契約，ソフトウェア開発
契約）　**(261)**

Ⅲ　ライセンス系契約（出版権設定契約，債権的許諾契約）　**(263)**

Ⓑ　一般（ボイラープレート）条項 ……………………………………… **(277)**

6　著作権等管理事業者との契約 …………………………………………… **(283)**

Ⅰ　利用者及び権利者による確認事項　**(283)**

Ⅱ　日本音楽著作権協会（JASRAC）　**(283)**

Ⅲ　日本複製権センター（JRRC）　**(286)**

Ⅳ　出版者著作権管理機構（JCOPY）　**(288)**

Ⅴ　学術著作権協会（JAC）　**(289)**

Ⅵ　実演家著作隣接権センター（CPRA）　**(290)**

Ⅶ　映像コンテンツ権利処理機構（aRma）　**(290)**

Ⅷ　日本レコード協会（RIAJ）　**(291)**

Ⅸ　出版物貸与権管理センター（RRAC）　**(292)**

7　著作権者不明等の場合の裁定制度の利用 ……………………………… **(294)**

Ⅰ　裁定制度の利用　**(294)**

Ⅱ　著作権者不明等の場合（67条）　**(294)**

Ⅲ　放送及び商業用レコードの場合（68条・69条）　**(296)**

8　著作者表示（推定規定）と登録の活用 ………………………………… **(297)**

Ⅰ　著作者の推定　**(297)**

目　次　**xiii**

Ⅱ　登録　(**298**)

9　商標登録の要否 ……………………………………………………(**301**)

Ⅰ　商標登録と著作権の関係　(**301**)

Ⅱ　絵画等の美術作品の商標登録の可否　(**301**)

10　法人著作の活用（15条の 4 要件の吟味）………………………(**303**)

Ⅰ　防衛的な意義（著作財産権及び著作者人格権が法人に原始的に帰属することのメリット）　(**303**)

Ⅱ　4 要件の吟味　(**303**)

11　著作権法以外のコンプライアンス ……………………………(**304**)

Ⅰ　コンプライアンス一般　(**304**)

Ⅱ　独占禁止法　(**305**)

Ⅲ　下請法　(**310**)

Ⅳ　不法行為（民法）　(**315**)

Ⅴ　肖像権　(**315**)

Ⅵ　パブリシティ権　(**315**)

Ⅶ　商標法　(**315**)

Ⅷ　特許法，実用新案法，意匠法　(**316**)

Ⅸ　不正競争防止法　(**316**)

12　外国との契約（準拠法，裁判管轄，仲裁）…………………(**317**)

Ⅰ　準拠法　(**317**)

Ⅱ　裁判管轄　(**318**)

Ⅲ　仲裁　(**318**)

Ⅳ　膠着状態になった場合の優先順位　(**320**)

事項索引　(**323**)

判例索引　(**331**)

書式，文例，間接事実，ポイント一覧

書　式

書式1　通知書（内容証明）例1　**(21)**
書式2　通知書（内容証明）例2　**(24)**
書式3　照会書（内容証明）例　**(27)**
書式4　回答書（内容証明）例1　**(29)**
書式5　回答書（内容証明）例2　**(31)**
書式6　回答書（内容証明）例3　**(34)**
書式7　証拠保全申立書例　**(43)**
書式8　証拠保全決定　**(48)**
書式9　合意書（裁判外の和解）例　**(53)**
書式10　仮処分命令申立書例　**(62)**
書式11　訴状例　**(85)**
書式12　民事調停申立書例　**(93)**
書式13　調停申立書例：日本知的財産仲裁センターのウェブサイトより引用　**(101)**
書式14　仲裁合意書例：日本知的財産仲裁センターのウェブサイトより引用　**(104)**
書式15　あっせん申請書例：文化庁「あっせん申請の手引き」より引用　**(107)**
書式16　輸入差止申立書例：税関のウェブサイトより引用　**(112)**

文　例

【第1部】
文例1　著作財産権（翻案権を含む）の譲渡条項　**(128)**
文例1-2　翻案権等の特掲条項　**(128)**
文例2　著作者人格権の不行使特約と第三者効条項　**(128)**
文例3　他人の著作権等非侵害の表明保証と補償条項　**(128)**
【第2部】
文例1　著作財産権（翻案権を含む）の譲渡及び対価の支払条項　**(258)**
文例1-2　翻案権等の特掲条項　**(258)**
文例2　著作者人格権の不行使特約と第三者効条項　**(260)**

書式，文例，間接事実，ポイント一覧　**xv**

文例3　他人の著作権等非侵害の表明保証と補償条項　**(260)**

文例4　事前承諾＋同等義務負担＋受託者連帯責任の条項　**(262)**

文例4－2　再委託の禁止条項　**(262)**

文例5　検収（引渡し及び審査）条項　**(262)**

文例6　出版権の設定条項　**(265)**

文例7　上映等利用条項　**(266)**

文例8　支分権毎のライセンス条項　**(267)**

文例9　独占的利用等の許諾条項　**(268)**

文例10　第三者へのライセンス可能条項　**(269)**

文例11　サブライセンス可能条項　**(269)**

文例12　ロイヤリティ（許諾料）の支払条項　**(269)**

文例13　会計報告，会計帳簿の閲覧・謄写条項　**(270)**

文例14　クリエイティブコントロール条項　**(271)**

文例15　知的財産権の帰属（不争義務）条項　**(271)**

文例16　権利侵害行為対処条項　**(271)**

文例17　商標・意匠登録禁止条項　**(274)**

文例18　改変と改変物（二次的著作物）取扱条項　**(274)**

文例19　著作権者表示条項　**(274)**

文例20　原盤印税支払条項　**(276)**

文例21　実演制限条項　**(277)**

文例22　解除　**(277)**

文例23　損害賠償　**(278)**

文例24　期間（自動更新条項）　**(278)**

文例25　契約終了後の取決め（在庫品の処分，資料の返還・破棄）　**(278)**

文例26　権利義務の譲渡禁止　**(279)**

文例27　通知義務　**(279)**

文例28　秘密保持　**(279)**

文例29　暴排（反社会的勢力の排除）条項　**(280)**

文例30　契約の変更　**(281)**

文例31　協議（信義誠実）　**(281)**

文例32　存続条項　**(281)**

文例33　準拠法　**(281)**

文例34　裁判管轄（合意管轄）　**(281)**

文例35　仲裁　**(281)**

xvi　書式，文例，間接事実，ポイント一覧

間接事実

1　創作者判定の間接事実　**(123)**
2　創作者性肯定の間接事実　**(124)**
3　創作者性否定の間接事実　**(124)**
4　法人著作判定の間接事実　**(129)**
5　編集著作者判定の間接事実　**(130)**
6　映画の著作者性判定の間接事実　**(132)**
7　映画製作者性判定の間接事実　**(132)**
8　依拠肯定の間接事実　**(138)**
9　公にの間接事実　**(139)**
10　まねきTV事件最判における送信可能化（情報の入力）の主体に関する間接事実　**(143)**
11　公正な慣行への合致を基礎づける間接事実　**(161)**
12　引用の目的上，正当な範囲内であることを基礎づける間接事実　**(161)**
13　46条4号該当性に関する間接事実　**(174)**
14　情を知っての間接事実　**(211)**
15　名誉声望低下の間接事実　**(212)**
16　故意認定の間接事実　**(215)**
17　実質的類似性の間接事実　**(247)**
18　アクセス可能性の間接事実　**(247)**
19　著作権譲渡を推認し得る間接事実　**(257)**
20　推定覆滅の間接事実　**(259)**

ポイント

ポイント①　推定の覆滅の有無及び割合を認定するファクター　**(77)**
ポイント②　販売できないとする事情（侵害行為と著作物の販売減少との相当因果関係を阻害する事情）　**(78)**
ポイント③　慰謝料請求において立証すべきファクター　**(82)**
ポイント④　輸入差止申立制度のメリット　**(111)**
ポイント⑤　RGBアドベンチャー最判の判旨　**(126)**
ポイント⑥　職務上の作成に関するメルクマール　**(126)**
ポイント⑦　管理支配性のメルクマール　**(133)**

書式，文例，間接事実，ポイント一覧　**xvii**

ポイント⑧　図利性（利益帰属性）のメルクマール　（**134**）

ポイント⑨　間接侵害を認める実益　（**135**）

ポイント⑩　公衆送信の分類　（**141**）

ポイント⑪　公衆への伝達権相互間の異同　（**145**）

ポイント⑫　公衆への伝達権の全体鳥瞰図　（**146**）

ポイント⑬　濾過テストの判断手法　（**151**）

ポイント⑭　著作物の保護期間の概要　（**154**）

ポイント⑮　付随対象著作物の要件　（**157**）

ポイント⑯　35条1項の建付け1（条文）　（**165**）

ポイント⑰　35条1項の建付け2（運用）　（**166**）

ポイント⑱　35条1項ただし書の建付け　（**166**）

ポイント⑲　38条の一覧表示　（**170**）

ポイント⑳　同一性保持権の侵害になり得る行為　（**183**）

ポイント㉑　放送事業者が有する著作財産権　（**199**）

ポイント㉒　写真の創作性判定基準　（**201**）

ポイント㉓　データベースにおける侵害肯定のメルクマール　（**204**）

ポイント㉔　戦後日本経済の50年東京地判が示した正当な理由のメルクマール
　　　　　　（**205**）

ポイント㉕　ピンク・レディー最判が示したパブリシティ権侵害の類型　（**228**）

ポイント㉖　著作権侵害で依拠が必要とされる理由　（**240**）

ポイント㉗　産業財産権（特許権等）侵害で依拠が必要とされていない理由　（**240**）

第1部

著作権紛争（著作権トラブル）に巻き込まれたときの有事対応

第1節　著作権紛争（著作権トラブル）の発生から解決にいたるまでの流れ　　**3**

第1節

著作権紛争（著作権トラブル）の発生から
解決にいたるまでの流れ

　著作権紛争（著作権トラブル）が既に発生した以上は，その事実を真摯に受け止め，何らかの解決を図る必要がある。権利者であれば，いかに権利を主張し，その侵害の回復を迅速に図るかであり，侵害者であれば，いかに反論の上防禦し，その損害を極小化するかということになる。裁判外及び裁判上における権利者及び侵害者間の戦略的交渉の中身を，具体的な選択手段（解決方法）及び多くの書式を示しつつ解説する。なお，類書では権利者側の視点のみから語られることが多いように思われるが，本書の特色は，侵害者側の視点にも意を払っている点にある。

1　端　　緒

I　発　　見

(1)　侵害物の入手（証拠の確保）と侵害者の特定

　侵害の「発見」がなければ，権利主張もない。

　よって，常日頃からアンテナの感度を上げ，広く情報が入ってくるようにしておく必要がある。

　侵害を「発見」した場合の次の一手は，①侵害物の入手（証拠の確保）と②侵害者の特定である。

　この点，違法複製物がリアル店舗で販売されている場合であれば，侵害物の入手（証拠の確保）と侵害者の特定は比較的容易である。

(2)　ネット販売やウェブ公開の場合

　これに対し，ネット販売（例えば，プラットフォーマー上のオークションサイトやフリマアプリ他）の場合には，販売者の身元が直ちにはわからないことが多く，侵害者の特定は必ずしも容易ではない。

　侵害物の入手（証拠の確保）と販売者の身元特定のため，権利者の協力者があ

えて買主となって販売者にコンタクトをとり，現物を購入する（例えば，権利者が法人の場合，その従業員が個人名義で自宅宛てに注文して購入する）こともある。

電子掲示板，動画投稿サイト，SNS等のウェブ上に音楽や映像をはじめとする違法コンテンツが公開されている場合も，インターネットの匿名性から，侵害者を直ちに特定することは困難である。

(3) プロバイダへの削除要請

いわゆるプロバイダ責任制限法及びそのガイドラインに基づく削除要請という方法（いわゆる送信防止措置請求）がある。

これは，権利者（請求者）が送信防止措置をプロバイダに依頼し，プロバイダが発信者に対し，削除の可否を確認したものの，7日以内に反論がなければ削除されるという仕組みである。

ただし，権利者（請求者）は，プロバイダに対し，①著作権者等であること及び②著作権侵害等の明白性を明らかにする必要がある。

また，仮に削除に成功したとしても，別のサイトで利用が継続することもあり，抜本的な解決にはならない。

(4) 発信者情報開示請求（仮処分・訴訟）

そこで，プロバイダではなく侵害者本人に対し直接権利行使をすべく，侵害者の特定のため，プロバイダに対し，発信者情報開示請求（仮処分・訴訟）を行う方法が考えられる。

しかし，この方法で侵害者を特定するためには，①サイト運営者に対する仮処分によりIPアドレスとタイムスタンプの開示を受け，②インターネット業者に対する仮処分により通信ログの消去を止め，③インターネット業者に対する訴訟により住所氏名等の発信者情報の開示を受けるという3段階の手続が，それぞれ必要になる。

しかも，プロバイダに保存された通信ログが通常は3か月程度しか保存されないことと，①の仮処分決定を得るまでにおおよそ1か月の期間を要することからいえば，インターネット上の無断アップロードから2か月を経過している場合には，手続が時間的に間に合わないおそれもある（発信者情報開示請求については，**第2節 6 Ⅲ**で詳述する）。

(5) 直接の侵害主体以外の関与者（幇助者等）に対する差止請求

ところで，違法に複製されたコンテンツを投稿する者が多数に上る場合は，

発信者情報開示請求（仮処分・訴訟）によって投稿者をいちいち特定して個別に差止請求をするのではイタチごっこに陥り効率性に欠ける。

そこで，権利者としては大本の業者や運営者等に対し差止請求ができれば都合がよい。

事案の内容にもより，いずれもハードルが高いが，方法論としては2つ考えられる。

1つは，①管理支配性及び②図利性（利益帰属性）が肯定され得る事案であれば，カラオケ法理に基づき，業者や運営者等を侵害者と評し（いわゆる間接侵害），当該業者や運営者に対し，直接に差止請求権を行使する方法である（詳説298頁）。

とはいえ，**第2節3Ⅷ**でも詳述するが，業者や運営者等の相当に強い関与がなければ，間接侵害が認められる可能性は低い。

もう1つは，大阪地判平成15年2月13日（ヒットワン事件，判時1842号120頁）や東京高判平成17年3月3日（2ちゃんねる事件，判時1893号126頁）に基づき，幇助行為を行う者を著作権の侵害主体に準ずる者として，112条1項に基づき，直接に差止請求権を行使する方法である。

前記大阪地判平成15年2月13日は，音楽著作権の管理等を目的とする原告の許諾を得ていない社交飲食店に対して通信カラオケ装置をリースしている業者につき，幇助者であるにもかかわらず，幇助者の行為が著作権侵害行為に密接な関わりを有し，幇助者が幇助行為を中止する条理上の義務があり，かつ幇助行為を中止して著作権侵害の事態を除去できるような場合には，幇助行為を行う者は侵害主体に準じるものと評価できるから，112条1項の著作権を侵害する者又は侵害するおそれがある者にあたると判示している。

前記東京高判平成17年3月3日は，インターネット上においてだれもが匿名で書き込みが可能な掲示板の開設運営者は，少なくとも著作権者等から著作権侵害の事実の指摘を受けた場合には，可能ならば発言者に対してその点に関する照会をし，さらには著作権侵害であることが極めて明白なときには当該発言を直ちに削除するなど，すみやかにこれに対処すべきであるとし，何らの是正措置もとらなかった掲示板運営者は，故意又は過失により著作権侵害に加担していたものといわざるを得ないから，112条にいう著作権等を侵害する者又は侵害するおそれがある者に該当すると判示している（ただし，1審の東京地判平成

16年3月11日，判時1893号131頁は反対）。

よって，事案の内容にもよるが，権利者側としては，警告をして是正を求めることには意味があり，業者や運営者等側も，ひとたび警告が来たときは放置するのではなく，それなりの適切な対応をすべき場合もあろう。

Ⅱ　情報提供

権利者による発見には限界があるから，第三者からの「情報提供」は，それを補完する意味で重要である。

具体的には，同業者，利用者若しくは伝達者（出版社や著作隣接権者），関係者（出版取次，書店），著作権等管理事業者，ユーザ（顧客，使用者）その他からの侵害情報の提供であり，常日頃からこれらの者との間で緊密な関係を築いておくことが肝要である。

Ⅲ　内部告発

(1)　侵害情報の外部不拡散と実例

「内部告発」が端緒になることも多い。なぜなら，著作権侵害は閉鎖的環境下で密行的に行われ，その情報が外部に拡散することは通常ないからである。

筆者らが経験したところでも，①マイクロソフト社のOfficeやアドビ システムズ社のAcrobatをはじめとするプログラムを，ライセンス契約で認められた範囲を超えて企業内の多数の端末にインストールしていたケース，②私的使用の要件を充足しない企業内において多数の出版物を複数部コピーして新入社員研修や販促用に配布していたケース，さらには③同出版物を電子化し社内のサーバに保存の上共有し，社内のLANを通じて送信利用までしていたケース，④予備校において教材として使用するため市販の教科書や参考書を大々的に丸ごと複製の上，表紙だけは変え製版までして生徒に提供していたケースなどがある。

(2)　侵害情報の外部漏出と客観的証拠の入手

これらのケースは通常明るみに出ることはないが，著作権意識の普及に伴い罪の意識に苛まれた担当者が知らせてくることや，従業員の退職若しくは解雇といった企業との決別を契機としてコンプライアンス意識が顕在化した結果，内部告発にいたることが間々あるようである。

ところで内部告発はほとんどが匿名でなされるから，こちらから内部告発者にコンタクトをとることができず，その後の裏付調査は困難となるが，一定の

真実が含まれている蓋然性は極めて高い。

　内部告発文書に侵害物の現物や写真等の客観的証拠が同封・添付されている場合はともかく，単に内情を記載したにとどまり信用性が担保されていない場合には，いかにしてさらなる情報及び客観的証拠を入手できるかが次の課題となる。

2　目的（トラブルの解決＝紛争の終息）

Ⅰ　目的と目標の区別及び手段の選択

⑴　目的であるトラブルの解決（紛争の終息）が第一義

　著作権トラブルの解決（紛争の終息）を「目的」として，「目標」（当面の請求）を立て，目標達成のために適切な「手段」（解決方法）を行使していくという手順になる。

　あくまで目的であるトラブルの解決（紛争の終息）を第一義と考えるべきで，目標が目的から逸れ，一人歩きしては本末転倒である。

　具体的にいえば，差止めや損害賠償認容の決定や判決が出ても，依然として利用が止まらなければ，目的を達したとはいえないであろう。

　とはいえ，同種事例の頻発を阻止すること，その意味で社会への公表が目的であるのなら，むしろ認容判決（決定）を得ること自体が目的となるから，その場合には損害賠償額の多寡は問題ではなく，和解で終わらせる必要もないことになる。

⑵　費用対効果からの適切な手段の選択

　次に，行使すべき手段の点についてであるが，目標や目的を実現するための手段としては法的手段が必ずしも最適とは限らない。裁判外の和解も含めた交渉によった方が，要する労力，時間及び費用の点で妥当な場合もある。

　要は，目標や目的を念頭に，それに到達するためにはいかなる手段が最適であるのかを，その時点時点で柔軟に考えることである（■図表１−１）。

Ⅱ　権利者側の場合

⑴　将来の利用の停止（侵害行為の阻止）

　まずは，将来の利用の停止に重きを置くのか，それとも過去の利用の経済的補填（損害賠償）をも視野に入れるのかを選択する必要がある。

　将来の利用の停止（侵害行為の阻止）を第一義とするのであれば，損害賠償額の多寡に必要以上に拘泥すべきではない。

　確かに損害賠償請求に関しては，114条以下に損害額の推定又はみなし規定が設けられているが，過去の裁判例からいえば，著作権侵害の損害賠償額は極めて低額であることが多い。

　加えて，訴訟において損害賠償の請求を加えると争点が増え，それだけ余計

■図表1−1　目的と目標の区別及び適切な手段の選択

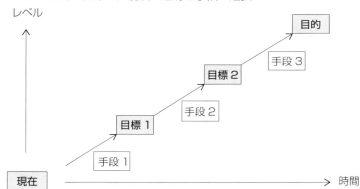

に時間がかかるから、むしろ本訴は提起せずに仮処分のみを申し立て、そこで認容決定が出て相手方が争ってこなければ、それが最も時間のかからない将来の利用の停止（侵害行為の阻止）方法といえる。

(2) **損害賠償の請求（過去の利用の経済的補填）**

とはいえ、差止めだけで損害賠償の請求をしないと抑止効果に乏しく、かえって侵害行為を助長しかねないというのであれば、侵害者が得た収益を一定限度であれ吐き出させる必要があるから、少額とはいえ損害賠償の請求を行うことも検討しなければならない。

ところで、訴訟で損害賠償を求める場合でも、前記の内部告発事案など、侵害が密行的に行われたケースでは、侵害された著作物の特定及び侵害範囲や譲渡等数量を完全に立証することは容易ではなく、必ずしも十分な損害賠償が得られるとは限らない。

むしろ侵害行為の差止めを早期に実現した方が、正規品の売上の回復等に繋がり、将来収益の減少阻止という意味での経済的利益が得られることも念頭におく必要がある。

Ⅲ　侵害者側の場合

(1) **非侵害の主張立証**

まずは、侵害の点につき徹底的に争うのか、それとも侵害は認めるもののダメージ（損害賠償及び信用毀損・低下）を極小化するのかを選択する必要がある。

侵害者としては，現状のまま（金銭的な負担なく）著作物の利用を継続できるのが望ましいことはいうまでもないから，非侵害を主張立証できるのであれば，それが最善の目標である。

(2) 利用許諾の事後的取得

とはいえ，侵害の事実が明白で争う余地のない場合，特に侵害物が市場に既に流通しており，回収・廃棄等に多額のコストが発生するときは，将来の利用に関し，権利者との間で利用許諾契約を締結し，かつ過去の侵害行為に対する損害賠償額を最小化する内容の和解を行うしか方法はない。

(3) 賠償額の免除若しくは減額

他方，将来にわたり権利者の著作物を利用する意図がないときは，将来の利用をしないことを誓約する代わりに，過去の侵害行為に対する賠償額を免除若しくは減額してもらう内容の和解を目標とすることになる。

訴訟ほど，経済合理性の観点からは非効率な手段はない。なぜなら，実務担当者の「労力」を奪い，膨大な「時間」を消費し，その割に得られる賠償額は低く，「費用」（訴訟コスト）も自腹を切らなければならないからである。

つまり，訴訟に比し，裁判外の和解で解決する方が権利者としては明らかに有利であるから，これを裏からいえば，侵害者であっても条件闘争は十分に可能である。

Ⅳ　侵害判断が微妙な場合

(1) 方針の機動的決定

例えば，①コンテンツの一部が異なってはいるが，完全に別の著作物とはいいきれない（翻案物に該当しそうな）場合，②権利者からの許諾の有無がはっきりしない場合，③権利制限規定の要件を充足する可能性があり得る場合など，著作権侵害にあたるのか否かが微妙なケースもある。

このような場合は，権利者側であれ侵害者側であれ，どこまで侵害判断を争うのか，仮処分や本訴において裁判所が侵害と認める可能性はどの程度あるのか，一定の譲歩をして和解的解決を図った方が得策であるのか，また和解交渉に切り替える時期はいつがよいのか等を常に検討しながら，適宜適切な方針を機動的に決定する必要がある。

(2) 公的見解，有力な学説，裁判例

その際には，過去の裁判例や文献を渉猟し，公的見解や有力な学説はどうな

っているのかを調査し，費用対効果の観点から出費も厭わない事案であれば，あわせて法律専門家（弁護士，有力学者）の意見書（それも複数）の徴求も検討されてよい。

　なぜなら，依拠しているが違法であることを知らなかった事案において，公的見解，有力な学説，裁判例の点で微妙なときは，過失が否定されることもあり得るからである（最判平成24年1月17日，暁の脱走DVD事件，判時2144号115頁，三山裕三「著作権法解釈の誤信と過失」著作権判例百選〔第6版〕182頁）。

3 目標（当面の請求）

権利者が侵害者に対し請求し得る内容は，■図表１－２のとおりである。

Ⅰ 将来の利用（の停止） ⇒ 差止め

将来の利用に対しては，その差止め（停止又は予防）を請求することができる（112条１項）。

あわせて，侵害行為を組成した物，侵害行為によって作成された物，専ら侵害行為に供された機械・器具の廃棄，その他の侵害の停止・予防に必要な措置も請求できる（同条２項）。

例えば，書籍の無断複製が行われた場合は，将来における無断複製の停止のみならず，既に製作された複製物そのものや，無断複製を行うために常時使用されていた印刷機器を廃棄するよう求めることができる。

Ⅱ 過去の利用（の経済的補塡） ⇒ 損害賠償又は不当利得

過去の利用に対しては，不法行為に基づく損害賠償請求（114条，民709条）を行うことになる。ただし，不法行為の消滅時効は損害及び加害者を知った時から３年であり，それ以前の侵害行為については，時効期間が10年である不当利得返還請求（民703条）を根拠とすることになる。

Ⅲ 名誉・声望の回復等 ⇒ 適当な措置

著作者人格権又は実演家人格権が侵害された場合には，慰謝料請求に加え，①著作者若しくは実演家であることを確保し，又は②訂正その他著作者若しくは実演家の名誉若しくは声望を回復するために適当な措置を請求することがで

■図表１－２　権利者が侵害者に対し請求し得る内容

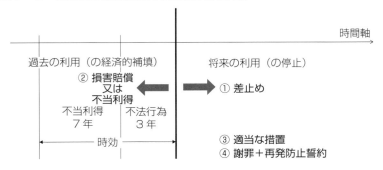

きる（115条）。

例えば，著作者の氏名が著作物に表示されていない場合は，①の措置として，著作者名を表示するよう求めることができ，②著作者の意に反する改変がなされた場合は，訂正広告や謝罪広告を行うよう求めることができる。

なお，著作者の名誉又は声望を害する方法によりその著作物を利用する行為も，著作者人格権を侵害する行為とされているから（いわゆる113条7項のみなし侵害），この場合も適当な措置を請求することができる。

Ⅳ　謝罪＋再発防止誓約

仮処分や本訴では，「債権者（原告）が著作権を有する著作物を複製した書籍を出版してはならない」といった包括的な差止請求は認められない。

ましてや将来の（未だ現存していない）著作物に対する差止請求などあり得ず，物件目録を添付するなどして，対象となる書籍等を客観的に特定する必要がある。

次に，謝罪広告は，名誉若しくは声望の毀損の程度が軽微なときや他の方法で既に名誉が回復されているときには認められず，それが認容されるハードルは極めて高く，過去の裁判例でも認められたケースはわずかである。

さらに，謝罪文にいたっては，意思表示の強制を求める裁判になるから，著作権法にも根拠規定がなく，そもそも侵害訴訟の判決で得ることは困難である。

加えて，再発防止誓約も，未だやってもいない将来の非侵害という不作為を現時点で誓約させるもので，そもそも訴訟で認められる類のものではない。

結局のところ，「謝罪＋再発防止誓約」は，通常の著作権侵害訴訟で得られる成果ではないから，もし和解であれ，これらが得られるのであれば，必要かつ十分な成果といえる。

以上を小括すれば，もし仮に和解において，「包括的かつ将来的な差止め＋謝罪＋再発防止誓約」を盛り込むのであれば，判決（決定）以上の成果の実現である（判決（決定）でもここまでの成果は得られない）から，仮に損害賠償の額を譲歩してでも，和解をした方が明らかに有利であるといえる。

4 手段（解決方法）

目標及び目的を達成する手段を鳥瞰すれば，■図表1−3のとおりである。

Ⅰ 内容証明郵便の送付

(1) 内容証明郵便は観測気球

まず検討すべきは，内容証明郵便の送付である。なぜなら，最も簡易迅速で費用も低廉で，その割には一定の効果を期待できるからである。

費用対効果の観点からは，よほどの事情がない限り，権利者側として直ちに訴訟を提起するのは適切ではないから，まずは内容証明郵便を送付して相手方の反応を見るのが妥当である。

(2) 内容証明郵便の効用

内容証明郵便も，単なる書状（レター）に過ぎないが，そのオフィシャルな形式に弁護士が発信者である事実が付加されると，訴訟が間近に迫っていることを相手方に想起させるに十分な効果があるから，相手方に緊張感をもって対応してもらうためには，弁護士が発信者である内容証明郵便が最も効果がある（「東京高等裁判所内郵便局」の受付印を押してもらうため，東京地裁地下の同郵便局から，電子内容証明ではなく旧来型の内容証明にして，わざわざ送付することもある）。

また訴訟を提起するにせよ，あらかじめ相手方の反論（回答書）の内容を早い段階で知っておくのは，権利者側の今後の方針を決定するためにも有意義で

■図表1−3　目標及び目的を達成する手段

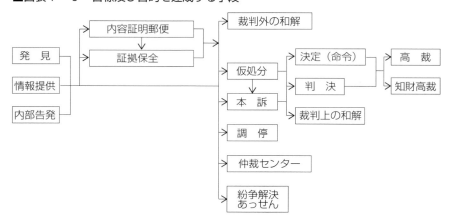

第1節 著作権紛争（著作権トラブル）の発生から解決にいたるまでの流れ　**15**

あるといえる。

⑶　回答しないという不作為

　相手方が弁護士に相談せずに不用意な回答をすると，それが後に自白になることもあるから，回答には細心の注意が必要であり，不利な回答をするくらいなら，何も回答しない方がベターである。

　余談ではあるが，権利者側にとって，最も好ましくないのは相手方から何らの回答もないことである。なぜなら，相手方が何を考えているのかがわからないのでは，権利者側としては次の方針を決定できないからである。

　仮に相手方が反論してきたとしても，反論してくること自体，権利者側のレールに乗っかってきたことの証左であり，さらにキャッチボールが続くのであれば，当面は権利者ペースで事が進んでいることを確認できる。

　裏を返せば，何らの回答もしないという不作為は，相手方としては決して悪い戦略ではない。訴訟をする気のある権利者であれば，相手方が回答をしようがしまいが，どのような回答をしようが，最終的には訴訟になるだけのことである。

　現に筆者らの経験ではあるが，相手方側のカウンセルとして何の返答もしない助言をして回答しないでいたところ，再度，権利者から通知書が来たが，それも無視して返答しないでいた結果，権利者が追及を諦めてしまったことがあった。

　訴訟は，労力的にも，時間的にも，費用的にも，相当に高いハードルであるということである。

⑷　表題は通知書で足りる

　内容証明郵便の表題としては，通知書で足り，警告状という表現を使うのは穏当とはいえない。なぜなら，この段階では侵害が決まったわけではないし，威圧的ニュアンスは品がよいとはいえないからである。

　とはいえ，権利侵害が明白で，極めて悪質な事案では，あえて警告状という表現を意識して使うこともある。

　いずれにせよ，重要なのは中身であって，表題は本質的な問題ではない。

⑸　次の一手を考えておく

　内容証明郵便は，仮処分や本訴等の前哨戦（ジャブの応酬）であるから，相手方が権利者側の要求に応じない場合を想定し，常に次の一手を考えておく必要

がある。

特に相手方から何らの回答もなかったときに，即訴訟に踏み切るのか，それとも再度，内容証明郵便を送付するのか，再送付でも回答がないときは訴訟をするのか，それとも請求を断念するのかをあらかじめ考えておく必要がある。

ちなみに，相手方からの回答がなくても，相手方が利用を停止したことが相手方のウェブサイト等により確認できる場合もあり，この場合には将来の利用の停止という目標が達成され，それに伴い目的も達成されたといえるから，手仕舞いにすればよい。

⑹ 何権の侵害であるのかの把握

内容証明においては，将来の仮処分や本訴を見据え，いかなる権利の侵害であるのかを正しく把握し，表現し，主張する必要がある（著作者人格権の侵害か，その場合はいずれの著作者人格権の侵害か，それとも著作財産権の侵害か，あるいは著作者人格権の侵害と著作財産権の侵害の両方か，著作財産権の侵害の場合，いずれの支分権の侵害か，を具体的に記載する必要がある）。

なぜなら，こうしないと主張反論が理論的に噛み合わず，情緒論に終始してしまい，時間の無駄になるからである。また，その後の訴訟提起の段階においても，訴訟物及び請求原因の検討はマストになるから，その準備にもなる。

⑺ 権利者側の留意点

⒜ 誰の名義で送付するか

当面は本人名送付で弁護士は黒子に徹するのか，初めから弁護士名で送付するのかという問題である。

例えば，侵害の事実が明白であるにもかかわらず，相手方が遵法精神に乏しいため内容証明郵便を送付しても侵害行為を停止しないと予想される場合や，著作権侵害に当たるか否かの判断が微妙で，相手方から反論が出てくる可能性が高い場合は，仮処分又は訴訟は避けられないから，当初から弁護士名で内容証明を送付した方がベターであろう。

他方，相手方が侵害行為を行っている旨の内部告発があったものの，かかる侵害行為を裏付ける客観的証拠がないような場合は，強いトーンの内容証明ではなく，内部告発の内容が真実か否かを尋ねる照会書にとどめざるを得ない。

このような場合には，警戒されないよう，弁護士名での送付を避けた方が妥当である（もっとも，相手方が誠実に回答しないことが予想される場合は，当初から弁護

士名で送付した方が効果的な場合もある）。

(b)　誰宛てに送付するか

相手方の他に，利用者若しくは伝達者（出版社，著作隣接権者）や関係者（出版取次，書店）にも通知するのかという問題である。

内容証明は，侵害行為を行う者全員に対して送付するのが効率的である。なぜなら，抜本的・全体的解決のためには関係者全員に侵害の事実を知らしめる必要があるからである。

例えば，書籍Aの翻案物である書籍Bが，書籍Aの著作権者の許諾なく出版されている場合，書籍Bの著者に内容証明を送付する必要があるのはもちろんのこと，書籍Bの出版社も，書籍Bを複製及び譲渡することにより，その原著作物である書籍Aに係る翻案権を侵害していることになるから，当該出版社にも内容証明を送付する必要がある。

さらに，書籍Bの流通の停止を求めるべく書籍Bを取り扱う出版取次や書店等の関係者に対しても，内容証明を送付する場合がある。

とはいえ，書籍Bが書籍Aの翻案権を侵害しているか否かは微妙な判断を要する場合が多く，安易に翻案権侵害であると断定して関係者に通知をすると，書籍Bの著者又は出版社から，営業誹謗（不競2条1項15号）に当たるとして逆に損害賠償を請求されるおそれがある。

よって，侵害者のみならず関係者に対しても通知をする場合は，その必要性ないし緊急性の有無や内容証明の表現について，特に慎重に検討する必要がある。

(c)　どこまで書くか

落とし所をどこに設定するかという問題である。

前述のとおり，侵害の事実が明白で，客観的証拠による裏付けも十分にある場合は，強いトーンの内容証明を送付することになるが，客観的証拠がない場合は，事実関係の照会にとどめる場合もある。

迅速に差止めが実現できれば良く，損害賠償には必ずしも拘泥しないという場合でも，相手方への心理的圧力を強めるためには，差止めだけでなく損害賠償もあわせて請求しておいた方がベターである。内容証明では差止めのみを請求しつつ，期限までに差止めが実現されない場合は，訴訟を提起し損害賠償もあわせて請求する旨を付記しても良い。誠意がない相手方の場合は，刑事罰に

言及することもある。

　損害賠償の請求額は可能な限り高くしておくべきである。なぜなら，事後的に請求額を引き上げることは信義上容易ではなく，また落とし所として想定する金額よりも相当程度高い金額を請求しておかなければ，最終的に想定する金額で和解することは困難になるからである。

　損害額は，114条各項により算定することになるが，1項から3項までの各規定を用いた場合の試算をし，いずれが最も高いかを検討しておくべきである（東京地判平成19年8月30日，営業成績増進セミナー事件，裁判所ウェブサイトは，114条1項から3項までのそれぞれの規定によって計算した金額のうち，最大の認定額を原告の蒙った損害額として認めている。詳説524頁）。

　114条の利用にあたっては，侵害者による複製物の譲渡等数量（1項），侵害者が受けた利益の額（2項），著作権利用料相当額（3項）等を，それぞれ主張する必要がある。

　前哨戦たる内容証明の段階では，推計又は仮置き計算をせざるを得ないことも多いが，合理的に説明できる範囲内で，可能な限り権利者に有利な数値を用いた方がベターである。

　また，差止めについては，相手方にどこまでを求めるのかが問題となる。将来の侵害行為の停止又は予防に加え，違法複製物が市場に流通している場合は，その回収及び廃棄を，専ら違法複製物を製造するために使用された金型等がある場合は，その廃棄を，それぞれ求める必要がある。

　謝罪広告や再発防止の誓約については，当初から内容証明に文例を記載して請求する場合もあれば，謝罪広告の内容や広告を掲載する媒体等の詳細を，後の和解交渉の中で詰めていく場合もある。

(8)　相手方側の留意点

(a)　送付人は権利者といえるのかの確認

　設定出版権者であればともかく，単なる出版許諾を受けたに過ぎない出版社は，著作権を保有しておらず権利者ではないから，自らの権利関係を明らかにしない出版社からの請求に対しては反論するには及ばないと回答するか，あるいは権利者であることの釈明を求めることになる。

　また仮に，権利者らしい者であっても，疑問があるときは，取得原因事実は何であるのかにつき，釈明を求めるべきである。

(b) どこまで回答するか

権利者側の主張に対し，反論できる点があれば反論すべきであるが，過去の侵害の事実は争いようがない場合，侵害の事実を認めたうえで，侵害行為を停止する旨を回答し，実際に侵害行為を停止すれば，仮に内容証明で損害賠償を請求されていても，それ以上の追及がされないこともある。

相手方が侵害行為により一定の利益を上げているときは，損害賠償を不問に付すことは，権利者としては困難であると思われるが，その場合でも，相手方としては，損害賠償額の算定根拠を争える場合は多い。

侵害事実は争いようがないが，将来の著作物の利用を認めてもらいたいという場合は，侵害の事実を認めたうえで，利用許諾契約を締結してもらうよう交渉することも一法である。

客観的証拠がない等の理由で，警告というよりはその前提としての事実関係の照会がなされたときに，どこまで回答すべきかは悩ましい問題である。

法的には回答義務はないが，とはいえ何らの回答もしない場合は，後述する証拠保全，仮処分，本訴等の法的手段にエスカレートする場合もあり，悪質な場合は刑事告訴され刑事罰が科せられるおそれがないわけではないこと等をも勘案し，ケースバイケースで対応する他はなく，無視するのが適切とはいえない場合もある。

(c) 回答しないという不作為

事案にもよるが，決して悪い戦略でないことについては既に述べた。

(d) 何を争うか

侵害論に関し，争点が多岐にわたる場合がある（例えば，著作者性，著作物性，類似，依拠，直接感得性，許諾の有無，権利制限規定の適否等）。

訴訟戦略の一般論としては，より有利と思われる争点に力点を置くべきであり，総花的な主張は避けるべきであるが，内容証明に対する回答の段階では，未だ争点が整理されていないうえ，権利者側がどの程度の客観的証拠を有しているのかも明らかではないことから，ある程度総花的な主張となることもやむを得ない。

また，交渉を有利に運ぶためには，可能な限り多くの反論を列挙し，後に訴訟になっても争点が多く膨大な時間を消費するであろうことを権利者側にあらかじめ知らしめた方が，相手方の訴訟戦略としては妥当といえよう。

(e) 落とし所をどこに設定するか

　侵害論で争う余地がある場合は，権利者側の主張を全面的に争うことになるが，今後も著作物の利用を望む場合は，権利者に一定の解決金を支払う代わりに，将来の継続利用を確保することを落とし所として視野に入れるべきである。

　他方，仮処分や本訴で侵害と認められるおそれがあり，かつ当該著作物を今後利用する予定がないときは，将来の利用をしないことを誓約する代わりに，過去の利用については一切の損害賠償をしない旨の和解を目指すこともあり得る。

　侵害論で争う余地がない場合は，賠償額を可能な限り下げるよう交渉する必要があるが，侵害の事実が第三者に開示されれば信用が毀損され営業上の損失が大きいケースでは，和解条項に公表制限（守秘義務）の規定を設けることを優先した方が良い場合もある。

第1節　著作権紛争（著作権トラブル）の発生から解決にいたるまでの流れ　　**21**

◆書式1　通知書（内容証明）例1

平成○年○月○日

○○　○○　殿

通　　知　　書

〒○-○　東京都○○
　　　　○○法律事務所
　　　　TEL　03-○-○
　　　　FAX　03-○-○
通　知　人　株式会社○○
代理人弁護士　○○　　○○

前略

　当職らは，株式会社○（以下「通知人」といいます）の代理人弁護士として，貴殿に対し，次のとおり通知します。

　さて貴殿は，○株式会社のネットオークションのウェブサイトにおいて，通知人が著作権を有するゲームソフト（「○」，「○」及び「○」。以下「本著作物」といいます）の複製物であるデータ（以下「本データ」といいます）を，通知人に無断で出品し，落札者にこれらをダウンロードするためのURLを通知し，ダウンロードさせることにより，有償で譲渡しました。

　この事実は，通知人が落札者から報告を受け，本データを入手したことにより確認済みであり，貴殿が，平成○年○月から○月の間に少なくとも○回の上記取引を行っていることも確認済みです。

　通知人に無断で本データをサーバにアップロードする行為は，通知人の複製権及び公衆送信権の侵害であり，差止（著作権法第112条第1項）の対象となるのはもちろんのこと，民事上の損害賠償責任に加え，刑事責任（10年以下の懲役もしくは1000万円以下の罰金又はその併科，著作権法第119条第1項）も発生する重大な違法行為です。

　それゆえ，通知人は，貴殿に対し，本著作物の複製物の譲渡により，通知人の著作権を侵害したことを謝罪し，今後は，本著作物を含む通知人の一切の著作物又はその複製物を，ネットオークションへの出品その他方法の如何を問わず，複製，譲渡及び公衆送信しないよう要求します。

つきましては，末尾表示の謝罪及び誓約文を作成のうえ署名捺印し，本書面到達の日から14日以内に，当職ら宛て提出されるよう要求します。

もし万一，当該期限までに謝罪及び誓約文の提出がないときは，不本意ながら，直ちに東京地方裁判所に訴訟を提起し，損害賠償を請求することはもとより，刑事告訴も辞さない所存ですので，あらかじめその旨申し添えます。

なお，通知人としましては，本件は極めて悪質と考えており，謝罪及び誓約文の提出があっても刑事告訴をすることはあり得ますので，その点はご了解ください。

最後に，本件につきましては，以降，当職らが通知人の窓口となりますので，通知人本人との直接交渉は厳にお控えくださるようお願い致します。

草々

（謝罪及び誓約文の表示）

謝　罪　及　び　誓　約　文

株式会社○○　御中

私は，貴社が著作権を有するゲームソフト（「○」，「○」及び「○」。以下「本著作物」といいます）のデータを，貴社に無断で，○株式会社のネットオークションに多数出品し，サーバにアップロードしたデータを落札者にダウンロードさせ，有償で譲渡しました。

私は，かかるアップロード及び有償譲渡により，貴社の著作権を侵害したことを認め，謝罪します。

今後は，諸法令を遵守し，本著作物の複製物であるデータ等をネットオークションに出品しないことはもとより，本著作物を含め，貴社の現在及び将来におけるあらゆる著作物及びその複製物を，複製，譲渡及び公衆送信しないことを誓約し，後日の証のため，本謝罪及び誓約文を差し入れます。

○年○月○日（日付を記入してください）

住所：（住所を記入してください）

氏名：（署名押印してください）

第1節　著作権紛争（著作権トラブル）の発生から解決にいたるまでの流れ　23

〔解説〕

権利者からの通知書文例である。

謝罪及び誓約文の文例をあらかじめ示しているのは，これを示さないと権利者側が望む謝罪及び誓約文の内容を相手方が直ちには理解できず，その完成までに無駄な時間が浪費されるおそれがあるからである。

もとより，これは権利者側の希望文言に過ぎないから，相手方としては，応じるところは応じるにせよ，了解できない部分があれば，削除するなり修正するなりして今度は自らの修正文言を開陳すべきである。

なお，既に述べたとおり，仮に訴訟で勝訴したとしても差止めと損害賠償が認められるに過ぎず，謝罪及び誓約文まで取得することはできない。

本著作物のみならず，他の著作物及び将来の著作物の非侵害についても誓約させているから，いわゆる「包括的かつ将来的な差止め＋謝罪＋再発防止誓約」のすべてが盛り込まれている。

悪質な事案であったため，刑事罰や刑事告訴にも詳しく言及している。

なお，かかる謝罪及び誓約文を入手しておけば，将来の違反の際に刑事告訴が受理されやすくなることは当然である。

24　第1部　著作権紛争（著作権トラブル）に巻き込まれたときの有事対応

◆書式2　通知書（内容証明）例2

平成○年○月○日

○○株式会社
代表取締役　○○　○○　殿

通　　知　　書

〒○-○　東京都○○
　　　　　○○法律事務所
　　　　　TEL　03-○-○
　　　　　FAX　03-○-○
通　知　人　　株式会社○○
代理人弁護士　　○○　　　○○

前略
　当職は，株式会社○○（以下「通知人」といいます）の代理人弁護士として，貴社に対し，次のとおり通知します。
1　さて今般，通知人のもとに，通知人が発行する出版物（以下，総称して「本件出版物」といいます）を貴社が大量に複製及び譲渡しているとの情報が，貴社の関係者から寄せられました。
　　当該関係者によれば，貴社は本件出版物の全てのページを電子化して保存したうえで，当該電子データを大量に印刷し，貴社の顧客に配布している（以下「本件行為」といいます）とのことです。
　　また通知人は，当該関係者の協力を得て，貴社が実際に印刷したとされる複製物の原本や，電子データが保存されているハードディスクの写真等も入手しています。
　　さらに，これを受けて通知人が貴社の元従業員からの聞き取り調査を別途実施したところ，当該元従業員から，貴社が本件行為に及んでいることに相違ない旨の証言が得られました。
2　本件行為は，本件出版物に係る複製権及び譲渡権を侵害するものであり，刑事罰（10年以下の懲役もしくは1000万円以下の罰金又はこれらの併科）の対象にもなり得る違法行為といわざるを得ません。
3　さらに，前記関係者及び元従業員によれば，貴社は，違法に複製した本件

第1節　著作権紛争（著作権トラブル）の発生から解決にいたるまでの流れ　**25**

出版物を資料として顧客に提供することで多額の利益を得ているとのことであり，本件行為により通知人が蒙った損害は相当高額に及ぶものと推察されます。

　加えて，貴社の顧客による将来のさらなる著作権侵害（貴社から提供された違法複製物の再複製や再譲渡）を助長するおそれがある点でも，本件を看過することはできません。

4　以上より，通知人は，貴社に対し，以下の事項を要求します。

　(1)　照会事項への回答

　　　本書到達日から2週間以内に，以下を書面でご回答ください。

　　ア　本件出版物のうち貴社が複製した出版物のタイトル，著作者名及び発行年月日

　　イ　本件出版物のタイトルごとの複製部数，配布期間及び配布先

　(2)　複製利用（複製物譲渡）の中止と誓約書の提出

　　　本件行為を直ちに中止するとともに，本書到達日から2週間以内に，本件を真摯に謝罪し，今後二度と同様の行為を繰り返さない旨の誓約書を当職宛てにご提出ください。

　(3)　複製物の回収

　　　本書到達後すみやかに，複製物の配布先に対し，貴社が配布した複製物は通知人の著作権を侵害して違法に作成されたものであるから直ちに貴社に返却又は廃棄するよう書面で指示し，本書到達日から2週間以内に，その指示書の写しを当職宛にご提出ください。

　(4)　複製物の廃棄又は消去

　　　貴社が保有し又は顧客から回収した本件出版物の複製物を，すべて廃棄又は消去したうえで，上記4(1)の回答日から2週間以内に，その証明書をご提出ください。

5　万が一，上記期限までにこれらの要求に対し誠意ある対応がなされないときは，誠に不本意ながら，民事，刑事を問わず，法的措置をとることも検討せざるを得ませんので，あらかじめその旨申し添えます。

　なお，本件につきましては，以降，当職が通知人の窓口となりますので，通知人本人との直接交渉は厳にお控えくださるようお願い致します。

　　　　　　　　　　　　　　　　　　　　　　　　　　　　　　　　草々

26　第1部　著作権紛争（著作権トラブル）に巻き込まれたときの有事対応

〔解説〕

　権利者からの通知書文例である。

　照会事項に回答させ，自白させようとするものである。

　つまり，上記の通知書におけるメインは4⑴であって，4⑵ないし⑷は枝葉である。

　よって，相手方としてはこの時点で4⑴について直ちに自白するのは時期尚早かもしれない。

　また，出版社が送付人になっているが，本件出版物と著作権法的にどのような関係を有しているのかが明らかではないから（「通知人が発行する出版物」だけではわからない），相手方としては，まずはその点の釈明を求めるべきであろう。

　既述のとおり，出版社が著作権や複製権の譲渡を受けている場合（医学系の出版社は，しばしば著作権や複製権の譲渡を受けていることが多い）や出版権の設定を受けている場合は格別，単なる出版許諾の場合には差止め等の主張はできないからである。

　なお，本件では，複製物の原本やハードディスクの写真等を入手し，元従業員からの証言も得られていたので強く出ているが，そこまでの確証がない事案のときは，本人名でしかもトーンもやや弱めの照会書程度の内容とするしかないであろう。

第1節　著作権紛争（著作権トラブル）の発生から解決にいたるまでの流れ　**27**

◆書式3　照会書（内容証明）例

20○○年○月○日

○○株式会社
代表取締役　○○　○○　殿

ご　　照　　会

〒○-○　東京都○○区○○
一般社団法人○○協会
代表理事　○○　○○

拝啓　時下益々ご清祥のこととお慶び申し上げます。
　平素は格別のお引き立てを賜りまして厚く御礼申し上げます。
　さて当協会は，○の専門書を発行する出版社で構成された団体ですが，この度，当協会宛に下記の情報が寄せられました。

記

1．貴社は，当協会の会員出版社が発行する文献を，権利者の許諾を得ることなく電子データとして複製（スキャン）し，貴社のデータベースに蓄積・保存した。
2．貴社は，貴社の顧客から依頼された文献につき，権利者の許諾を得ることなく，前記データベースに蓄積・保存された前記電子データを再複製し，当該顧客に譲渡又はFAX送信した。

　つきましては，上記1及び2の真偽をご確認いただき，もし真実である場合には，以下の①から④を含め，複製等の経緯及び実態等の詳細をお知らせいただきますようお願い申し上げます。

　①　データベース内に蓄積・保存された文献のタイトル，出版社名，著作者名及び発行年月日
　②　文献の複製及びデータベースへの蓄積・保存を行った期間及び頻度

28　第1部　著作権紛争（著作権トラブル）に巻き込まれたときの有事対応

　　③　顧客に譲渡又はFAX送信した文献のタイトル，出版社名，著作者名，発
　　　行年月日及び顧客に譲渡又はFAX送信した数量
　　④　上記複製，譲渡及びFAX送信を行うに至った経緯並びに今後の対応

　なお，当協会に寄せられた前記情報には，複製等に関与したとされる貴社の
管理職数名の実名が含まれておりますことを申し添えます。

　ご多用のところ誠に恐縮ですが，本件につきまして20○○年○月○日までに
書面にてご回答いただきますようお願い申し上げます。
　なお，もし前記情報が真実でない場合には，失礼の段心よりお詫び申し上げ
ます。

敬具

　追記：当協会の概要につきましては，当協会のウェブサイト（http://www.
　　　　○○.jp）をご覧ください。

〔解説〕
　権利者からの照会書文例である。
　出版社団体宛てに匿名の内部告発がなされたものの，侵害の対象となった著作物
が特定されていないだけでなく，何らの客観的証拠も添付されておらず，覆面調査
等も困難であった事案である。
　内部告発に担当管理職の実名が記載されており，相当程度の信憑性があるものの，
強いトーンで相手方に責任追及をすることは困難であるから，まずは弁護士名では
なく出版社団体の理事長名で照会書を送付するにとどめ，相手方の出方を伺うこと
とした。
　とはいえ，単なるレターではなく内容証明の形式で送付し，加えて相手方担当者
の実名を既に把握していることを示唆することにより，相手方に一定の圧力を加え
ている。

第1節　著作権紛争（著作権トラブル）の発生から解決にいたるまでの流れ　　**29**

◆書式4　回答書（内容証明）例1

平成○年○月○日

○○法律事務所
○○氏代理人弁護士　　○○　○○　殿

回　答　書

〒○-○　東京都○○
　　　　○○法律事務所
TEL　03-○-○
FAX　03-○-○
回答人及び回答会社代理人
弁護士　○○　○○

前略
　貴職からの平成○年○月○日付通知書に対し，以下のとおり回答します。
　さて貴職のご高説は承りましたが，やや冗長のきらいがあり，いずれにせよ著作権法の解釈としては誤りであるため，到底受け容れることはできません。
　まず，貴職が主張される○氏執筆部分が，仮に実体験に基づくものであったとしても，実体験に基づくことが直ちに表現上の創作性を基礎づけることにはならず，いずれも客観的にアレルギーへの対処法を記述したものに過ぎず，表現上の創作性を見出すことは困難です。
　加えて，○氏執筆部分の内容自体も，アレルギーの対処法としてはごくごく一般的なものであって，○氏が実体験によって習得した独自の対処法とまでは言えず，○氏の個性が表れていると評価することもできません。
　次に，貴職は，患者本人の視点から記載した部分の工夫に○氏の個性が表れているとも主張されますが，少なくとも貴職が下線を引かれた○氏執筆部分に関していえば，患者本人の視点から叙述したことによる表現上の創作性を見出すことはできず，いずれにせよ著作者の個性が表れたものとはいえません。
　次に，貴職は，東京地判平成10年10月29日を引き合いに出されていますが，同事件における原告の著作物は，インタビューを受けた原告自身の個人的エピソードを記事にしたものゆえ，これをアレルギーへの対処法のような客観的，

科学的事項を題材とする本件各書籍と同列に論じることには無理があります。

　また，上記事件において複製権又は翻案権の侵害とされている部分は，ある程度のまとまりをもった文章ですが，貴職が下線を引かれた○氏執筆部分は，文章が短いため表現に創意工夫をする余地がなく，誰が書いても同じような表現にならざるを得ない点でも，上記事件とは事案が異なります。

　さらに，○氏執筆部分に創作性があると仮定しても，○氏執筆部分と回答人執筆部分とは，ともに短文であるにもかかわらず，その語順や用語，言い回しが異なっているため，表現が類似しているとは到底いえません。

　以上のとおり，貴職のご主張はいずれも理由がなく，貴職の請求に応じることは到底できませんので，悪しからずご了承下さい。

草々

〔解説〕

　相手方からの回答書文例である。

　全体的に強いトーンでボールを投げ返すことにより，仮に訴訟になったとしても徹底抗戦する旨の相手方の決意の強さをこの時点で見せつけ，権利者の請求自体を断念させようとするものである。

　もとより，権利者代理人は弁護士という職業柄，反論には慣れていようが，重要なのは回答書の内容を見た権利者本人がどう思うかであり，そこを狙っている。

　訴訟になっても難航しそうだと権利者に思わせれば十分に目的を達する。

　なお，必要かつ最低限の範囲で理論的な反論も行っている。

　本件では依頼者である回答人本人が訴訟もやむなしとの覚悟を既に固めていたこともあり，全体的に強いトーンにしている。

第1節　著作権紛争（著作権トラブル）の発生から解決にいたるまでの流れ　　**31**

◆書式5　回答書（内容証明）例2

平成○年○月○日

弁護士法人○○
○○氏代理人弁護士　　○○　○○　殿

回　答　書

〒○-○　東京都○○
　　　　○○法律事務所
TEL　03-○-○
FAX　03-○-○
回答人代理人
弁護士　○○　○○

前略
　当職らは，株式会社○（以下「回答人」といいます）の代理人弁護士として，貴職からの平成○年○月○日付通知書に対し，次のとおり回答します。
　さて，当該通知書では，貴職の要求がいかなる権利もしくは利益に基づくものかが必ずしも明らかではありませんが，時間を節約するため，貴職に対し釈明を求めることなく，回答人としては以下のとおり回答します。
　まず回答人は，本件建物が載っている写真の撮影者より，写真の著作物として，回答人の「○」（以下「本件書籍」といいます）に掲載する旨の許諾を得ていますので，著作権法上の問題はありません。
　次に，物のパブリシティ権は最高裁の判例上認められておりませんので，これも根拠にならないものと思料します。
　最後に，プライバシー権侵害の点につきましては，①回答人が徘徊，撮影しているわけではないこと，②当初本件建物の載った写真を本件書籍に載せる際に，回答人は○氏より了解を得ていたこと，③本件建物だけを殊更に目立つ形態で載せているわけではなく，東京中の著名な数多くの建物の内の一つとして，本件建物が掲載されているにすぎないこと，④本件建物の詳細な住所までは記載せず，建物名や住居人名は明記していないこと，⑤本件建物が載った写真を本件書籍に掲載する際に，多数の見知らぬ人が本件建物周辺を徘徊，撮影する

ことまでは予見できなかったこと，⑥人気芸能人らの自宅の所在地等を掲載した，いわゆるおっかけ本の類とは本件書籍は性格が異なることなどからすると，回答人にはプライバシー権侵害についての故意又は過失は認められません。

　さらにいえば，上記③及び④のとおり，本件書籍による公開内容は，プライバシー権侵害の3要件である，(A)私生活上の事実又は私生活上の事実らしく受け取られるおそれのあることがらであること，(B)一般人の感受性を基準にして，当該私人の立場に立った場合，公開を欲しないであろうと認められることがらであること及び(C)一般の人々に未だ知られていないことがらであることのいずれにも該当しませんから，そもそも，本件書籍は，みだりに私生活を公開した場合にはあたらず，結論として，回答人には法的な責任は発生しないと思料します。

　とはいえ，今回，貴職からこのようなクレームがあったことを踏まえ，増刷改訂の際には本件建物が写った写真は掲載しないことと致します。

　なお，本件事件に関しましては，以降当職が回答人本人の窓口となりますので，回答人に対する今後の通知交渉はお控えいただきますようお願い致します。

草々

〔解説〕

　相手方からの回答書文例である。

　何の権利を根拠にしているのかが曖昧な通知書であったので，まずは釈明を求めてもよいところであったが，それをするとかえって時間の浪費になるので，ここでは機先を制して，即詳細に権利者からの考えられる根拠を例示のうえ反論している。

　権利者の主張を理論的に封じ込めているが，「増刷改訂の際には本件建物が写った写真は掲載しない」との見返りを与えることにより，紛争の終息を狙っている。

　このように相手方が結果的に一応満足する内容の回答には大いなる効き目がある。例えば，侵害主張に対しては（理論的に）承服できないが，紛争の継続は本意ではないから今後の使用は差し控えるという内容の回答であれば，相手方としては差止めを結果的に実現したことになるから，微々たる金額の損害賠償の請求を，さらに今後も継続する可能性は極端に小さくなる。

　ただ，本件のように掲載控えが増刷改訂の際ということになると，利用の停止は相当先になるため，これでは到底納得できないという権利者もいるであろう。

　ちなみに本件は，その後東京地裁に訴えの提起があり（差止請求は根拠の点で断念し

第1節 著作権紛争（著作権トラブル）の発生から解決にいたるまでの流れ **33**

たようであり，プライバシー権及び平穏な私生活を営む権利ないし利益の侵害による慰謝料のみが請求された），請求棄却となったが東京高裁に控訴もされ，そこでも控訴棄却となり終了した。

　人，動植物，風景，美術品，建物等を，漫画，写真，テレビ放送，映画等で利用する（いわゆる，ビジュアル系著作物の利用である）に際しては，本事例のように著作権のみならず他の知的財産権（特許，実用新案，意匠，商標，不競法）や肖像権・パブリシティ権・名誉毀損・信用毀損に関係する権利処理も必要になることが多い（詳説93頁）。

34 第1部　著作権紛争（著作権トラブル）に巻き込まれたときの有事対応

◆書式6　回答書（内容証明）例3

平成○年○月○日

株式会社○○
代表取締役　○○　○○　殿

回　答　書

〒○-○　東京都○○区○○
○○株式会社
代表取締役　○○　○○

前略
　当社は，貴社からの平成○年○月○日付「御通知」に対し，以下のとおり回答します。
　さて貴社は，当社発行の出版物「○」の表紙において，貴社の取扱著作物（以下「貴社イラスト」といいます）を模倣改変したとみられるイラスト（以下「当社イラスト」といいます）が使用されていると述べられ，貴社御通知2頁に記載の各項目に関する回答を求められています。
　貴社は，当社イラストが貴社イラストの著作権を侵害していると主張されるものと推察しますが，「取扱著作物」という表現からは，貴社イラストは，貴社ご自身が著作権を有しておられるイラストではないようにも見受けられます。
　当社としては，貴社イラストに関する正当な権限を有しない方への情報開示は致しかねます。
　貴社が，当社イラストによる貴社イラストの著作権侵害を主張されるのであれば，まずは，貴社が貴社イラストの著作権を有していること，あるいは貴社イラストの著作権者の著作権を貴社が管理する権限を有していることを，客観的な根拠及び資料をもって明らかにしていただくようお願い致します。

草々

〔解説〕
　相手方からの回答書文例である。
　通知書の送付人が著作権を有しているのか，単に著作権者から著作権の管理を委

託されているに過ぎないのかが明らかではなかったため，まずはその権利関係を明らかにするよう求めるものである。

　かかる回答書を送付した結果，通知書の送付人に著作権がないことが判明した場合や，送付人が自らの権利関係を明らかにしなかった場合は，その要求に応じる必要はないことになる。

　他方，もし送付人が著作権を有していたとしても，その客観的証拠がなく証明が困難な場合は，議論が入口で止まってしまい，なかなか本論に入れず難航しそうだという印象を権利者に与えることができ，場合によっては権利者が請求を断念することもあり得る。

　とはいえ，不当な引延しであると権利者に判断されれば，かえって訴訟提起を促す結果となるおそれもあるから，上記のような回答書を送るのが得策であるか否かは，事案ごとに慎重に検討する必要がある。

　なお，本件では，通知書の送付人が弁護士をつけておらず，直ちに訴訟に発展する可能性は乏しいと解されたことから，上記回答書も，弁護士名ではなく本人名で回答している。

Ⅱ　証拠保全

(1)　前哨戦とはいえ効き目は甚大

　侵害行為に対する客観的証拠を入手できない場合であって，かかる証拠が隠滅される現実的な危険がある場合には，証拠保全（民訴234条）を行うことも検討に値する。

　例えば，ある企業内において，市販のソフトウェアが所定のライセンス数を超えて多数の端末にインストールされているとの情報が寄せられた場合（内部告発による場合が多い），当該企業内の端末を検証し，無断複製の事実及び複製数を証拠化する必要がある。

　また，学習塾において，市販の教材をコピーし，又はPDF等の形式でデータ化して，生徒に配布しているようなケースの場合も，コピーされた教材の現物やPDFが保存されたハードディスク等を証拠として確保する必要がある。

　しかしながら，内部告発文書に詳細な客観的証拠が同封・添付されているような例外的な場合を除き，著作権者がかかる証拠を物理的に確保することは困難である。かといって，侵害者に事実関係を漫然と照会すれば，侵害者がデータを消去するなど証拠隠滅を図るおそれがある。

　そこで，このような場合には，裁判所に証拠保全を申し立てるのが効果的である。

　後述のとおり，証拠保全の手続は密行的に行われるため，相手方は証拠保全が申し立てられたことを直前まで知らされず，裁判官や申立人（の代理人弁護士）らが突然事業所に来場し，検証等の証拠調べを現場で行うことになる。

　よって証拠隠滅は困難であり，証拠保全で客観的証拠が確保されたときは，言い逃れはできない。その意味で，証拠保全は，後の訴訟における審理を充実させるため事前に証拠を保全するという本来的機能を超え，証拠開示機能をもあわせ持ち，訴訟提起前の和解を促進するという事実上の効果も有している。

　証拠保全の申立てにより紛争が解決され，訴訟提起にいたらない場合もある（詳説341頁，496頁）。

(2)　おおよその手続の流れ

　証拠保全といっても，訴え提起前の証拠保全と訴え提起後の証拠保全があり，証拠調べの方法も，証人尋問や書証の取調べをはじめいくつかのバリエーションがあるが，本書では，前述のとおり，訴え提起前に相手方の事業所で検証を

行う手続を念頭に，その流れを概観する。

(a) 申立て

まずは検証物の所在地を管轄する地方裁判所又は簡易裁判所に対し，申立書を提出する（民訴235条２項）。

証拠保全が認められるためには，あらかじめ証拠調べをしておかなければその証拠を使用することが困難となる事情（いわゆる「証拠保全の事由」）があることが必要である。

証拠保全の事由が認められるためには，自己に不利な記載を含む重要証拠を任意にそのまま提出することを欲しないのが通常であるからといった抽象的な改ざんのおそれでは足りず，例えば，カルテの証拠保全事件であれば，医師に改ざんの前歴があるとか，患者から診療上の問題点について説明を求められたにもかかわらず相当な理由なくこれを拒絶したとか，あるいは前後矛盾ないし虚偽の説明をしたとか，その他ことさらに不誠実又は責任回避的な態度に終始したこと等，具体的な改ざんのおそれを一応推認させるに足る事実を疎明することを要する（広島地決昭和61年11月21日，カルテ証拠保全事件，判時1224号76頁）。

それゆえ，内部告発文書のみでは証拠保全の事由の疎明が十分でないこともあると思われるが，とはいえ相手方の不誠実性を疎明しようと漫然と相手方と事前交渉を行うと，かえって証拠隠滅を誘発するおそれがある。

よって，①相手方が組織的に悪質な著作権侵害を行っている可能性があること，②相手方の事業内容や事業規模からすれば，著作権侵害行為が差し止められた場合の相手方の経済的損失や信用毀損の程度が大きく，証拠隠滅を図る可能性が高いこと，③違法複製物の廃棄又は消去が容易であること，④違法複製物が第三者に譲渡される等して散逸する可能性があること等を詳細に主張立証する必要がある。

(b) 面接・決定

証拠保全の審理は，申立書に基づく書面審理に加え，申立人（又はその代理人）の面接（審尋）を併用して行われるのが通例である（密行性の観点から，相手方を面接に呼び出すことはない）。

面接では，申立書の補足説明，疎明資料の原本確認に加え，証拠調べの実施方法，実施期日，呼出状の送達方法等についても打合せがなされる。

その結果，証拠保全の事由があると判断されれば，証拠保全決定がなされる

ことになる。

面接は，申立て後１週間以内に行われることが多いと思われるが，緊急性のあるケースでは，早急に面接してもらえるよう，上申書を申立書に添付しておくのがベターである。

(c) 送　　達

証拠保全決定は，相当と認める方法で告知することによって効力を生じるところ（民訴119条），通常は決定書の謄本を送達する方法で告知が行われる。また，相手方に対し，証拠調べに対する立会いの機会を与え，事案の概要を知らせるため，証拠調期日の呼出状，申立書の副本及び疎明資料等も，あわせて相手方に送達されるのが通常である。

しかし，送達の日時が早すぎると，相手方による証拠の廃棄や改ざんのおそれが高まり，証拠保全の趣旨に反することから，送達は郵便による送達（いわゆる特別送達）ではなく，執行官送達の方法により，証拠調べの開始時刻の直前に行われるのが通例である。

とはいえ，相手方にも立会いの機会を保障し，また検証の対象となる書類や端末を相手方に用意させる時間が必要であるから，開始時刻の１時間から１時間30分ほど前に送達がなされるケースが多い。ただし，例えば電子化された違法複製物を検証する場合は，かかる検証物の消去は極めて容易であるから，証拠隠滅を可及的に防止するため，裁判所との事前面接において，開始時刻の30分前に送達してもらうよう交渉した方が良いかと思われる。

また，証拠調べの実施当日，相手方への送達が完了したことをすみやかに確認できるよう，あらかじめ執行官と送達確認の方法についても打合せておく必要がある。

証拠調べの実施場所と送達場所（本店所在地）が同一又は近接している場合は，現場近くに待機し執行官から直接報告を受ければ足りるが，実施場所と送達場所が離れている場合は，送達完了後に電話で報告してもらうよう執行官に依頼しておく必要がある。

(d) 証拠調べの実施

送達完了後まもなく，証拠調べの実施場所に，裁判官，裁判所書記官，申立人（代理人），申立人同行の補助者（カメラマン等）が臨場し，証拠調べを実施することになる。

まずは，裁判官が証拠保全の趣旨を相手方に説明して了解を得，検証物である書類や端末の設置場所（移動できる場合は，会議室等，相手方の営業活動に支障がない場所に移動させることもある）で，証拠調べ（検証）を実施する。

なお，代表者や責任者が不在であることを理由に，相手方が立入りを拒否する場合がある。この場合，代表者や責任者に連絡を取ってもらい，間もなく現場に到着するということであれば，その到着を待って証拠調べが行われるが，そうでない限り検証は不能となり手続は終了（若しくは延期）する。

よって，このような事態にならないよう，申立人としては，代表者や責任者が現場にいる時間や事業所の営業時間を可能な限り調査し，実施時刻に証拠調べを円滑に実施できるよう，あらかじめ裁判所と打合せをしておく必要がある。

検証は，五官の作用によって対象物の性状等を検査しその認識を証拠資料とする証拠調べの方法であるから，まずは裁判官自身が相手方に指示説明を求めながら書類等に目を通したうえで記録化することになる。

記録化の方法としては，①申立人同行のカメラマンが対象物を写真撮影して現像するカメラマン同行方式，②裁判所職員がデジタルカメラで対象物を撮影するデジタルカメラ方式，③複写機で対象物をコピーするコピー方式がある。

コピー機の持参が容易でないことやコピーに適さない証拠もあることに鑑みれば，コピー方式が利用できないことも多く，またデジタルカメラ方式は写真の鮮明さや画質の点で難点があるため，カメラマン同行方式（あるいはカメラマン同行方式とコピー方式の併用）によるのが相当なケースが多いと思われる。

いずれにせよ，記録化の方法について面接時にあらかじめ裁判官と打合せをしておく必要がある。

なお，違法複製物が電磁的に記録されている場合は，相手方において当該電磁的記録を画面上に表示してもらうか，印刷してもらう等して見読可能な状態にしたうえで検証を行うことになる。

また，相手方の了解を得て，電磁的記録を記録媒体に保存し，当該記録媒体自体を検証調書に添付する方法もあり得る。

(e) **検証調書**

証拠保全終了後，裁判所により検証調書が作成されるので，必要に応じてこれを閲覧謄写する。

(3) **申し立てる側の留意点**

(a) 証拠保全の限界

証拠保全には以下の限界があることに留意すべきである。

　㋐　証拠保全申立書では，検証物を検証物目録で特定する必要があり，例えば，「申立人が出版する一切の出版物の複製物」との包括的な記載では足りず，出版物を1つ1つ特定する必要がある（出版物が多数に及ぶときは，別紙として出版物目録を添付する）。また，「その他要証事実を証明するために必要な一切の資料」との記載では特定性に欠ける。

つまり，探索的な証拠保全の申立てはできないということであり，証拠調べの過程で他の違法複製物が発見された場合でも，当該複製物を検証することはできない。

かかる場合，申立人としては，①当該他の違法複製物を任意に提出してもらう，②写真撮影により記録化することを認めてもらう，③後日，申立人に郵送してもらう，のいずれかの方法をとるべく相手方と交渉する必要がある。

　㋑　証拠保全の結果として違法複製物が発見された場合，相手方が当該複製物の複製を行ったこと自体は明らかとなるが，既に廃棄された複製物や第三者に譲渡された複製物は検証場所に現存しないため，違法複製物の譲渡数量までは明らかにならないことも多い。

　㋒　証拠保全の対象は，申立書で特定した検証場所に現存する検証物に限られる。検証物が現存しない場合でも，すぐに検証場所に取り寄せることができる限り，検証することは可能であるが，相手方が取り寄せに応じない場合やすぐに取り寄せることができない場合は，検証不能として手続が打ち切られることになる。

　㋓　証拠保全決定自体に強制力はなく，証拠保全を実施するには相手方の任意の協力が必要であるから，相手方が拒絶した場合は証拠調べを実施することはできない。

この場合，裁判官としては，検証物提示命令を発令することが可能であり，当該命令に反して検証物を提示しなかった場合は，本案訴訟において申立人が主張する検証物の性状が真実であると認められる可能性があること（民訴232条1項・224条1項）等を指摘して相手方を説得することになるが，それでも相手方が協力を拒絶したときは，検証不能として証拠保全手続は打ち切られる。

(b) 証拠保全の有用性

以上のような限界があるにせよ，密行的に侵害行為が行われている事案において，証拠開示機能を有する証拠保全手続の有用性が否定されることはない。

証拠保全決定は，裁判所が保全の必要性を認めたことを意味するから，例えばマスコミにプレスリリースをして証拠保全決定がなされた事実及び証拠保全の結果として違法複製物が発見されたという事実を公表すれば，証拠保全の対象とならなかった著作物に対する侵害行為や，同業他社による同種の侵害行為を抑止するという副次的効果も期待できる（とはいえ，訴訟における勝訴判決とは異なり，侵害の事実そのものを裁判所が認めたとまではいえないので，マスコミにプレスリリースをする際はその表現に留意する必要がある）。

加えて，現場に臨場した裁判官の面前で一定の証拠が発見されたことにより，相手方としても，もはや言い逃れはできないと観念して侵害の事実を認める結果，和解が促進され早期解決に繋がる可能性がある。

その限りでは，結果的に検証物自体が発見されなかった場合でも，証拠保全を実施した意義はあるといえる。

(4) 申し立てられた側（相手方）の留意点

(a) 代表者，責任者及び顧問弁護士の来場

相手方は，突然，執行官から証拠保全決定等の送達を受け，通常はその1時間から1時間30分後には証拠調べが開始されることになるが，まずは代表者ないし責任者，担当者及び顧問弁護士に連絡をとり，至急，証拠調べの実施場所に来場させるべきであり，これらの者の立会いがないまま証拠調べを開始させるべきではない。

(b) 検証物の提示拒否

証拠保全は強制力のない手続であるから，検証物の提示を求められても拒否することは可能である。

とはいえ，拒否したことやその理由が検証調書に記載されるため，後の仮処分や本訴の際に裁判官の心証に事実上不利に働く可能性があるし，さらに進んで，検証物提示命令が発令されてもなお提示を拒否した場合は，訴訟において申立人が主張する検証物の性状が真実であると認められる可能性がある（民訴232条1項・224条1項）。

よって，相手方としては，差支えのない範囲で任意に協力するのが相当と解される。

他方，①検証物が検証の実施場所に存在しない場合や，②検証物を第三者が保有している場合には，その旨を説明して提示を拒否することになる。

また，営業所で検証することにより事業活動に支障が生じるときは，日を改めるか場所を移動するよう求めるべきである。

加えて，検証物に無関係な第三者の情報が含まれている場合や，要証事実との関係で必要性の乏しい箇所がある場合は，提示の範囲を限定し，あるいはマスキングを施すよう裁判所と交渉する必要がある。

さらに，③文書提出義務の例外に当たる文書（例えば，技術又は職業の秘密に関する事項が記載されている文書や，専ら文書の所持者の利用に供するための文書。民訴220条4号イないしホ）については，裁判官にその点を指摘し，検証物の提示を拒否することも可能と解される。

なぜなら，検証物提示命令については，文書提出命令における義務の除外事由を定めた規定が準用されていないため（民訴232条1項・220条），文書提出義務のない文書についても，理論的には裁判所は検証物提示命令を出し得ることになるが，民事訴訟法220条の定める文書提出義務の制限の潜脱とならないよう，裁判所は文書提出義務のない文書については検証物提示命令を出すべきでないと解されているからである。

(c) 留置命令

検証物は，検証が終わり次第，返却されるのが原則であるが，稀に裁判官が持ち帰るべく，留置命令を出すこともある。かかる留置命令には強制力はなく，違反した場合の罰則もないが，既に検証により証拠化されている以上，あえて反対する理由もないように思われる。その際には，書記官により，留置物の品目等一覧が記載された留置物受領書が交付される。

(d) 即時抗告

検証物提示命令が不当に出された場合は，即時抗告をすることができる。その場合は，検証物の提示を拒否し，即時抗告を後日行う意向である旨をその場で裁判官に述べて調書に記載させるとともに，1週間以内に抗告状を裁判所に提出する必要がある（民訴331条・286条1項・332条）。

第1節　著作権紛争（著作権トラブル）の発生から解決にいたるまでの流れ　　**43**

◆書式7　証拠保全申立書例

証拠保全申立書

平成○年○月○日

○○地方裁判所　御中

申立人代理人弁護士　　○○　　○○

当事者の表示　　別紙当事者目録に記載のとおり

申立ての趣旨

　東京都○○区○○町○丁目○○番○○号○○ビル1階及び4階所在の相手方の事業所に臨み，相手方保管に係る別紙検証物目録記載の物件の提示命令及び検証を求める。

申立ての理由

第1　証明すべき事実
1　相手方が，平成○年○月○日から現在にかけて，別紙出版物目録記載の出版物（以下「対象出版物」という）を大量に複製し，その複製物を第三者に譲渡したことにより，対象出版物に係る申立人の出版権を侵害した事実
2　当該侵害行為により，申立人が相当額の損害を被った事実

第2　証拠保全の事由
1　当事者
(1)　申立人は，書籍の編集及び出版等を主要な目的とする株式会社であり，別紙出版物目録に記載のとおり，各対象出版物の著作者から出版権の設定を受けている。
(2)　相手方は，○の製造販売を主たる目的とする株式会社である。
　　なお，相手方は全国に多数の事業所を有しているが，本申立ては，本社（東京都○○）における証拠保全を求めるものである。

2　事実経過
(1)　申立人は，平成○年○月○日，相手方の関係者を名乗る氏名不詳者か

ら，相手方が多数の出版物を電子化してハードディスクに保存し，必要に応じて大量にプリントアウトして，営業資料として顧客に配布してきた旨の内部告発文書（以下「本件告発文書」という）を受領した。また本件告発文書には無断複製物のサンプルも添付されていた。

(2) これを受けて申立人が調査をしたところ，相手方は相応の事業規模を有する会社であることが判明し，仮に本件告発文書が真実であるとすれば，無断複製された出版物のタイトル及び譲渡数量は極めて多数に上ることが予想された。

　　　また，相手方の元従業員（以下「本件協力者」という）が，匿名を条件に証言してもよいと名乗り出たため，平成○年○月○日午前○時から，申立人及び代理人弁護士が，申立人本社会議室において同人と面談し，事情聴取を実施したところ，本件告発文書を裏付ける証言が得られた。

(3) そこで申立人は，相手方に対し，申立人が発行する一切の出版物の複製を直ちに中止し，無断複製物を回収して申立人に引き渡すよう求める通知書（以下「本件通知書」という）を送付し，あわせて無断複製を行った出版物のタイトル及び譲渡数量を2週間以内に回答するよう要求した。

　　　これに対し，相手方は，平成○年○月○日付回答書（以下「本件回答書」という）において無断複製の事実を認めたうえで，本件通知書の照会事項に対し一応の回答をした。

(4) しかしながら，本件回答書の内容は，後述のとおり本件協力者の証言や本件告発文書の内容と矛盾しており，譲渡数量を過少に申告していることは明らかであって，自らの違法行為を少しでも隠蔽しようとする相手方の不誠実で責任回避的な態度を看取することができる。

　　　よって，相手方の手許にある各証拠は，相手方により廃棄又は改ざんされる可能性が高い。

(5) よって，申立人は，相手方に対する損害賠償請求権に関する証拠を保全するため，本申立てに及んだ次第である。

3　責任原因

　　相手方は，平成○年○月から現在にかけて，申立人の許諾を得ずに対象出版物を大量に複製し，その複製物を相手方の顧客に譲渡したことにより，申立人に多大な損害を生じさせた。

　　このような相手方の行為は，対象出版物に係る申立人の出版権を侵害す

第1節　著作権紛争（著作権トラブル）の発生から解決にいたるまでの流れ　**45**

るものであり，不法行為を構成する。

4　証拠保全の必要性

(1)　申立人は，相手方を被告として，上記の不法行為に基づく損害賠償及び差止請求訴訟を提起することを予定している。

(2)　ところで，著作権侵害訴訟においては，侵害者の手許に残る無断複製物の現物やその譲渡数量に関する資料が，侵害の事実及び損害額の立証のためには極めて重要であるが，それらは侵害者のもとに偏在し，侵害者がこれを廃棄又は改ざんすることは容易であるから，あらかじめ証拠を保全することが不可欠である。

　　　とりわけ本件では，下記アないしエのとおり，本件回答書の内容は極めて不十分かつ矛盾しており，相手方の不誠実で責任回避的な態度を看取できるから，相手方が証拠を廃棄又は改ざんするおそれは特に大きい。

ア　相手方は，対象出版物の無断複製は営業担当者の自主判断によるものであり，相手方の主体的かつ組織的な関与はなかったと主張するが，専任のコピー担当者を配置し，複製にあたり所定のコピー依頼書を当該担当者に提出させるなど組織的に複製を行っていたという本件告発文書の内容や本件協力者の証言と矛盾している。

イ　本件告発文書には，対象出版物は推計5000部以上印刷されたと記載されていることや，相手方の事業規模の大きさに鑑みれば，本件回答書に記載の譲渡数量は，実態よりも著しく少ないものといわざるを得ない。

　　　現に，相手方が本件回答書において無断複製を認めた出版物の一覧表には，本件告発文書に無断複製物のサンプルとして添付されていた出版物が含まれていない。

ウ　相手方は，本件回答書において，対象出版物の一部については，電子的に複製しハードディスクに保存していたものの，顧客への配布はしていないと主張する。

　　　しかしながら，出版物を電子化して保存する目的は，複製及び複製物の譲渡を容易にすることにあるとしか考えられないし，本件告発文書の内容や本件協力者の証言とも矛盾する。

エ　複製物を回収せよとの申立人の要請に対し，相手方は，大部分の顧客の所在を把握していないため困難であると主張する。

　　　しかしながら，少なくとも所在が判明している顧客については回収

46 第1部 著作権紛争（著作権トラブル）に巻き込まれたときの有事対応

を求めるべきであるし，所在不明の顧客に対しても相手方のウェブサイトを通じて回収を呼び掛けることも可能であるから，何らの回収の努力もしようとしない相手方の姿勢は不誠実といわざるを得ない。

(3) 以上のとおり，相手方が不誠実かつ責任回避的な回答に終始していることに照らせば，申立人が本訴を提起した場合，相手方が別紙検証物目録記載の証拠を廃棄又は改ざんする現実的な危険がある。

また，別紙検証物目録記載の各検証物は，相手方の侵害行為及び損害額を裏付けるため必要不可欠な証拠であるところ，これらはいずれも相手方の営業活動に不可欠な書面ではなく，また紙媒体又は電磁的記録であるため，廃棄又は改ざんは極めて容易である。

加えて，本件のように侵害行為が組織内部で密行的に行われた場合，出版社や著者において侵害行為の実態を把握することは困難であり，また侵害者が証拠を改ざん又は隠匿することも容易であるから，あらかじめ証拠を保全しておかなければ，権利者が被った損害の完全な回復が困難となることはもちろんのこと，その結果として，将来における同種の侵害行為を助長するおそれも大きい。

5　結語

よって，申立人は，相手方による証拠の廃棄又は改ざんを防ぐため，本申立てに及んだ次第である。

以上

疎明方法
（略）

添付書類

1	証拠説明書	1通
2	疎明方法の写し	各1通
3	委任状	1通
4	資格証明書	2通
5	上申書	1通

（別紙）

当事者目録

（略）

（別紙）

検証物目録

　別紙出版物目録記載の出版物（本申立書において「対象出版物」という）に関して作成された下記の資料

記

1　対象出版物の複製物
2　平成○年○月○日から同年○月○日までの間に，相手方の従業員が，相手方に対し，対象出版物の複製を依頼する際に提出した記入済みの書式（電磁的記録を含む）

以上

（別紙）

出版物目録

（略）

48　第1部　著作権紛争（著作権トラブル）に巻き込まれたときの有事対応

◆書式8　証拠保全決定

平成○○年（モ）第○○○○号　証拠保全申立事件

決　　　定

　　当事者の表示　　別紙当事者目録記載のとおり

　上記当事者間の頭書事件について，当裁判所は，申立てを理由あるものと認め，次のとおり決定する。

主　　　文

1　東京都○○区○○町○丁目○○番○○号○○ビル1階及び4階所在の相手方の事業所に臨み，相手方保管に係る別紙検証物目録記載の物件について検証する。
2　上記証拠調べ期日を平成○○年○○月○○日午後○時と指定する。

　平成○○年○○月○○日
　東京地方裁判所民事第○部
　裁　判　官　　　○　　　○　　　○　　　○

（別紙）

当　事　者　目　録
（略）

（別紙）

検　証　物　目　録

　別紙出版物目録記載の出版物（本申立書において「対象出版物」という）に関して作成された下記の資料

記

1　対象出版物の複製物又はその電磁的記録

2 対象出版物の全部又は一部を複製して作成された相手方の出版物
3 平成○○年○○月○○日から同年○○月○○日までの間に，相手方の従業員が，相手方に対し，対象出版物の複製を依頼する際に提出した記入済みの書式（電磁的記録を含む）

以上

（別紙）

出 版 物 目 録

（略）

これは正本である。

平成○○年○○月○○日
東京地方裁判所民事第○部
裁判所書記官　○　○　○　○

Ⅲ　和　解

(1)　裁判外の和解と裁判上の和解

　内容証明の送付や証拠保全を経て相手方との間で合意が成立したときは，合意書（和解契約書，覚書等タイトルは様々である）を締結し，裁判外で和解をすることになる。

　また，仮処分や本訴等の手続内で裁判上の和解をすることもある。

　いずれの場合であれ，仮処分決定や判決と比較して早期かつ柔軟な解決が可能となる。

(2)　侵害の事実を認めるか

　問題となった行為が著作権侵害に当たるか否かに争いがある事案では，侵害の事実を認める旨の条項を合意書に定めるか否かが問題となる。

　和解にあたっては清算条項が設けられるのが通常であり，和解後は，合意書に定めた権利義務が残るだけであるから，相手方の行為が侵害に当たるか否かという法的評価を和解条項で確定させる必要性は乏しい。

　よって，例えば「Yは，本件著作物を創作するにあたり，Xの著作物を資料の1つとして参考にしたことを認める」等，侵害に当たるか否かの法的評価については明示的には言及せず，折衷的な表現で和解することもある。

(3)　謝罪という表現を使うか，遺憾や迷惑をかけた程度の表現にとどめるか

　侵害の事実を認める場合は，「侵害の事実を認め謝罪する」との文言になることが多いが，心情的に「謝罪」という表現は避けたいという場合もある。

　かかる場合には，「遺憾の意を表する」，「迷惑をかけたことを認める」等の表現にとどめることも検討に値する。

(4)　支払われる金員の名目はどうするか（慰謝料，解決金，和解金）

　侵害者が権利者に対して負う支払義務の法的性質は，著作権を被侵害利益とする不法行為に基づく損害賠償債務又は不当利得返還債務である。

　もっとも，損害賠償という表現は，民事上の違法性があることを認めることになるから，侵害者側がかかる表現を避けたいと望む場合には，解決金や和解金等の名目とするケースもある。

(5)　再発防止を誓約させるか

　将来における再度の侵害行為の予防を目的として，再発防止を誓約する旨の条項を設ける場合がある。

第1節　著作権紛争（著作権トラブル）の発生から解決にいたるまでの流れ　**51**

　相手方の行為が著作権侵害に当たることが明らかな事案では，同様の侵害行為が繰り返されたときは，いずれにせよ著作権侵害に基づく差止めや損害賠償が可能なのであるから，かかる条項を設ける法的な意味は乏しい。

　とはいえ，合意書に明記しておくことにより侵害者に心理的圧力を加えることができるし，再度の侵害の場合の悪性が強まるから，かかる誓約条項を設けておいた方がベターである。抑止力をさらに強めるため，誓約条項に違反した場合の違約金条項を定めることも検討に値する。

　他方，侵害された書籍の創作性の有無に争いがあり，著作権の存否が微妙な事案では，「本件書籍を複製しないことを誓約する」といった誓約条項を定めておく意義は大きい。なぜなら，本件書籍が複製されたことさえ主張立証すれば，本件書籍の創作性を問わず，当該誓約条項違反を根拠として相手方に損害賠償を請求できるからである。

⑹　侵害物の断裁・廃棄に加え，その証明まで出させるか

　侵害物が現存するときは，その断裁・廃棄を義務付ける必要がある。適切に断裁・廃棄したことを担保するため，権利者の立会いを要することとするか，証拠写真を添付した然るべき業者からの断裁・廃棄証明を出させた方がベターである。

　また，断裁・廃棄義務の不履行による新たな紛争の発生を可及的に防止するという観点からは，和解成立前に断裁・廃棄をさせたうえで，和解条項にはその旨の確認条項を記載することも考えられる。

⑺　回収の義務に加え，その状況報告までさせるか

　既に違法複製物が市場に流通している場合，当該違法複製物の回収義務を明記することもある。書籍の場合，取次，書店段階の在庫品については「トーハン週報」や「週刊日販速報」に「書籍回収のお願い」と題する記事を出させたり，取次，書店等に個別に回収通知を出させたりしている（理由もなく記事や回収通知が出ることはないから，たとえ理由が書かれていなくても，何らかの著作権の侵害があったことが推察される）。

　しかしながら，いったん流通に置かれた物を完全に回収することは困難であり，ましてや既に第三者の手中にあるときは，所有権の問題もありその廃棄を求めることは困難であるから，将来における侵害停止を約束させれば一応成功としてこの程度で和解することが多く，回収義務を定める場合でも最善努力に

とどめることが多い（その代わりに，回収の状況報告までさせることもある）。

なお，回収が112条2項の侵害の停止に必要な措置にあたるか否かについては争われる余地があるから，和解条項として明記できるのであれば，その方が有意義である。

(8) 公表制限（秘密保持）を設けるか

著作権侵害の事実を公表されると信用が毀損され営業活動に支障が生じる可能性があることから，侵害者が公表制限（秘密保持）の規定を望むことがある。

これに対し，類似の著作権侵害が相次いでおりこれを抑止するために事実の公表が不可欠である場合や，関係者への事実説明を要する場合には，権利者としては，かかる公表制限は受け容れ難い。

交渉が平行線を辿った場合，公表制限の範囲を絞ることにより，折衷的解決を図ることになる。具体的には，開示先（例えば，共著者や出版社など一部の関係者のみに例外的に開示を認める），開示内容（例えば，著作権侵害の事実及び和解で解決した事実は開示して良いが，賠償額や交渉過程は非開示とする），開示方法（例えば，権利者のウェブサイトへの掲載，関係者への個別通知は認めるが，マスコミに対する積極的な開示は禁止する）を限定することが考えられる。

また，侵害者と権利者の双方が連名で，著作権侵害の事実，経緯及び結果等を記載したリリース文書を作成し，当該文書を公表することを和解条項に定める場合もある。その場合は，リリース文書の内容，表現，媒体，回数，時期等についても和解条項に盛り込んでおくことが望ましい。

第1節　著作権紛争（著作権トラブル）の発生から解決にいたるまでの流れ　**53**

◆書式9　合意書（裁判外の和解）例

合　　意　　書

　○○株式会社（以下「甲」という）と株式会社○○（以下「乙」という）とは，第1条に定める甲の出版権侵害行為に関し，以下のとおり合意する（以下「本合意書」という）。

第1条　甲は，乙に対し，平成○年○月から平成○年○月にかけて，法定の除外事由なく，かつ乙の許諾を得ずに，別紙出版物目録に記載の出版物について，複製，譲渡その他の利用行為（以下「本件行為」という）を行ったことを認め，謝罪する。

第2条　甲は，乙に対し，本件行為に対する損害賠償債務として○円（消費税及び地方消費税を含む）の支払義務を負うことを認める。

第3条　甲は，乙に対し，本合意書締結後1か月以内に，前条の金員を，下記の銀行口座に振り込む方法により支払う。なお，振込手数料は甲の負担とする。

記

　銀行名・支店名　　○銀行　○支店
　口座種別　　　　　普通
　口座番号　　　　　○○
　口座名義人　　　　預り金口　弁護士○○
　　　　　　　　　　（アズカリキングチ　ベンゴシ○○）

第4条　甲は，本合意書締結後すみやかに，乙との連名で以下の各号を記載した書面（以下「本件書面」という）を作成し，これに記名押印する。ただし，本件書面には，第6条に定める事項を記載しないものとする。
　　①　甲が本件行為を行った事実を認め，乙に謝罪したこと
　　②　本件行為に対する損害賠償として，甲が相当額の金員を乙に支払ったこと
　　③　甲が再発防止に努めること
　2　乙は，甲の事前の承諾を得ることなく，乙のウェブサイトに本件書面を掲載することができる。
　3　甲及び乙は，前項に基づく本件書面の掲載後，新聞（業界紙を除く），

テレビ，ラジオ，ニュースサイトその他のマスメディアから取材を受けたときは，第6条を遵守して対応しなければならない。

第5条　甲は，甲が保有する情報又は資料の提供その他同業他社による同種の著作権侵害を防止するために必要な協力を乙から求められたときは，誠実にこれに応じる。

第6条　甲及び乙は，第2条に定める損害賠償債務の金額及び交渉過程において提供された電子メール，通知書，送付書その他の書簡及び資料並びに甲乙間の面談における具体的な発言内容（ただし，本合意書締結日において既に公知となっている情報を除く）を，第三者に公表又は開示してはならない。

第7条　甲及び乙は，本件行為に関し，本合意書に定めるものの他に何らの債権債務がないことを相互に確認する。

　本合意書締結の証として，本合意書2通を作成し，甲代理人及び乙代理人各自記名押印のうえ，各1通を保有する。

甲：東京都○○
　　○○株式会社
　　代理人弁護士○○　　○○

乙：東京都○○
　　株式会社○○
　　代理人弁護士○○　　○○

（別紙）

出版物目録

（略）

Ⅳ　仮　処　分

⑴　終結までに要する期間

　訴訟（本訴）を提起した場合，判決にいたるまでには相当の長期間を要する
ことが稀ではなく，もし上訴されれば判決が確定するまで，さらに数年を要す
る場合もある。

　その間も侵害が継続されるとすれば権利者としては耐えられないところであ
る。そのため実務では，本訴の提起に先立ち，あるいはこれと並行して仮処分
の申立てがなされることが多い。

　仮処分であれば，申立ての数日後に第１回目の審尋期日が入り，その後，通
常，２週間～１か月程度の間隔で審尋期日が入るので早期の解決が可能となる。

　なお，著作権等に基づく差止請求権を被保全権利とする仮処分は，仮の地位
を定める仮処分（民保23条２項）の一種であって，他の保全処分のように現状維
持を求める処分ではなく暫定的な法律関係を新たに形成する処分であるため，
債務者に重大な影響を与えるおそれがある。そこで，債務者の言い分を聴くた
め，原則として口頭弁論又は債務者審尋の期日を経なければならないとされて
いる（同条４項）。いわゆる双方審尋である。

⑵　訴訟（本訴）との違い

⒜　損害賠償の請求はできない

　訴訟との最大の違いは，仮処分では差止めを請求できるにとどまり，損害賠
償請求はできないことである。

　しかしながら，仮処分で和解にいたる場合には，その和解条項の中で解決金
や和解金として一定金額の支払を規定することもできるから，和解含みで仮処
分が申し立てられることもある。

⒝　立証の程度

　訴訟のように証明までは必要とされておらず，疎明で足りる（民保13条２項）。
とはいえ，仮の地位を定める仮処分の性質上，疎明の程度は相当程度高度なも
のであることを要する。

⑶　差止請求の要件事実（■図表１－４）

　被保全権利である差止請求の要件事実は，①著作権等の取得原因事実（債権
者が著作物の著作権者等であること）及び②侵害行為の存在（債務者が債権者の著作権
等を侵害していること）である（112条１項）。

■図表 1 － 4　差止請求の要件事実

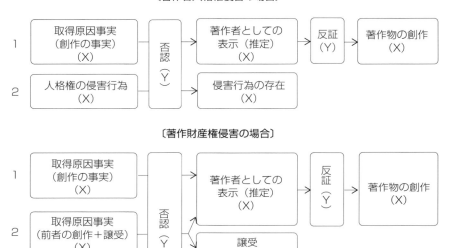

(a) 著作権等の取得原因事実（債権者が著作物の著作権者等であること）

(ア)　著作者人格権は著作者の一身に専属し，譲渡することができないから（59条），原始取得（創作）のみが取得原因事実となり（なお，法人著作（15条）の要件を満たす場合，著作者人格権は，法人その他使用者が原始取得する），特定承継（譲渡）や包括承継（相続）を取得原因事実として主張することはできない。

(イ)　これに対し，著作財産権を根拠とする場合は，原始取得（創作）のみならず，特定承継（譲渡）や包括承継（相続）も取得原因事実となり得る。

なお，著作物の原作品に，又は著作物の公衆への提供若しくは提示の際に，実名又は変名として周知のものが著作者名として通常の方法により表示されている者は，その著作物の著作者と推定される（14条）。

(ウ)　出版権を根拠とする場合は，著作権者に係る80条1項各号の複製権又は公衆送信権の取得原因事実に加え，著作権者から出版権の設定を受けたこと

第1節　著作権紛争（著作権トラブル）の発生から解決にいたるまでの流れ　**57**

も主張する必要がある。

　㈍　なお，出版権ではなく独占的利用許諾を受けたにとどまる場合，自己の固有の地位に基づき差止めを請求することができるかについては諸説あるが，明文上の根拠がないことから否定する見解が有力である。もっとも，独占的利用権に基づき自らの利益を守るために，著作権者に代位して差止請求権を行使することは可能であるとする裁判例がある（東京地判平成14年1月31日，トントゥぬいぐるみ事件，判時1818号165頁）。

　(b)　侵害行為の存在（債務者が債権者の著作権等を侵害していること）

　著作権等が現に侵害され又はそのおそれがあることを主張立証する必要がある。

　㈎　同一性保持権侵害の要件事実（改変＋意に反して）

　例えば，同一性保持権侵害の場合は，著作物の改変と改変が著作者の意に反して行われたことを主張立証することになる（■図表1－5）。

　㈏　複製権侵害等の要件事実（依拠＋有形的再製）

　例えば，複製権侵害の場合は，（原著作物への）依拠と（原著作物の）有形的再製を，翻案権侵害の場合は，（原著作物への）依拠と表現上の本質的な特徴の同一性を維持した修正・増減を，それぞれ主張立証することになる（■図表1－6）。

　依拠とは，他人の著作物に現実にアクセスし，これを参考にして別の著作物

■図表1－5　同一性保持権侵害の要件事実

■図表1－6　複製権侵害等の要件事実

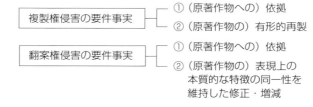

58 第1部 著作権紛争（著作権トラブル）に巻き込まれたときの有事対応

を作成することをいうから（大阪地判平成21年3月26日，マンション読本事件，判時2076号119頁），通常は，依拠が認定されれば，侵害についての故意も認められる（しかし，依拠しているが違法であることを知らなかったときは過失が問題となる。過失により著作権の保護期間が経過していると勘違いしたような場合である）。

(c) 保全の必要性

仮処分であるから，保全の必要性，つまり争いがある権利関係について債権者に生ずる著しい損害又は急迫の危険を避けるため仮処分命令を発令する必要があることをも主張立証する必要がある（民保23条2項）。

著作権等が現に侵害され又はそのおそれがある以上，債権者に著しい損害が発生するおそれがあるのが通常であるから，特段の事情がない限り，保全の必要性は認められる。

(4) 債権者側の留意点

(a) 担保の提供

仮処分である以上，担保を提供する必要がある（民保14条1項）。

担保は，差止めにより債務者の被る可能性のある損害を担保するものであり，その額は，差止めにより債務者が被る不利益の大小や疎明の程度を考慮して決定される。

例えば，出版差止めを求めるケースでは，通常，出版が差し止められることによる債務者の経済的不利益は大きく，また著作権侵害の有無は，特に創作性や類似性に関し微妙な法的判断を要するケースが多いから，担保の額は必然的に高額となることが多い。おおむね数百万円程度となることが多いようであるが，事案によってはさらに高額になることもある（例えば，ピア・ツー・ピア方式による電子ファイル交換サービスの差止めが命じられた事例（東京地決平成14年4月11日，ファイルローグ仮処分事件，判時1780号25頁）では，5000万円の担保提供を要することとされた）。

(b) 暫定処分

仮処分決定がなされても，あくまで暫定的な処分である以上，後に本案訴訟で差止請求権の存在を否定する判決が確定し，事情変更による取消し（民保38条1項）がなされれば，仮処分決定の効力はなくなる。

(c) 仮処分選択の判断

紛争解決手段として仮処分を選択するにあたっては，迅速に差止めを実現す

る必要性・緊急性の有無，高額の担保を用意できるか否か，手持ちの証拠により十分な疎明が可能か否か，本案訴訟での勝訴の可能性等を検討する必要がある。

(5) **債務者側の留意点（争い方）**
(a) **否認と抗弁の違い**（■図表1-7）
債務者側の争い方は次の2つに大別される。

1つは，請求原因事実と両立しない事実を主張して請求原因を潰す方法（否認）である。

否認の例は，次のとおり。
① 著作物性がない
② 別の著作物である
③ 依拠していない
④ 債権者は著作者ではない
⑤ 債権者は著作権者ではない

もう1つは，請求原因事実が存在することを前提としつつ，これと両立する事実を主張して反論する方法（抗弁）である。

抗弁の例は，次のとおり。
① 債権者から許諾を得ている（63条1項）
② 著作権は時効消滅している（51条以下）
③ 引用である（32条）
④ 30条以下の権利制限規定のいずれかにあたる
⑤ フェアユース
⑥ 権利濫用等

■図表1-7　否認と抗弁の違い

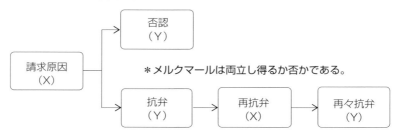

60　第1部　著作権紛争（著作権トラブル）に巻き込まれたときの有事対応

(b) 具体的態様の明示義務

侵害行為の存在の立証負担を軽減するため，被告が侵害行為を否認するときは，単純に否認するだけでは足りず，自らの行為の具体的態様を明らかにしなければならない（114条の2）。

この規定は訴訟に係る規定であるが，仮処分でもその趣旨が及ぶものと解され，具体的態様を明らかにしない単なる否認は，裁判官の心証に不利に働く可能性が高い。

(6) 仮処分命令に対して債務者が採り得る手段

(a) 保全異議の申立て（民保26条）

被保全権利や保全の必要性の不存在を根拠に，仮処分命令の当否について，同一審級内で再審理を求める不服申立ての制度である。

申立期間に制限はない。保全異議の申立てに対する決定に対しては，その送達を受けた日から2週間内に保全抗告をすることができる（民保41条1項）。

保全異議の申立てがなされたというだけで，既に発令された仮処分命令の効力が停止されることはなく，相当額の担保を立てて執行停止の申立てをする必要がある（民保27条1項）。

ただし，執行停止のハードルは相当高く，保全命令の取消しの原因となることが明らかな事情及び保全執行により償うことができない損害が生ずるおそれがあることにつき疎明があったときに限られる。それゆえ，執行停止が認められるのは，例えば，法解釈を誤っていることが明らかな場合，疎明の決め手となった書証が偽造であることが明白になった場合，疎明を覆す新たな重要書証が発見された場合等，ごく例外的な場合に限られる（東京地決平成22年5月24日，スリー・ディ・アイ株式会社事件，LEX/DB25471293）。

(b) 起訴命令の申立て（民保37条1項）

起訴命令の申立てがなされれば，裁判所は，申立債権者に対し，一定期間内（東京地裁では原則として1か月以内）に，本案訴訟を提起したことを証明する書面を提出せよとの起訴命令を出す。

その後，一定期間内に当該書面の提出がない場合，相手方の申立てにより，仮処分命令が取り消される（民保37条3項）。

もっとも，起訴命令の申立てがなされただけでは仮処分命令の効力が停止することはなく，本案訴訟で勝訴する必要がある。

債務者としては，仮処分の効力をすみやかに失効させたい場合は，起訴命令の申立てではなく保全異議の申立てを行うことになる。

(c) 債務不存在確認訴訟の提起

差止請求権が存在しないことの確認を求める本案訴訟（債務不存在確認訴訟）を，債務者の側から提起することも可能である。

しかしながら，保全異議の方が迅速に審理されることに加え，もし仮に事件の終局的解決のため本案訴訟で争いたいのであれば起訴命令の申立てをすれば足りることから，あえて債務者の側からこの時点で債務不存在確認訴訟を提起する必要性は乏しい。

62 第1部 著作権紛争（著作権トラブル）に巻き込まれたときの有事対応

◆書式10 仮処分命令申立書例

出版等禁止仮処分命令申立書

平成○年○月○日

○○地方裁判所　御中

債権者代理人弁護士　○○　○○

　当事者の表示　　　別紙当事者目録に記載のとおり
　請求債権の表示　　別紙請求債権目録に記載のとおり

申立ての趣旨

　債務者らは，別紙書籍目録記載の書籍の印刷，製本，発売又は頒布を行ってはならない。
との裁判を求める。

申立ての理由

第1　当事者
　(1)　債権者は，「○」，「○」等の代表作がある著名な作家である。
　(2)　債務者甲は，別紙書籍目録記載の書籍（以下「債務者書籍」という）を執筆した者である。
　　　債務者乙は，書籍の編集及び出版等を主要な目的とする株式会社であり，後記のとおり債務者書籍を発行している。

第2　被保全権利
　1　著作権及び著作者人格権の帰属
　　　債権者は，「○」と題する小説（以下「債権者書籍」という）を執筆し，平成○年○月○日，○株式会社から当該書籍を発行した。
　　　債権者書籍は，○に関する自らの体験を虚実交えて独自の文章で著したものであって，言語の著作物に該当し，その著作権及び著作者人格権はすべて債権者に帰属する。

　2　債務者甲による複製権侵害
　(1)　債務者甲は，債務者書籍を執筆し，債務者乙から当該書籍を発行した。

第1節 著作権紛争（著作権トラブル）の発生から解決にいたるまでの流れ **63**

(2) 別紙対照表「債務者書籍」欄に抜き出した債務者書籍の一節のうち，下線を引いた箇所（以下「侵害部分」という）は，債権者書籍のうち，同表「債権者書籍」欄に記載した部分と同一の表現が用いられている。

よって，侵害部分は，債権者書籍の一部を複製したものである。

また，当該複製について，これまで債権者は，債務者甲に対し何らの許諾もしたことはない。

(3) 平成○年○月ころ，債権者は，債務者甲に対し，債権者書籍を贈呈しており，債務者甲は，同年○月○日付の手紙において，債権者に当該書籍の感想を伝えている。

別紙対照表のとおり，債権者書籍と債務者書籍には同一の表現が用いられている箇所が多数存在するうえ，債務者書籍が発行される約1年前に，債務者甲が債権者書籍を読んでいたことからすれば，債務者甲は，債権者書籍に依拠して債務者書籍の侵害部分を執筆したことは明らかである。

(4) 以上より，債務者書籍は，債権者書籍に依拠して有形的に再製されたものであるから，債務者甲は，債権者書籍に係る債権者の複製権を侵害している。

3 債務者甲による翻案権侵害（予備的主張）

(1) 仮に，侵害部分が，債権者書籍の一部を有形的に再製したものでないとしても，侵害部分は，債権者書籍の表現上の本質的な特徴の同一性を維持して修正・増減を加えたものである。

また，当該翻案について，これまで債権者は，債務者甲に対し何らの許諾もしたことはない。

(2) 債務者甲が，債権者書籍に依拠して債務者書籍の侵害部分を執筆した経緯については，前記2(3)で述べたとおりである。

(3) 以上より，債務者書籍は，債権者書籍に依拠してその表現上の本質的な特徴の同一性を維持して修正・増減を加えたものであるから，債務者甲は，債権者書籍に係る債権者の翻案権を侵害している。

4 債務者甲による氏名表示権の侵害

既述のとおり，債務者書籍のうち侵害部分の著作者は，債務者甲ではなく債権者であるところ，債務者甲は，そのことを知りながら，債権者の氏名を表示せずに債務者書籍を出版し，債権者の氏名表示権を侵害している。

5 債務者乙による複製権及び氏名表示権の侵害

上記2ないし4のとおり，債務者書籍は債権者の複製権等及び氏名表示権を侵害するものであるから，債務者乙による債務者書籍の出版も同様に，債権者の複製権等及び氏名表示権の侵害に該当する。

6 小括

よって債権者は，債権者書籍の複製権等及び氏名表示権に基づき，債務者らに対し，債務者書籍の印刷，製本，発売又は頒布の差止めを求めることができる。

第3 保全の必要性

1 債権者は，平成〇年〇月〇日，債務者らに対し，債務者書籍の出版差止を求める通知書を送付したが，債務者らからは何らの回答もなかった。

また，債務者書籍は現在も書店で販売され，発行が継続されているから，債務者らに，侵害行為を自主的に中止する意思は皆無である。

2 加えて，債務者書籍と債権者書籍は，いずれも〇を題材にした類書であって全体の内容も酷似しているから，読者層は重複しており，このまま債務者書籍の発行が継続されれば，債権者書籍の売上の減少を招くことは明白である。

3 よって，債務者らによる侵害行為をこれ以上放置すれば，債権者が回復し難い損害を蒙ることは避けられず，直ちに当該侵害行為を差し止める必要性が高い。

以上

疎明方法
（略）

添付書類

1	証拠説明書	1通
2	疎明方法の写し	各1通
3	委任状	1通
4	資格証明書	1通

（別紙）

当事者目録

（略）

（別紙）

請求債権目録

（略）

（別紙）

書籍目録

題　　　号
著作者名
発行者名
発行所名
発行年月日

（別紙）

対照表

（略）

V 本　訴

⑴　終結までに要する期間

通常，訴状の受理から第1回目の口頭弁論期日までに約1か月超かかっており，その後の進行においても1か月〜2か月の間隔でしか期日が入らないので，判決確定にいたるまでには，上訴審を含めれば数年を要することもある。

⑵　管　　轄

普通裁判籍である被告の住所又は主たる事務所の所在地（民訴4条1項・2項・4項）のほか，侵害品の製造場所も，不法行為地として管轄地となり得るし（民訴5条9号。最判平成16年4月8日，不正競争防止法許可抗告事件，民集58巻4号825頁），一定の場合には，専門的処理体制の整った東京地方裁判所及び大阪地方裁判所に訴訟を提起することもできる（民訴6条・6条の2）。

とはいえ，原告としては，最寄りの裁判所に訴訟を提起するのが都合がよいため，不法行為に基づく損害賠償請求や不当利得返還請求の義務履行地（民訴5条1項，民484条）として，自らの住所地を管轄地として選択するのが通常である。

侵害行為の差止めが認められれば目的を達する場合でも，原告の住所地を管轄する裁判所に訴訟を提起するため，あえて損害賠償請求を追加することもある。

⑶　2段階の判断（侵害論と損害論）（■図表1−8）

審理の効率化を図るため，侵害論と損害論が2段階で審理される。

つまり，まずは著作権の侵害があったか否かの審理（侵害論）が集中して行われ，次いでそれが肯定された場合に，損害又は不当利得の発生及び額の審理（損害論）が集中して行われる（差止請求のみを求めたときは侵害論のみ審理される）。

侵害論の審理において裁判所が侵害ありとの心証をもった場合，裁判所はその旨及び損害論の審理に移る旨を両当事者に伝えることになる（中間判決がなされるのは，社会的影響の大きい事件等，一部の事件に限られる）。

他方，侵害論の審理において裁判所が侵害なしとの心証を得た場合には，損害論には進まずに弁論は終結し，判決が言い渡される。

いずれの場合であれ，心証開示とあわせて裁判所から和解勧告がなされることも多い。

⑷　差止請求

■図表1－8　2段階の判断

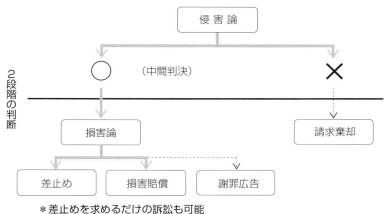

＊差止めを求めるだけの訴訟も可能

(a)　要件事実

　要件事実は，差止めの根拠となる①著作権等の取得原因事実及び②侵害行為の存在であり，その内容は仮処分において前述したのと同様である（112条1項）（■図表1－9）。

　もっとも，仮処分とは異なり，保全の必要性の主張立証を要しない。

　また，損害賠償請求とは異なり，故意過失や損害論の主張立証も要しない。なぜなら，損害賠償請求は不法行為に基づくものであって，しかも114条以下の損害賠償の請求規定にも，「故意又は過失により」という表現があることから，損害賠償請求の前提として，原告の方で被告の「故意又は過失」を主張立証しなければならないところ（ちなみに著作権法には，特許法103条のような過失の推定規定はない），差止請求は理論的には不法行為に基づくものではなく，著作権の独占的性格に由来するものであって，侵害者の故意，過失を問わないからである。

(b)　**侵害部分が侵害物の一部にとどまる場合でも，侵害物全体の差止め及び廃棄が認められる**

　裁判例では，侵害を止めるためには全体の差止めが必要だからという理由で，侵害物全体の差止請求を認めている（東京地判平成18年12月21日，スナップ肖像写真事件，判時1977号144頁）。

■図表1－9　差止請求の要件事実

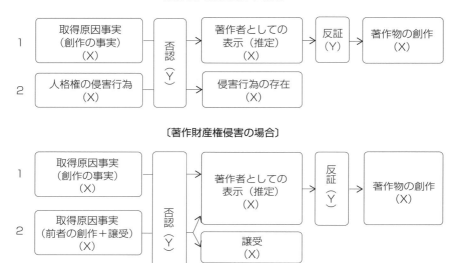

　ただし，侵害部分を削除すれば，残りの部分を頒布することは可能である。
　廃棄請求については，侵害部分と他の部分が可分であるケースでは，侵害部分のみの廃棄を認めている（侵害部分に限り廃棄を認めたものとして，前記東京地判平成18年12月21日。全体の廃棄を認めたものとして，東京地判平成19年8月29日，チャップリン映画DVD事件，判時2021号108頁）。侵害部分のみ廃棄させれば目的を達するからである（東京地判平成19年8月30日，営業成績増進セミナー事件，裁判所ウェブサイト）。

(c)　差止請求の範囲（特定）

　「債権者が著作権を有する著作物を複製した書籍を出版してはならない」といった包括的な請求は認められない。
　なぜなら，このような請求の趣旨は，単に，原告らが著作権を有する書籍を複製する行為一般について，その不作為を求めるものであって，法律が一般的，抽象的に禁止している行為そのものについて，その不作為を求めることと何ら

変わらず，また，このような請求をそのまま認めると，差止めの対象になるのか否かの実体的な判断を執行機関に委ねることになり妥当ではないからである。

そこで，通常は物件目録などを添付して，可能な限り対象を客観的に特定する必要がある。

(d) 行為態様の特定

請求の趣旨は，利用行為の元になる支分権の内容に沿ったものにすべきである。

例えば，イラストが無断で商品包装に使用され，その複製利用行為を複製権に基づき差し止めたいのであれば，「イラストを使用した商品包装を作成してはならない」とすべきであって，「イラストを商品包装に付してはならない」とすべきではない。

また，譲渡権及び貸与権に基づき譲渡及び貸与を差し止めたいのであれば，「頒布してはならない」と記載すれば足りるのであって，「販売し，頒布してはならない」では，販売（有償譲渡）が頒布（有償又は無償の譲渡又は貸与）の中に含まれる以上，一部重複が生じており（実務上は見受けられるところであるが），適切とはいえない。

(e) 侵害組成物や侵害作成物が既に第三者の手中にあるときでもその廃棄を求め得るか

例えば，侵害書籍が既に読者の手許にあるようなときであるが，これを認めるとなると第三者の所有権を侵害することになり，加えて実効性の観点からも，消極に解すべきものと思われる（仙台高判平成9年1月30日，石垣写真事件，判タ976号215頁）。

第三者たる読者が別途著作権侵害行為に及んだときは，当該第三者に対して改めて差止請求及び廃棄請求をすれば足りる。

(f) 侵害組成物や侵害作成物の回収まで求め得るか

侵害物を保有する第三者に対して廃棄を求めることはできないとしても，侵害者に対し，112条2項にいう著作権侵害の停止又は予防に必要な措置として，当該第三者から侵害物を回収するよう求めることはできないか。

裁判例は，差止請求権の実現のために必要な範囲を超えるとして否定するものが多い（東京地判平成19年1月18日，再分配とデモクラシーの政治経済学事件，裁判所ウェブサイト）。

70 第1部 著作権紛争（著作権トラブル）に巻き込まれたときの有事対応

　この点，和解であれば，かかる条項を設けることが不可能ではないことは既
に述べた。

(g)　差止めが認められない場合

　著作権侵害物である書籍が既に需要者に対して販売されていないのみならず，
今後販売される可能性もほとんどない場合には，差止請求は認められない（東
京地判平成2年6月13日，薬学書事件，判時1366号115頁）。

　要するに，絶版になっており将来における出版（増刷を含む）の予定はなく，
出版（増刷を含む）の意思もないときは，侵害が既に終了しさらに侵害されるお
それもないことになるから，差止請求には理由がないことになる（仙台高判平成
9年1月30日，石垣写真事件，判タ976号215頁）。

(h)　差止めが認められる場合（相手方が争っている場合）

　しかし，絶版であっても相手方が著作権の帰属を争っているときは，将来に
おける出版（増刷を含む）の可能性がないとはいえないから，差止請求が認容さ
れることはあり得る（東京地判昭和55年9月17日，地のさざめごと事件，判時975号3
頁）。

　また，被告が公衆送信権及び複製権の侵害を争っていること等から，LAN
システム上の新聞報道等掲示板に掲載するおそれがないとはいえないとして予
防的差止め（112条1項）を認めたケースもある（東京地判平成20年2月26日，社保庁
LAN事件，裁判所ウェブサイト）。

　東京地判平成30年2月21日（沖国大ヘリ墜落事故事件，裁判所ウェブサイト）も，
被告が本件映画を収録したDVDを販売し本件映画に字幕を付した海外版を作
成して上映しようとしていること，本件訴訟において本件映画を配信できなか
ったことによる逸失利益を主張していることから，112条1項に基づく本件映
画の上映及びその複製物の頒布の差止めの必要性を認めている。

(i)　差止めが権利の濫用となる場合

　レアケースではあるが，次の諸事情により，差止請求が権利濫用として否定
された事件がある（那覇地判平成20年9月24日，首里城事件，判時2042号95頁）。

　①　侵害の程度が極めて軽微

　②　原告に生じる損害額に比し，被告が既に多額の資本を投下

　③　写真集が増刷されておらず今後さらに出版される可能性小

　④　被告が法人著作に基づく著作物であると誤解していた経緯

第1節　著作権紛争（著作権トラブル）の発生から解決にいたるまでの流れ　**71**

(j)　差止請求の相手方

インターネット上の掲示板に不特定多数の者が違法複製物をアップロードしているケースでは，アップロードを行った掲示板の利用者を特定するのは困難であるし，仮に特定できたとしても，1人1人に対し逐一差止めを請求するのは現実的ではない。

よって，かかるケースでは，掲示板の運営者に対し差止めを請求できれば都合がよい。

この点，東京高判平成17年3月3日（2ちゃんねる事件，判時1893号126頁）は，インターネット上の掲示板の運営者は，掲示板に書き込まれた発言が著作権侵害（公衆送信権の侵害）に当たるときには，適切な是正措置をすみやかにとる態勢で臨むべき義務があり，著作権侵害行為に当たる発言が掲示板上で書き込まれていることを認識できたにもかかわらず何らの是正措置もとらなかった場合は，故意又は過失により著作権侵害に加担していたものといわざるを得ないとして，幇助者である掲示板の運営者に対する差止請求を肯定している（ただし，1審の東京地判平成16年3月11日，判時1893号131頁は反対）。

(5)　廃棄請求

(a)　内　　容

権利者は，侵害行為を組成した物，侵害行為によって作成された物，専ら侵害行為に供された機械・器具の廃棄，その他の侵害の停止・予防に必要な措置を請求することができる（112条2項）。

例えば，書籍の無断複製が行われた場合は，無断複製の停止のみならず，当該書籍そのものや，無断複製を行うために常時使用されていた印刷機器を廃棄するよう求めることができる。

(b)　差止請求をせずに廃棄請求をすることができるか

112条2項は，「前項の規定による請求をするに際し」と規定しているから，差止請求と独立して廃棄請求を認めることはできないと解される（特許法の事案であるが，東京地判平成5年9月29日，チーカプト事件，LEX/DB28032022）。

あくまで差止請求がメインであって，廃棄請求はこれに付随するものに過ぎないし，1回の廃棄請求だけでは紛争の抜本的解決が図れない可能性もあるから，独立の廃棄請求を認める実益は乏しい。

(6)　適当な措置の請求（確保する措置，訂正若しくは回復する措置）

72　第1部　著作権紛争（著作権トラブル）に巻き込まれたときの有事対応

(a)　内容（詳説541頁）

著作者人格権又は実演家人格権が侵害された場合（みなし侵害の場合も含む）には，損害の賠償に代えて，又は損害の賠償とともに，著作者又は実演家であることを確保し，又は訂正その他著作者若しくは実演家の名誉若しくは声望を回復するために適当な措置を請求することができる（115条）。

著作者又は実演家であることを確保するための措置とは，氏名表示権侵害があった場合における著作者名を表示させる措置等をいう。

著作者若しくは実演家の名誉若しくは声望を回復するための措置とは，同一性保持権侵害があった場合の訂正広告や謝罪広告等をいう。

(b)　謝罪広告

名誉回復等の措置としていつでも謝罪広告が認められるわけではなく，声望名誉の毀損の程度が軽微なときや，他の方法で既に名誉が回復されているときには認められない（東京地判平成13年10月30日，魔術師三原事件，判時1772号131頁）。

また，一口に謝罪広告といっても，その内容は様々であり，掲載する媒体は新聞かウェブサイトか，新聞といっても全国紙か地方紙か，掲載の頻度又は期間はどの程度か，どのような内容の広告を掲載するのか等によってその影響，効果，費用が違ってくる。声望名誉の毀損の程度が重大とまではいえない場合や一地域に限定されているような場合は，謝罪広告の範囲や内容が限定されることもある。

例えば，東京地判平成21年2月19日（フランスの運河を巡って事件，裁判所ウェブサイト）は，被告ホームページのトップページに謝罪広告を30日間掲載することを名誉回復等の措置として認めたが，全国紙の新聞紙面上における謝罪広告の掲載は，本件の侵害の態様に照らし行き過ぎであるとして認めなかった。

また，判決で損害賠償請求が認容され，テレビ局である原告が本件訴訟の結果を報道するなどして名誉が相応に回復されていることから，謝罪広告を否定した裁判例もある（東京地判平成30年2月21日，沖国大ヘリ墜落事故事件，裁判所ウェブサイト）。

(7)　差止請求等の強制執行（間接強制又は代替執行）

差止請求は，被告に対し不作為を求めるものであり，第三者が強制的に当該不作為を実現することはできないから，その強制執行は間接強制によることになる（民執172条・173条）。

間接強制の申立てを受けた執行裁判所は，債務者（被告）に心理的な強制を加えて不作為の状態を実現させるため，相当と認める一定額の金銭を債権者（原告）に支払うべき旨を命じることになる。

他方，侵害行為組成物等の廃棄請求（112条2項）については，通常は第三者による強制的な実現が可能であるから，代替執行によることも可能である（民執171条）。この場合，債権者の申立てを受けた執行官は，債務者に代わり，債務者の費用で侵害行為組成物等の廃棄を行うことができる。もっとも，廃棄の対象である侵害行為組成物等が第三者の管理下にある場合には，当該第三者の協力が得られなければ，廃棄は事実上困難であるから，かかる場合には間接強制によらざるを得ない。

また，名誉若しくは声望を回復するために適当な措置（115条）として謝罪広告の掲載が認められた場合，その内容が単に事態の真相を告白し，陳謝の意思を表明する程度のものであれば，代替執行によることができる（最判昭和31年7月4日，政見発表演説放送事件，民集10巻7号785頁）。

(8) 損害賠償請求

(a) 民法709条の要件事実

著作権法には，損害賠償請求の直接の根拠となる規定は存在せず，一般的な不法行為に関する民法709条が根拠規定となる。

その要件事実は，次のとおりである。

① 被告の故意過失
② 被告による権利侵害
③ 損害の発生及び額
④ 権利侵害行為と損害の発生との因果関係

(b) 故意過失

複製権や翻案権の要件事実としては，既存の著作物に依拠したことが必要となるから，権利侵害が認定された場合，通常は故意も認められることになる。

もっとも，原告の著作権の存続期間が満了していたと誤解していた場合等には，過失の有無が問題となり得るが，過失責任が肯定される場合が多いと思われる（知財高判平成22年4月27日，おじゃるプログラム事件，裁判所ウェブサイト）。

いずれにせよ，一般の不法行為と同様，故意過失の有無は，諸般の事情に照らし，ケースバイケースで判断されることになる。

(c) **著作物利用者の注意義務**（詳説526頁）

出版社，放送事業者，広告制作会社等が，第三者が制作した違法複製物を，違法複製物とは知らずに出版又は放送する場合も同様に，これら出版社等の過失が問題となる。

裁判例は，出版社等の過失責任を肯定するものが多い（東京地判平成2年4月27日，樹林事件，判時1364号95頁，東京地判平成2年6月13日，薬学書事件，判時1366号115頁等。詳説532頁）。

なぜなら，出版社等は，侵害を飛躍的に拡散する存在であるうえ，利益を得て恒常的に著作物を取り扱っているプロ集団だからである。

とはいえ，①被告出版社が地方の小出版社であること等を考慮して，あらかじめ広く一般の雑誌記事にまで目を通して著作権侵害の有無を調査すべき義務があるということはできないと判示し，出版社の過失責任を否定した裁判例（東京地判平成7年5月31日，ぐうたら健康法事件，判時1533号110頁）や②書籍出版の事業者が出版にあたって，著者から提供された原稿中の表現や掲載写真の1つひとつについて，著作権侵害の問題を生ずることの有無を調査，確認すべき義務があるとは解されず，具体的な疑いを抱くべき特段の事情があって初めて右義務が生ずるというべきであると判示し，同じく出版社の過失責任を否定した裁判例（仙台高判平成9年1月30日，石垣写真事件，判タ976号215頁）もあるので，被告出版社としては，一定の注意義務は果たしていたことを主張し，過失を争っておく必要はある。

また，放送事業者から委託を受け放送番組の影像等を通信衛星に伝送する電気通信事業者や，広告代理店に広告を依頼した広告主については，過失責任が否定されている（一例として，知財高判平成21年10月28日，苦菜花事件，判時2061号75頁）。

なぜなら，電気通信事業者や広告主は，内容に関与しない受託者，あるいは依頼する側の顧客だからである。

(d) **財産的損害**

(ア) 114条1項ないし3項

著作権は無体財産権であるから，侵害行為があっても著作権自体が毀損されることはなく，著作権者による著作権の利用が阻害されることはない（情報には消費の排他性がないといわれるゆえんである）。

第1節　著作権紛争（著作権トラブル）の発生から解決にいたるまでの流れ　**75**

　　よって，著作権侵害における財産的損害は，通常は逸失利益（例えば，侵害物が市場に流通したことにより正規品の売上が低下したことによる損害）に限定されることになる。

　　しかしながら，かかる損害額を立証することは困難であるから，114条は立証負担軽減のため，損害額に関する推定規定又はみなし規定を設けている。

　　（イ）　侵害者が受けた利益の額に基づく推定算定（114条2項）

　　（ i ）　侵害者が侵害により利益を得ているときは，その利益の額を損害額と推定する規定である。

　　侵害者が得た利益の額，すなわち損害額は，次の算式によって算出される。

【算式】
　　　損害額　＝　　①侵害品の譲渡個数
　　　　　　　　　　　　　×
　　　　　　　　②侵害者の1個当たりの利益

　　ここで，「侵害者の1個当たりの利益」が粗利益（売上高－売上原価）をいうのか，あるいは純利益（粗利益からさらにその他の販売費や一般管理費を控除した額）をいうのかにつき解釈が分かれていたが，近時の裁判例は，いわゆる限界利益とするものが多い（東京地判平成7年10月30日，システムサイエンス事件，判時1560号24頁，知財高判平成28年6月1日，破袋機事件，判時2322号106頁）。

　　限界利益とは，侵害品の売上から，侵害品の販売数量の増加に伴って増加する必要不可欠な経費を控除した残額をもって利益額とする考え方であり，具体的には販売価格から，原材料費ないし仕入価額を控除し，さらに販売数量の増加に応じて増加する，いわゆる変動経費（e.g.下請に支払った加工費用，運送費，保管費，保険費用等）を控除した額であり，研究開発費や管理部門の設備費，人件費等は控除されない（■図表1-10）。

　　（ ii ）　114条2項はあくまで損害額の推定規定であり，損害発生の事実まで推定するものではないという理解を前提に，権利者が著作物を利用していない場合には，権利者に逸失利益があったとはいえず損害の発生自体が観念できないから，114条2項の推定が働く余地はない（利用必要説）とする裁判例が多い（東京地判昭和53年6月21日，日照権―あすの都市と太陽―事件，判タ366号343頁。詳説517

■図表１－10　粗利益説・純利益説・限界利益説

売上	売上	売上
粗利益	純利益	限界利益
	固定費 （販管費） （研究開発費）	
	変動費 （材料費） （直接労務費）	変動費 （材料費） （直接労務費）
仕入額	仕入額	仕入額
粗利益説	純利益説	限界利益説

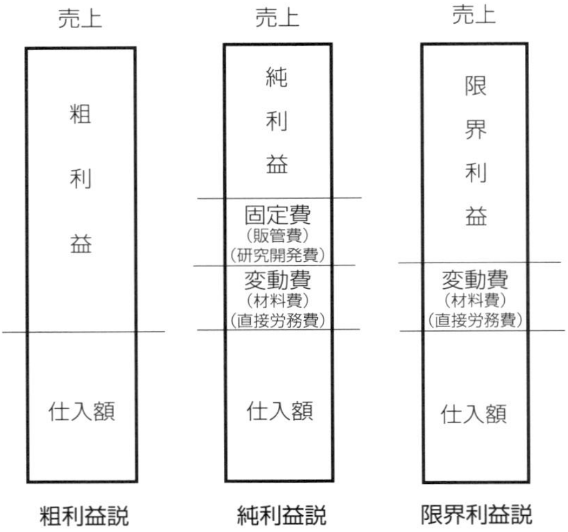

頁）。

　もっとも，114条２項は権利者による自己利用を要件として明記していないことに加え，特許権等と比較すれば，著作権を権利者が自己利用しているケースは少ないと思われるから，利用必要説では，114条３項に基づきロイヤリティ相当額の賠償を請求するしかなくなり，権利者保護に欠ける。

　そこで，権利者による自己利用を要件とせず（利用不要説），あるいは権利者による自己利用の蓋然性があれば114条２項を適用して良い（蓋然性必要説）とする裁判例も少数ではあるが存在する（東京地判平成12年12月26日，キャンディ・キャンディ商品化３事件，裁判所ウェブサイト）。

　とはいえ，利用必要説が大勢を占める現状では，著者のみが原告になったときは，114条１項及び２項の請求はできない（114条３項のロイヤリティ相当額の請求にとどまる）ということである。

　現に東京地判平成20年２月26日（社保庁LAN事件，裁判所ウェブサイト）は，損害額の推定は，権利者自らその著作物を販売することができたであろうことが前提となっているところ，本件著作物はいずれも週刊誌に掲載された記事であり，原告はライターで自ら販売していないから，114条１項及び２項の適用は

ないとし，114条３項のロイヤリティ相当額の請求しか認めていない。

　これを逆からいえば，著者に代わり（又は著者に加えて）当該出版物を出版している出版権者が原告になれば，114条１項及び２項の損害賠償の請求は可能ということになる。

　(iii)　東京地判平成30年６月19日（一竹辻が花事件，裁判所ウェブサイト），知財高判平成26年12月17日（金属製棚事件，裁判所ウェブサイト），東京地判平成28年12月６日（遮断弁事件，裁判所ウェブサイト）などにより，推定の覆滅の有無及び割合を認定するファクターが示されているので，以下に示すが，侵害者側としては，これらのファクターを主張することにより，推定を覆したり，あるいは損害の額を減らすことができる。

　なお，特許の事案ではあるが，東京地判平成30年３月１日（ブルニアンリンク事件，判時2392号50頁）は，推定覆滅率を，客観的に算定することができるもの（実施割合に基づく推定覆滅率）とそれ以外のもの（一般的要素に基づく推定覆滅率）とに分け，その合算による推定の覆滅を認めているが，著作権の事案にも同様に当てはまるものと解される。

　ポイント①

推定の覆滅の有無及び割合を認定するファクター
【利用割合に基づく推定覆滅率】
① 　侵害品全体に対する著作権の利用部分の価値の割合
【一般的要素に基づく推定覆滅率】
① 　営業的要因（市場における代替品の存在，侵害者の営業努力，広告，独自の販売形態，ブランド等）
② 　侵害品自体が有する特徴（侵害品の性能，デザイン，需要者の購買に結びつく特徴等）
③ 　寄与度

114条２項の要件事実
① 　侵害品の譲渡個数
② 　侵害者の１個当たりの利益
（ウ）　侵害者の譲渡等数量に基づくみなし算定（114条１項）
　(i)　114条２項の推定規定を用いるためには，侵害者の１個当たりの利益を立証する必要があるが，その証拠は侵害者側に偏在しているため，権利者に

78 第1部 著作権紛争（著作権トラブル）に巻き込まれたときの有事対応

よる立証は必ずしも容易ではない。

　加えて，侵害者が侵害品を無償又は廉価で譲渡していた場合には，十分な賠償を受けることはできない。

　かかる場合，権利者としては，「侵害者」の1個当たりの利益ではなく，「権利者」の1個当たりの利益を基準として，114条1項が定める下記算式により損害額を算出することができる。

　なお，下記算式でいう権利者の1個当たりの利益も，114条2項と同様，限界利益をいうものと解される。

【算式】
　　損害額　＝　　①侵害品の譲渡個数
　　　　　　　　　　　　　×
　　　　　②権利者の1個当たりの利益

　ただし，(i)権利者の販売能力を超えない限度に限られ，さらに(ii)権利者が当該数量の全部又は一部を販売できないとする事情（例えば，代替品の存在，販売市場の相違，侵害者の営業努力，侵害物固有の顧客吸引力等）があるときは，当該事情に相当する数量が控除される。

　(i)については権利者側に主張立証責任があり，(ii)については侵害者側に主張立証責任がある。

　侵害者側としては，(ii)に該当する事情（侵害行為と著作物の販売減少との相当因果関係を阻害する事情）を主張することにより，責任を免れあるいは損害の額を減らすことができる。

　なお，114条1項は，反対事実を立証しても覆滅されないみなし規定ではあるが，114条1項ただし書は，「販売することができないとする事情」があれば，それに相当する額を損害額から控除できると定めているから，侵害者がそれを立証できれば，当該要件の充足により，損害額が減額されることになる。

ポイント②
販売できないとする事情（侵害行為と著作物の販売減少との相当因果関係を阻害する事情）
① 市場における競合品・代替品の存在

② 　顧客層及び販売価格の相違
　　③ 　侵害者の営業努力（ブランド力，宣伝広告）
　　④ 　侵害品の効用（性能，デザイン，特徴等）
　　⑤ 　侵害品固有の顧客吸引力
　　⑥ 　侵害者の顧客吸引力
　　⑦ 　販売市場・販売ルート・販売形態の相違

　加えて，「著作権者等がその侵害の行為がなければ販売することができた物」
という要件から，侵害者の侵害物と権利者の販売物との間には，市場における
代替関係のあることが必要である（大阪地判平成16年12月27日，アルゼ王国事件，裁
判所ウェブサイト，知財高判平成28年6月1日，破袋機事件，判時2322号106頁）。

　(ⅱ)　インターネットを用いた無断送信の場合には，譲渡数量に代わり，違
法ネット配信された海賊版のダウンロード数量（受信複製物の数量）に基づき損
害額が算定される。

　この点で問題となるのがストリーミング配信の受信複製物該当性である。

　東京地判平成28年4月21日（FC2サイト事件，判時2316号97頁）は，動画サイト
におけるストリーミングによる動画の再生回数は，受信複製物の数量に当たる
ということはできないし，これをダウンロードの回数と同視することもできな
いと判示している。

114条1項の要件事実
　　① 　侵害品の譲渡個数
　　② 　権利者の販売事実及び権利者の1個当たりの利益
　　③ 　権利者には当該個数を販売する能力があること

　㈐　著作権の行使につき受けるべき金銭の額に相当する額に基づくみなし
　　算定（114条3項）（詳説511頁）
　114条3項は，権利者の自己利用の有無にかかわらず，使用料（ロイヤリティ）
相当額を最低限の賠償額として認める規定であり，次の算式により損害額が算
出される。

80　第1部　著作権紛争（著作権トラブル）に巻き込まれたときの有事対応

【算式】
　　　損害額　＝　　　　　　　①侵害品の譲渡個数
　　　　　　　　　　　　　　　　　　×
　　　　　②1個当たりの使用料（ロイヤリティ）相当額

　ここでいう「1個当たりの使用料（ロイヤリティ）相当額」は，必ずしも過去の一般の契約事例や使用料規程を基準に認定されるわけではなく，当事者間の具体的事情を考慮した妥当な金額が使用料相当額となる（知財高判平成21年9月15日，黒澤映画事件，裁判所ウェブサイト）。

　また，「1個当たりの使用料（ロイヤリティ）相当額」は，通常は，侵害者の販売価額に一定の使用料率を乗じて計算されるが，侵害者が極めて低額で販売したときには，侵害者の販売価額ではなく，権利者が通常受領すべき金額を基準として使用料相当額が算出される（東京地判平成6年1月31日，パックマンフリーソフト事件，判時1496号111頁）。

　大阪地判平成29年2月20日（ヤフオクダウンロード事件，裁判所ウェブサイト）は，ソフトウェアが違法廉価販売された事案であるが，被告が正規品よりも廉価で侵害品を販売したという事情は，むしろ被告の行為の違法性が高いことを示すものであって，その場合に原告が通常の使用許諾料を減額したとは認め難く，損害額を低減させる事情には当たらないとして，正規品であるプログラムの販売価格に，被告による上記販売回数を乗じて使用料相当額を算出している。

114条3項の要件事実
　①　侵害品の譲渡個数
　②　1個当たりの著作権の行使により受けるべき金銭の額

　(オ)　114条各項の関係
　各項の規定ぶりから，114条1項及び3項はみなし規定，2項は推定規定と解されている。

　よって114条2項の推定規定において，侵害者が反証に成功した場合には，114条2項による利益がないことになるが，その場合でも，権利者は，みなし規定である114条1項又は3項のいずれかで計算した金額については侵害者に請求できる。

　結局のところ，権利者としては，114条1項ないし3項により計算した損害

額のうち最も多い金額を，損害額として被告に請求することができる（東京地判平成19年8月30日，営業成績増進セミナー事件，裁判所ウェブサイト）。

とはいえ，114条1項は自らの利益率を開示することになるため，侵害者の利益率が低い場合でなければ，権利者が114条1項を選択する理由はあまりない。

114条3項による請求額も通常は低額であるため，権利者が114条3項を選択するのは，権利者が利用していない場合（利用必要説に立ったとして）や予備的な請求の場合等に限定される。

結局のところ，メリットの点で権利者は主位的には114条2項を選択することになる。

とはいえ，権利者には侵害者の1個当たりの利益はわからないから，これについては裁判所による書類提出命令（114条の3）を通じて，侵害者から任意開示を受けることになる。

　(カ)　寄与度による損害額の限定

権利者の著作物が侵害品の一部にしか利用されていない場合は，侵害品の売上等への寄与度に応じ，損害額が算定される。

例えば，侵害者の書籍の総頁数577頁のうち，権利者の著作権を侵害する図面の占める割合が2頁であった事案では，577分の2が侵害部分の割合であるとされた（東京地判平成6年4月25日，日本の城事件，判時1509号130頁）。

ただし，純然たる侵害割合だけではあまりにも認容額が低額になることを考慮してか，侵害部分の質的重要性を加味して，寄与度の割合をかさ上げする判例もある。

東京地判平成19年8月30日（営業成績増進セミナー事件，裁判所ウェブサイト）は，侵害部分が書籍全体238頁のうちの計8頁分であったにもかかわらず，考え方の中核をなす部分の一部であって書籍を特徴づける内容となっていることを理由に，書籍全体に占める当該頁の寄与度は頁数を大きく上回るとし，寄与度を全体の2割としている。

　(キ)　弁護士費用

一般論としては，弁護士費用を除く損害の認容額の10％程度が，弁護士費用相当額の損害として認められることが多い。

　(e)　**精神的損害（慰謝料）**（詳説536頁）

著作者人格権が侵害された場合には，民法710条に基づき慰謝料を請求することができる。

> **ポイント③**
> **慰謝料請求において立証すべきファクター**
> ① 著者の精神的苦痛の度合い
> ② 著者の経験及び活動活躍歴
> ③ 著者の業界での地位及び知名度
> ④ 著者のイメージ低下の度合い
> ⑤ 侵害者の認識の程度
> ⑥ 侵害行為の態様

　1つの書籍の中に侵害箇所が複数あるような事案においては，侵害1箇所につき一定額（例えば5万円）を基準とし，それに侵害箇所の総数を乗じて計算された合計金額を，著作者人格権侵害に基づく慰謝料とするケースが見受けられる（例えば，東京地判平成16年5月28日，教科書国語テスト3事件，判時1869号79頁）。

　15条の法人著作の規定により法人が著作者となる場合には，著作者人格権も法人に原始的に帰属するから，法人も著作者人格権侵害に基づく損害賠償を請求することができることは当然である（知財高判平成19年12月28日，パフォーマンス・メンタリング事件，LEX/DB28140591）。

　なお，著作財産権侵害を理由とする慰謝料請求については消極に解される（東京地判平成18年3月23日，江戸考古学研究事典1事件，判時1946号101頁）。

(9) 不当利得返還請求

　不法行為に基づく損害賠償請求のほか，不当利得返還請求をすることも可能である（民703条・704条）。

　しかしながら，侵害者が悪意の受益者に当たる場合を除き，侵害者に請求できる金額は現存利益に限られ，また不当利得を根拠として弁護士費用を請求することもできない。

　加えて，114条は，あくまで不法行為に基づく損害額の推定又はみなし規定であるから，不当利得に直ちに適用されるものではない。

　にもかかわらず不当利得を根拠として請求する実益は時効にある。

　つまり，不法行為に基づく損害賠償請求権の消滅時効は，損害及び加害者を知った時から3年又は不法行為の時から20年（民724条）であるのに対し，不当

利得返還請求権の時効は権利行使できるときから10年である（民167条１項）。

　したがって，損害及び加害者を知った時から３年以上前から侵害行為が継続していた場合，原告としては，不法行為に基づく損害賠償を主位的に請求するのに加え，消滅時効の抗弁が認められた場合に備え，予備的に不当利得返還請求もしておく必要がある。

　また，不法行為と異なり故意過失は要件とはならない。

　よって，万が一侵害者に故意過失が認められない場合でも，利得が発生している限り，不当利得返還請求が認められる余地がある。

⑽　訴えを提起する原告側の留意点

⒜　請求額の特定

　侵害論の審理が損害論の審理に先行するとはいえ，訴状の段階で請求額を特定する必要はある。

　通常は114条各項に基づいて算定することになるが，侵害品の譲渡個数や114条２項の侵害者の１個当たりの利益（限界利益）を，この段階で原告が正しく認識することは容易ではない。

　かかる場合，訴状の段階では，ひとまず侵害品の販売状況や同業他社の経営指標等をもとに推計計算する他はない。

　その後，審理の過程において被告に釈明を求める他，必要に応じ，114条の３所定の書類提出命令や114条の４所定の鑑定命令の職権発動を促し，立証していくことになる。

　いずれにせよ，訴状における推計計算では，原告側に有利な仮定的数値を用いることになるが，印紙代節約の観点から，当初は一部請求にとどめた方がよい場合もある。

⒝　著作財産権の侵害か著作者人格権の侵害か（訴訟物）

　著作物に対する同一の行為により著作財産権と著作者人格権とが侵害された場合，両者の賠償を訴訟上併せて請求するときは，訴訟物を異にする２個の請求が併合されているものと解される（最判昭和61年５月30日，パロディモンタージュ写真事件，判時1199号26頁）。

　よって，請求の趣旨記載の請求金額の内訳を，請求の原因では著作財産権侵害の部分と著作者人格権侵害の部分とに振り分けて記載する必要がある。

⑾　訴えを提起された被告側の留意点（争い方）

被告側の争い方については，仮処分の項において述べたところと基本的には同様である。ただし，訴訟においては損害論も争点となるため，さらに次の反論もあり得る。

① 侵害行為により被告が受けた利益（114条2項）は存在しない。

② 原告は自ら著作物を利用しておらず，また利用する蓋然性もないから，114条1項及び2項の適用はない（利用必要説又は蓋然性必要説を前提とする）。

③ 原告の著作物は侵害品の一部にしか利用されていないので，賠償額は寄与度に応じた割合に限定される。

⑿ 上訴対応（強制執行停止）

原告の請求を認容する判決に仮執行宣言（民訴259条）が付されたときは，原告は当該仮執行宣言に基づき，判決確定前であっても強制執行を申し立てることができる。

これに対し，被告は，上訴して争うことを予定しているときは，上訴に伴い，強制執行の停止を求めることができる（民訴403条1項2号及び3号）。

とりわけ，差止請求や廃棄請求に仮執行宣言が付された場合は，強制執行がなされると被告に回復困難な損害が生じるおそれがあり，上訴審で差止請求や廃棄請求が棄却されても手遅れとなるため，そのような場合は強制執行の停止を求めておく必要性が高い。

控訴に伴い強制執行の停止を求めるにあたっては，原判決の取消し若しくは変更の原因となるべき事情がないとはいえないこと又は執行により著しい損害を生ずるおそれがあることを疎明する必要がある（同項3号）。

他方，上告の場合は，原判決の破棄の原因となるべき事情及び執行により償うことができない損害を生ずるおそれがあることを疎明する必要があり（同項2号），控訴の場合と比較して相当にハードルが高い。

また，執行停止には相当額の担保を立てる必要があるから，申立てにあたってはこの点にも留意する必要がある。

第1節　著作権紛争（著作権トラブル）の発生から解決にいたるまでの流れ　　**85**

◆書式11　訴状例

訴　　　状

平成○年○月○日

○○地方裁判所　御中

原告訴訟代理人弁護士　　○○　　○○

当事者の表示　別紙当事者目録に記載のとおり

著作権侵害差止等請求事件
訴訟物の価額　　○円
貼用印紙額　　　○円

請求の趣旨

1　被告は，別紙被告商品目録記載のイラストを使用した商品包装等を製作
　してはならない。
2　被告は，別紙被告商品目録記載のイラストを使用した商品包装等を頒布
　し，又は頒布のために展示してはならない。
3　被告は，別紙被告商品目録記載のイラストを使用した商品包装等を廃棄
　せよ。
4　被告は，原告に対し，金○円及びこれに対する本訴状送達の日の翌日か
　ら支払済みまで年5パーセントの割合による金員を支払え。
5　訴訟費用は被告の負担とする。
との判決並びに仮執行宣言を求める。

請求の原因

第1　当事者
1　原告は，日本を代表する著名なイラストレーターであり，代表作として
　「○」がある。
2　被告は，○の製造販売を業とする株式会社である。

第2　著作権の取得原因事実
1　原告は，平成○年ころ，被告から，被告が製造販売する商品○（以下

86 第1部 著作権紛争（著作権トラブル）に巻き込まれたときの有事対応

「本件商品」という）の包装紙のイラストデザインの制作を依頼された。
2 原告は，別紙原告著作物目録記載のイラスト（以下「本件イラスト」という）を独自に制作し，被告に本件イラストを提供した。
3 本件イラストは，いずれも原告作品の特徴である繊細な筆のタッチを中心に描かれており，独特の素朴な雰囲気を醸し出していることから，原告の思想又は感情を創作的に表現したものであって，美術の範囲に属する著作物である。
4 原告は，被告との間で，本件イラストの著作権に関し，いかなる契約も締結したことはないし，使用を許諾したこともない。
5 以上のとおり，原告は，本件イラストの著作者かつ著作権者として，本件イラストについて氏名表示権その他の著作者人格権及び複製権その他の著作財産権を有している。

第3 著作権の侵害行為の存在
1 被告は，遅くとも平成〇年ころから現在に至るまで，被告商品目録記載のイラスト（以下「被告イラスト」という）を本件商品の商品包装紙等に使用し，本件商品を被告の店舗にて展示販売している。
2 また被告は，本件商品の商品包装紙に本件イラストを使用していることを宣伝文句として，被告のウェブサイトにおいて本件商品を宣伝し，本件商品の通信販売を行っている。
3 被告イラストは，原告の著作物である本件イラストと同一であるから，本件イラストを有形的に再製したものであるといえ，また依拠の点についても，上記2のとおり，被告自身，被告イラストが本件イラストに依拠して作成されたものであることを認めている。
4 被告は，上記1及び2のいずれの利用においても，原告が著作者であることを表示していない。
5 被告は，被告イラストを縮小して合成コピーし，本件商品用の手提げ袋に貼り付けているが，これは本件イラストを改変したものといえる。
6 以上より，被告には，複製権の侵害，氏名表示権の侵害及び同一性保持権の侵害が，それぞれ認められる。

第4 損害賠償請求（著作権法第114条第2項及び第3項）
1 著作権法第114条第2項による請求
(1) 被告は，前記のとおり，故意又は過失によって原告の著作権を侵害し

たものであるから，これによって原告が被った損害を賠償すべき義務がある。

そこで原告は，著作権法第114条第2項に基づき，被告の著作権侵害行為によって被告が得た利益を原告の損害と主張する。

ここで，著作権法第114条第2項にいう「利益の額」とは，売上高から，まずは原材料費又は仕入価額を控除し，次いで製造販売のための変動経費を控除した限界利益と解するのが相当である。

(2) 被告は，遅くとも平成○年から今日に至るまで10年以上にわたり，被告イラストを付した包装紙を利用して本件商品を販売してきた。

(3) 被告は，本件商品を1箱150円から250円の価格に設定して，被告の店舗及びインターネットの通信販売で販売しているところ，1箱当たりの平均小売価格は低く見積もって200円程度と推定される。

(4) 本件商品の販売数量は明らかではないが，本件商品が被告の主力商品であり，しかも全国にある被告の店舗で販売していることに鑑みれば，少なく見積もっても1日の本件商品の販売数量は1000箱を下らないと思われる。

(5) したがって，被告が販売した本件商品の1年間の総売上額は，少なくとも金7300万円（＝200円×1000箱×365日）を下らない。

(6) 次に，被告が得た限界利益の額をどのように算定するかが問題となるが，まずは，本件商品に関する総売上高から本件商品の仕入原価を控除した粗利益の総売上高に対する比率（粗利益率）を本件商品の販売業者の一般的な水準から推定し，次に粗利益から本件商品の製造販売のための変動経費を控除して，限界利益の額を算定するのが相当である。

(7) 一般的な○の販売業者の粗利益率は，40パーセントから60パーセント程度であると解されるところ，被告がその主力商品である本件商品の粗利益率を低く設定することは考えられないため，本件商品の粗利益率は最低でも50パーセントであると解され，本件商品の製造販売のための変動経費は総売上高の10パーセント程度と解されるから，限界利益は，総売上高の40パーセントを下回ることはない。

(8) よって，被告が本件商品の販売によって1年間に得た限界利益は，2920万円を下らない。

(9) ①原告が著名なイラストレーターであること，②原告独特の繊細な筆のタッチと素朴な雰囲気は他作品によっては代替するのが困難であること，③10年間以上もの長きにわたって本件イラストの複製物である被告

イラストの使用が継続されてきたのは，まさに本件イラストの顧客吸引力が高かったからに他ならないことに鑑みれば，本件イラスト（被告イラスト）の前記限界利益に対する貢献度（寄与度）は，30パーセントを下回ることはないと解される。

　よって，限界利益2920万円のうち876万円が，原告の年間当たりの損害額となる。

　2　著作権法第114条第3項による請求
　(1)　原告が使用料相当額として受けるべき金銭の額は，被告が販売する本件商品の総売上高にイラストの使用料率を掛けて算出するのが通常であるが，既に述べたとおり，①原告が著名な絵本作家であること，②原告独特の繊細な筆のタッチと素朴な雰囲気は他作品によっては代替するのが困難であること，③10年間以上もの長きにわたって本件イラストの複製物である被告イラストの使用が継続されたのは，まさに本件イラストの顧客吸引力が高かったからに他ならないこと等を勘案すれば，イラストの使用料率は，商品の小売価格の10％を下回ることはないと解される。
　(2)　被告が1年間の本件商品の販売によって得た総売上高は，前記のとおり7300万円であるから，原告が本件イラストの使用料相当額として受けるべき金銭の額は，年額では730万円となる。

第5　不当利得返還請求
　1　被告は，原告に無断で，法律上の根拠なく本件イラストを使用して本件商品を販売し，1年間で最低でも2920万円の限界利益を上げ，そのうち本件イラストの前記限界利益に対する貢献度（寄与度）は低くみても30％を下らないと解されることに鑑みれば，2920万円のうち876万円が原告の年間当たりの損失と解される。
　2　また被告は，本来であれば，本件イラストの使用料として最低でも1年間に730万円を原告に支払うべきであったのに，法律上の根拠なく使用料の支払を免れ，これによって原告は，当該使用料の支払を受ける機会を失った。
　3　したがって，被告が法律上の根拠なく得た年間当たり876万円（予備的には730万円）の利得（利益）と，原告に生じた年間当たり同額の損失との間には相当因果関係がある。

第1節 著作権紛争（著作権トラブル）の発生から解決にいたるまでの流れ　**89**

第6　小括

1　上記のとおり，原告は，主位的には不法行為に基づく損害賠償請求を，予備的には不当利得返還請求を，それぞれ求めるものであるが，被告から消滅時効の抗弁が予想されるため，前者の損害賠償請求については訴訟提起直前3年間の金額を，後者の不当利得返還請求についてはそれよりも前の7年間の金額を，それぞれ請求する。

　すなわち，前者のうち，著作権法第114条第2項による請求については，平成○年○月○日から平成○年○月○日までの3年間分の2628万円を，著作権法第114条第3項による請求については，平成○年○月○日から平成○年○月○日までの3年間分の2190万円を，後者の不当利得返還請求については，平成○年○月○日から平成○年○月○日までの7年間分の6132万円（予備的には5110万円）をそれぞれ請求するが，10年間の通算分でみれば8760万円が最も高額となるため，かかる8760万円を請求することとし，ここではその一部請求として3000万円を請求する。

2　なお，本件では被告の総売上高や限界利益に関する資料が原告の手許にはないため，訴訟手続の中で随時必要な釈明を被告に対し求める他，被告の対応如何によっては著作権法第114条の3所定の損害の計算に必要な書類の提出命令や著作権法第114条の4所定の鑑定命令の職権発動を促し，適宜立証していく方針である。

3　著作者人格権（氏名表示権）侵害に基づく慰謝料については，後に主張立証する予定である。

第7　本件訴え提起に至る経緯

　原告は，今般，被告が本件イラストを無断で使用していることを知り，本件イラストの使用状況について被告に照会した。

　これに対し被告は，原告に対し，被告が本件イラストの著作権を保有しているか，又は本件イラストを無償で使用する権限を有していると回答した。

　しかしながら，原告は，被告に対し本件イラストの著作権を譲渡したことはなく，無償での使用を許諾したことも一切なかったことから，被告に対しその点を質したが，被告は，被告が本件イラストを使用する権限を有していると主張して譲らなかった。

　そこで原告は，やむを得ず被告に対し，本件訴えを提起する次第である。

以上

証拠方法

(略)

添付書類

1	証拠説明書	1通
2	甲号証の写し	各1通
3	委任状	1通
4	資格証明書	1通

(別紙)

当事者目録

(略)

(別紙)

被告商品目録

(略)

(別紙)

原告著作物目録

(略)

Ⅵ　民事調停

⑴　確定判決と同等の効力

双方の合意により紛争を解決する裁判手続として，民事調停（調停）がある。

調停は，裁判官１名及び調停委員２名以上で構成される調停委員会が，双方の主張を聴取し，合意による紛争解決を促す制度である。

調停の結果，双方の合意が成立したときは，当該合意の内容が調停調書に記載され，これは確定判決と同一の効力を有するから（民調16条，民訴267条），当該調停調書に基づき強制執行をすることが可能となる。

⑵　調停のメリット

調停は，訴訟と比較して印紙代が半額以下と低廉であり，また非公開の手続であるため秘密が守られる点でもメリットがある。

また，互譲による話合いの手続であるため，厳格な証拠による立証は必ずしも必要ではない。

さらに，数回の期日で調停が成立するケースも相当数あり，結果的に訴訟と比較して迅速な紛争解決が実現される場合もある。

⑶　調停のデメリット

調停はあくまで双方の合意に基づく手続であるから，合意が成立しなければ不調となり，訴訟に移行し調停手続は終了する。

訴訟のように裁判所が争点について判断をすることはないから，権利者としては，権利実現のためには改めて訴訟を提起する必要があり，結局，その分紛争解決が遅延することになる。

⑷　調停に向いていない事件と向いている事件

調停が合意に基づく話合いの制度である以上，侵害者の不出頭が想定される場合や，双方の対立が激しく合意の形成が困難であると予想される場合には，調停成立の見込みが乏しいことから，当初から訴訟を提起した方がベターである。

よって，紛争解決手段として調停が有用なのは，権利侵害が明らかで損害額の多寡のみが争点となるような事案において，相手方が調停に出頭することが見込まれる場合や，証拠や主張の点で不完全な事案ではあるが，互いに一定の折衷的解決が期待できるような例外的な事案に限られよう。

しかしながら，既述のとおり，調停はあくまで互譲に基づく話合いによる解

決手法であって，訴訟のように厳格な証拠や厳格な主張立証責任が要求される
わけではないから，その結果として理論的な詰めが十分になされず，足して二
で割る式の安易な和解案に流れるおそれもあるので，その点の注意が必要であ
る。

　いずれにせよ，後述のとおり，法人が当事者となる事件において調停は利用
しづらく，当事者が個人や小企業間の場合に調停の利用は限定されると解され
る。

(5)　調停の利用が限定される理由

以下の理由が考えられる。

①　合意不成立で不調になる可能性があり，その場合は時間が無駄になる。

②　弱腰と思われるのを避けたい権利者側としては，調停を申し立てにくい。

③　徹底抗戦の態度を（ポーズであれ）とる可能性のある侵害者側としても，
　弱腰と思われたくないことから，同様に申し立てにくい。

④　調停委員が著作権に詳しいことは望み薄である。

⑤　法人（特に上場企業）が当事者となる事件においては，ステークホルダー
　への説明責任の観点から，知財部の裁判官の心証開示も伴ったうえでの裁
　判上の和解の方が，説得力が高い。

第1節　著作権紛争（著作権トラブル）の発生から解決にいたるまでの流れ　　**93**

◆書式12　民事調停申立書例

民事調停申立書

平成○年○月○日

○○簡易裁判所　御中

申立人代理人弁護士　　○○　○○

当事者の表示　別紙当事者目録に記載のとおり

著作権侵害差止等請求事件
調停事項の価額　　　○円
貼用印紙額　　　　　○円

申立ての趣旨

1　被申立人は，別紙物件目録記載のデータベースを複製し，又は公衆送信
　（送信可能化を含む）してはならない。
2　被申立人は，別紙物件目録記載のデータベース及びその複製物（同データ
　ベースを格納した記録媒体を含む）を廃棄せよ。
3　被申立人は，申立人に対し，○円及びこれに対する平成○年○月○日から
　支払済みまで年○分の割合による金員を支払え。
との調停を求める。

紛争の要点

(略)

証拠方法

(略)

添付書類

1　証拠説明書　　　　　　　　　　　　　　　1通
2　甲号証写し　　　　　　　　　　　　　　　各1通
3　委任状　　　　　　　　　　　　　　　　　1通
4　資格証明書　　　　　　　　　　　　　　　1通

（別紙）

当事者目録

(略)

（別紙）

物件目録

(略)

Ⅶ　知財調停

⑴　知財調停手続の運用

　東京地裁知財専門部（民事29部・40部・46部・47部）は，令和元年10月1日から，知的財産権に関する調停手続について新たな運用を開始する。

　これに先立ち，令和元年8月1日，「知財調停手続の運用について」が裁判所ウェブサイトに公表された（大阪地裁も令和元年9月1日，そのウェブサイトに「大阪地裁における新たな知財調停についての説明」を公開し，同様の運用を開始する）。

⑵　知財調停手続の概要

　知的財産権をめぐる紛争に関し，交渉中の当事者が管轄の合意をしたときは，東京地裁又は大阪地裁に知財調停を申し立てることができる。

　当事者間の交渉が先行していることを前提にすれば，争点は既に特定され，当事者は関係資料等を保有していると考えられる。

　そこで，第1回調停期日までに両当事者に主張と証拠を提出してもらい（充実した審理のため，提出予定の書証については，第1回調停期日前にすべてを提出するよう要請されている），原則として3回程度の期日内で，調停委員会がその見解を口頭で開示することにより，話合いによる簡易・迅速な紛争解決を目指す非公開の手続が，知財調停である。

　労働審判手続（管轄合意が不要な点で，知財調停と異なる）の知財版といえよう。

　管轄合意書や調停申立書（申立ての趣旨及び紛争の要点等を記載する）の各書式については，「知財調停手続の運用について」（裁判所ウェブサイト）を参照されたい。

⑶　調停委員会の構成

　知財専門部の裁判官1名及び知財事件の経験が豊富な弁護士・弁理士などの専門家2名の合計3名から構成される。

⑷　知財調停に適した事案

　争点が過度に複雑でないものや，交渉において争点が既に特定され，当事者双方が話合いによる解決を望んでいる事案などは，知財調停に適した事案といえる。

⑸　知財調停のメリット

①　特に上場企業にとっては，機関決定やディスクロージャーの観点から，非公開であることのメリットは大きい。

② 　原則として，申立てから期日3回，3ないし4か月半で終了するという
　　スピード感も大きなメリットといえる。

③ 　知財専門部の裁判官が調停委員会の構成メンバーとして入っていること
　　から，民事調停の項で指摘した**Ⅵ**(5)④及び⑤のデメリットは解消されよう。

⑹　**知財調停とその後の訴訟との関係**

　知財調停が不成立又は取下げとなった後に，調停の目的となった請求につい
て訴えが提起されたときは，その訴えに係る審理は，調停委員会を構成した裁
判官が所属する部以外の部の裁判官が担当する。

◆知財調停の審理モデル：裁判所ウェブサイトより引用

審理モデル

調停申立てから第1回期日まで

○ 申立人は，裁判所に対し，申立ての趣旨及び紛争の要点が記載された調停申立書，管轄合意書を含む附属書類，書証，証拠説明書等を提出する。
○ 相手方は，第1回期日（調停申立てから約6週間後を想定）の10日前までに，裁判所に，答弁書，書証，証拠説明書等を提出する。
○ 裁判所は，知財調停の申立てがされると，調停委員を指定し，裁判所調査官の関与が相当な事案においては，裁判所調査官に対する調査命令を発出。申立人及び相手方の代理人と打合せを行い，双方が出席できる期日を調整の上，指定する。

第1回期日（知財調停の申立てから約6週間後）

○ 調停申立書，答弁書，提出された書証に基づいて，争点の確認，事実関係の把握を行うと同時に，各当事者から話合いによる解決に向けて，意向や要望を聴取する。
○ 第1回期日から充実した手続を行うという観点から，担当者等の事情をよく知る者が出頭することが望ましい。
○ 争点がシンプルで提出された主張書面及び証拠から判断が可能な事案では，調停委員会が第1回期日で見解を示すことや解決の方向性について示唆することもあり得る。
○ 調停委員会は，当事者の主張や証拠について，更に補足すべき点がある場合には，各当事者に対し，主張や証拠を補足することを指示する。

 続行

●調停成立
●調停不成立／取下げ
　⇒当事者間の自主交渉
　⇒訴訟・仮処分

第2回期日（第1回期日から3週間～1か月半後）

○ 当事者から補足的な主張書面及び証拠が提出された場合には，これに基づき，更に議論を行うとともに，第1回期日に引き続き，合意の形成に向け，各当事者からの意向を聴取したり，調停案の検討を行う。
○ 調停委員会が第2回期日において一定の見解を示すことや解決の方向性について示唆することもあり得る。

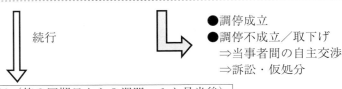

続行

●調停成立
●調停不成立／取下げ
　⇒当事者間の自主交渉
　⇒訴訟・仮処分

第3回期日（第2回期日から3週間～1か月半後）

○ 調停委員会は，第3回期日までに，当事者に対し，争点についての心証や訴訟又は仮処分による解決の相当性等に関し，その見解を原則として口頭で開示する。
○ 調停委員会が，既に争点についての心証を開示し，調停案についての話合いが行われている場合には，調停成立を目指して話合いを行う。仮に，第3回期日において調停が成立しない場合であっても，話合いにより合意する見込みがあり，当事者が調停手続の続行を希望する場合には，手続を続行する。
○ 調停委員会が第3回期日において争点についての心証を開示する場合には，その心証に基づいて調停案についての協議を行い，同期日における調停成立を目指す。当事者が調停手続の続行を希望する場合には，手続を続行し得ることは上記と同様である。
○ 当事者は，調停委員会の心証開示を受けて，調停手続の利用を取り止めて，自主的な交渉に戻ることもできる。
○ 調停委員会が，訴訟又は仮処分による解決に適している事案であるなどの見解を開示した場合，調停手続は不成立又は取下げにより終了し，訴え提起等を検討する。

（続行する場合）

第1節　著作権紛争（著作権トラブル）の発生から解決にいたるまでの流れ　99

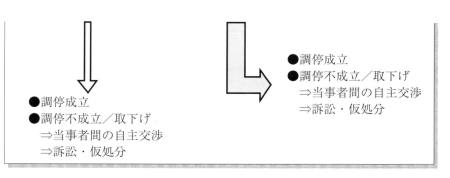

Ⅷ　日本知的財産仲裁センターによる調停・仲裁

(1)　利用状況

　日本知的財産仲裁センターは，日本弁理士会及び日本弁護士連合会が設立したADR（裁判外紛争解決）機関であり，これに対して調停及び仲裁を申し立てることが可能である。

　とはいえ，2015年の申立件数は，調停及び仲裁を合計しても5件に満たず，積極的に活用されているとまではいい難い状況にある。

(2)　裁判所の調停との違い

　裁判所の調停との最大の違いは，同センターが行う調停の成立時に作成される和解契約書には，確定判決と同一の効力がなく，当該契約書に相手方が違反しても，直ちに強制執行をすることができない点である。

　よって，和解契約書に執行力を付与するためには，即決和解や和解成立後に同内容の仲裁判断を求める等の工夫が必要となる。加えて，手数料が調停よりも高額になるケースが多い。

　もっとも，調停人が知的財産権の専門家（弁護士，弁理士等）で構成される点，当事者双方の合意により手続の途中で仲裁に移行することができる点で，同センターが行う調停を申し立てることには一定のメリットもある。

(3)　仲裁判断のメリット

　調停における和解契約書とは異なり，同センターが行う仲裁判断には，確定判決と同一の効力がある（仲裁45条1項）。

　仲裁判断に対しては，手続に瑕疵がある場合等ごく例外的な場合を除き，不服を申し立てることができないから（仲裁44条），訴訟と比較して時間及び費用を節約できるメリットがある。

　もっとも，仲裁の申立てには当事者双方の仲裁合意が必要となることもあり，申立件数は多いとはいえない（同センターに対する申立件数の96％は調停であり，仲裁は4％にとどまるようである）。

第1節　著作権紛争（著作権トラブル）の発生から解決にいたるまでの流れ　　**101**

◆書式13　調停申立書例：日本知的財産仲裁センターのウェブサイトより引用

調 停 申 立 書

200　年　　月　　日

日本知的財産仲裁センター　御中

1　申立人
　　　　住所（居所）
　　　　電話番号
　　　　ファックス番号
　　　　電子メールアドレス
　　　　氏名（名称）
　　　　（代表者）　　　　　　　　印（注1）

2　申立人代理人（注2）
　　　　住所（居所）
　　　　電話番号
　　　　ファックス番号
　　　　電子メールアドレス
　　　　氏名　　　　　　　　　　　印

3　被申立人
　　　　住所（居所）
　　　　電話番号
　　　　ファックス番号　　　　　　　 ⎫
　　　　電子メールアドレス　　　　　 ⎬（注3）
　　　　氏名（名称）
　　　　（代表者）（注4）

4　紛争の概要（注5）

5　申し立てる解決の要旨（注6）

102 第1部 著作権紛争（著作権トラブル）に巻き込まれたときの有事対応

6 調停人の数についての希望
　　3名による調停を希望する。（注7）

7 添付書類又は添付物件の目録（注8）
（1）調停申立書　　　　　　　写し3通
（2）証拠書類　　　　　　　　1通，写し3通（注9）
（3）資格を証明する書類　　　申立人，被申立人各1通（計2通）（注10）
（4）委任状　　　　　　　　　1通（注11）
（5）・・・（注12）

（注1）　申立人が法人の場合は，代表者名を記載する。代理人がいる場合は申立人の
　　　　印は不要である。
（注2）　代理人がいる場合にのみ記載する。連絡場所を記載すること。
（注3）　被申立人の電話番号，ファックス番号及び電子メールアドレスは，申立人が
　　　　知る範囲で記載する。
（注4）　被申立人が法人の場合は，代表者名を記載する。
（注5）　「紛争の概要」は，調停申立てに至った事情，紛争についての申立人の主張を
　　　　記載する。記載方法及び記載内容についての限定はない。
（注6）　「申し立てる解決の要旨」は，調停によりどのような解決を希望するかを記載
　　　　する。記載方法及び記載内容についての限定はない。
　　　（記載例）
　　　　（1）「紛争の概要」記載の事情について，被申立人との間で適切な和解をするため
　　　　　の調停を求める。
　　　　（2）被申立人は申立人に対して適切な和解金を支払うこと，を求める。
　　　　（3）被申立人は申立人に対し和解金として金○○○円を支払う，との調停を求める。
　　　　（4）被申立人は別紙製品目録記載の○○○を製造・販売しない，との調停を求める。
　　　　（5）被申立人は，別紙製品目録記載の製品が別紙特許権目録記載の特許権を侵害し
　　　　　ないことを確認する，との調停を求める。
（注7）　申立人が3名の調停人による調停を希望する場合にのみ，本項を設けてその
　　　　旨を記載する。記載がない場合は，2名の調停人による調停となる。
（注8）　訴訟の訴状・答弁書・準備書面にならって，証拠方法，附属書類に分けて両
　　　　者を記載してもよい。
（注9）　証拠書類　1通，写し3通
　　　　　　甲第1号証　○○○○
　　　　　　甲第2号証　○○○○
　　　　のように番号と名称で特定する。
　　　　　写しの通数は被申立人と調停人の数の合計数で，被申立人1，調停人2の
　　　　ときは3になる。

第1節　著作権紛争（著作権トラブル）の発生から解決にいたるまでの流れ　**103**

必要な場合は，証拠目録（標目，作成年月日，作成者，立証趣旨等を記載）も提出すること。

(注10)　申立人が法人の場合は，代表者資格証明書，商業登記簿謄本等を提出する。被申立人が法人の場合，被申立人の分も申立人が提出する。申立人1，被申立人2で全てが法人のときは各1通（計3通）となる。

(注11)　例．代理人が2人の場合：1枚の委任状に2人の代理人を記載しているときは1通となり，代理人ごとに個別の委任状があるときは各1通（計2通）となる。

(注12)　手数料減額の対象になり減額を受けたいときは，手数料減額申請書1通及びその事由を示す資料1通を添付すること。

104　第1部　著作権紛争（著作権トラブル）に巻き込まれたときの有事対応

◆書式14　仲裁合意書例：日本知的財産仲裁センターのウェブサイトより引用

仲　裁　合　意　書

本書に記名押印の申立人（以下，単に「申立人」という）及び本書に記名押印
の被申立人（以下，単に「被申立人」という）は，下記1．に表示された事件
について，日本知的財産仲裁センター（以下「仲裁センター」という）の仲裁
により紛争の解決を図るため，次のとおり仲裁契約を締結します。

記

1．事件の表示

2．申立人及び被申立人は，仲裁センターの仲裁人候補者名簿に記載された下
　　記の者を，仲裁人として選任します。

　　申立人が選任する者（仲裁人としての選任を　承諾済　／未承諾（いずれか
　　を選択））
　　　　住　　所：
　　　　氏　　名：

　　被申立人が選任する者（仲裁人としての選任を　承諾済　／未承諾（いずれ
　　かを選択））
　　　　住　　所：
　　　　氏　　名：

3．申立人及び被申立人は，仲裁センターが定める日本知的財産仲裁センター
　　手続規則に従って仲裁手続が行われることを承諾いたします。

4．申立人及び被申立人は，仲裁人の行った仲裁判断に従い，異議を述べませ
　　ん。

5．申立人及び被申立人は，仲裁人が仲裁判断をするにあたって，理由の付記を省略しても異議を述べません。

6．申立人及び被申立人は，仲裁センターが定める仲裁手数料規則に従って仲裁手数料・費用を仲裁センターに納付します。

7．申立人及び被申立人は，東京地方裁判所を管轄裁判所とすることに合意します。

20　　年　　月　　日

申立人　　住　所：
　　　　　　氏　名／名　称：
　　　　　　代表者（法人の場合）：　　　　　　　　　　　印
被申立人　住　所：
　　　　　　氏　名／名　称：
　　　　　　代表者（法人の場合）：　　　　　　　　　　　印

Ⅸ　紛争解決あっせん制度

　第三者が関与する裁判外の紛争解決制度として，文化庁の紛争解決あっせん制度がある（105条以下）。

　当該制度では，学識経験者により構成される著作権紛争解決あっせん委員が当事者の間に入ってあっせん案を提示し，これを両当事者が受諾することにより，紛争が解決されることになる。

　文化庁によれば，本制度の平均的な審理期間は約6か月とのことであり，訴訟に比して短期間での紛争解決の可能性がある。

　しかしながら，実際にあっせんに付されるのは，当事者の双方からあっせんの申請があったとき，又は当事者の一方からあっせんの申請があった場合において他の当事者がこれに同意したときに限られるため（108条1項），一方が反対すればそもそもあっせん手続自体が開始されない。加えて，あっせん案を受諾しても確定判決と同一の効力はなく，債務名義にはならない点で，紛争が終局的に解決される保証もない。

　それゆえ，昭和45年度から平成20年度までに，紛争解決あっせん制度が申請された件数は全34件で，そのうちあっせんに付された事件は8件，解決にいたったものはわずか6件にとどまっている。

第1節　著作権紛争（著作権トラブル）の発生から解決にいたるまでの流れ　**107**

◆**書式15　あっせん申請書例：文化庁「あっせん申請の手引き」より引用**

収入印紙
注1

平成○○年○○月○○日

文化庁長官　殿

申請者（住所）

（氏名）　注2

著作権紛争解決あっせん申請書

　著作権法第105条第1項の規定に基づき，下記のあっせんを願いたいので，申請します。

記

1　当事者
　　　注3

2　あっせんを求める事項
　　　注4

3　紛争の問題点及び交渉経過の概要
　　　注5

4　その他あっせんを行うに際し参考となる事項
　　　注6

5　添付資料
　　　注7

注1：あっせん申請に係る手数料（46,000円）を収入印紙により納付してください（法第107条第1項，令第59条，規則第23条）。なお，政令で定められた独立行政法人

108　第1部　著作権紛争（著作権トラブル）に巻き込まれたときの有事対応

　　　があっせんを申請する場合には手数料の納付は不要です（法第107条第2項，政
　　　令第65条）。
注2：申請者が法人（法人格を有しない社団又は財団であって代表者又は管理人の定め
　　　があるものを含む。）である場合には，法人名及び代表者・管理人の氏名を記載
　　　してください。また，事務的な連絡等のため，担当者の部署・氏名・電話番号を
　　　付記してください。
　　　紛争の両当事者から申請する場合は，両当事者を併記して下さい。
注3：紛争当事者の一方を「甲」とし，他方を「乙」として，それらの者の氏名（法人
　　　にである場合には，法人名及び代表者・管理人の氏名）及び住所又は居所を記載
　　　してください。
注4：あっせんによって解決したい点及び希望する解決方法を記載してください。

> （例）甲の論文が乙に無断で利用された場合
> 　「乙は，甲の論文を無断で乙の論文に利用しているので，乙に対し〇
> 　〇〇誌に謝罪文を掲載すること及び〇〇万円の損害賠償の支払いを
> 　求める」

注5：紛争となっている点及びその点に関する両当事者の主張などを含めてこれまでに
　　　行われた両当事者の交渉経過を記載してください。なお，記載しきれない場合は，
　　　別紙として添付することもできます。
注6：〇〇万円の損害賠償の支払を求める場合であれば，〇〇万円の算出根拠を記載す
　　　るなど当該紛争をあっせんするに際して参考となる事項を記載してください。
注7：あっせんを行うに際し，参考となる資料がある場合には，添付した資料名を記載
　　　してください。

X 税関における輸入差止申立制度

⑴ 概　　要

　国外から模倣品や海賊版等の侵害品が輸入され，いったん国内で流通すると，これを完全に回収・廃棄することは極めて困難となるから，侵害品の輸入を水際で阻止する必要性は高い。

　もとより，著作権，著作隣接権その他の知的財産権を侵害する貨物の輸入は禁止されており（関税69条の11第1項9号），かかる侵害品に対しては，税関による所定の認定手続を経て，没収・廃棄等の措置がなされる（関税69条の12第4項・69条の11第2項）。

　とはいえ，税関には年間2000万件を超える輸入申告等があり，その中から，知的財産権を侵害する可能性のある貨物を税関が的確に判別することは現実的には困難である。

　そこで，知的財産権の権利者は，侵害品の情報を事前に税関に提供するため，税関に対し，侵害品の輸入差止めの申立てを行うことができる（関税69条の13）。

　差止申立書は，全国に9つある税関のうち，いずれか1つの税関の知的財産調査官に提出し，受理されれば全国の税関官署において，申立てに基づく取締りが行われる。

⑵ 申立書の記載事項及び添付資料

　差止申立てが税関に受理されるためには，自らが権利者であること及び侵害の事実を証拠により疎明したうえ，次の事項を申立書に記載する必要がある（関税69条の13，関税施令62条の17）。

　① 　自己の知的財産権の内容

　② 　侵害品の品名

　③ 　侵害品が自己の知的財産権を侵害すると認める理由

　④ 　希望する差止申立ての有効期間（最長4年間だが更新も可能）

　⑤ 　その他参考となるべき事項（予想される輸入者の情報や並行輸入品に関する情報等）

　また，必要に応じ，侵害品の現物，カタログ，写真及び真正品と侵害品の識別ポイントに関する説明資料等を申立書に添付する。

　侵害の有無が明白でないケースについては，侵害を証する裁判所の判決書若しくは仮処分決定書又は弁護士等が作成した鑑定書等が必要となることもある。

110　第1部　著作権紛争（著作権トラブル）に巻き込まれたときの有事対応

(3)　申立てが受理された場合の認定手続

　輸入貨物から侵害品と思われる物品が発見されたときは，税関は，輸入者に対し，関税法上の認定手続を行う旨及び争う意思がある場合は10執務日以内にその旨を書面で提出すべき旨を通知する。

　その結果，輸入者から争う旨の申出がない場合で，権利者の申立書等の内容に基づき権利侵害があると判断したときは，税関は，当該侵害品につき廃棄等の措置を行う。

　他方，輸入者から争う旨の申出があった場合は，権利者及び輸入者双方が，税関に対し意見及び証拠を提出する等して主張反論を行い，認定手続開始通知からおおむね1か月以内（侵害判断が困難で専門委員に対する意見照会が行われ，かつ当事者から意見聴取の場の開催要求があった場合は2か月以内）を目途に，税関が侵害品に該当するか否かを判断する。

(4)　輸入差止申立制度の利用状況

　輸入差止申立制度は，映画の海賊版DVD，偽キャラクターグッズ，いわゆる還流防止措置の対象となっている音楽CD等について主に利用されている（申立人としては，映画会社や音楽出版社が大半である）。

　侵害品の可能性があるとして認定手続が行われる事例のうち約9割は，輸入差止申立てが受理された物品に関する事例であり，当該申立てによる情報提供の有用性が窺える（逆からいえば，当該申立てが受理されない限り，輸入差止めは事実上困難である）。

　また前記のとおり，輸入差止申立てがなされた事案では，輸入者から認定を争う旨の申出がない限り（申出のないケースが全体の9割近くを占めている），権利者の意見及び証拠の提出を求められることはなく，権利者の主張立証の負担は相当に軽減されている。加えて，申立てにあたり手数料等の納付も要しない。

　よって，現に海賊版が国外で流通しており，わが国にも輸入されるおそれが大きいような事案においては，輸入差止申立ては特に有用な手続であるといえる。

　なお，大阪地判平成8年1月31日（エルミア・ド・ホーリィ積戻し命令事件，判タ911号207頁）は，ピカソ等の絵画を関税定率法（現在は関税法）にいう輸入禁制品（著作権侵害物品）とした大阪税関の積戻命令処分の取消しを輸入申告者が求めた事案であるが，絵画は原画の複製物にすぎないとして，複製権の侵害を肯定

第1節　著作権紛争（著作権トラブル）の発生から解決にいたるまでの流れ　**111**

した。

ポイント④

輸入差止申立制度のメリット

①　国内流通前の水際取締りゆえ効果的である。

②　申立対象品目のみならず周辺品目も差し止めることができる。

③　税関における疑義貨物の侵害認定（裁判手続ではない）は迅速である。

④　全国の税関で申立情報が共有・管理され取締りが行われる。

⑤　侵害認定された貨物は税関により没収・廃棄される（権利者の廃棄費用の負担はない）。

⑥　差止申立てのための手数料はかからない。

112　第1部　著作権紛争（著作権トラブル）に巻き込まれたときの有事対応

◆書式16　輸入差止申立書例：税関のウェブサイトより引用

輸　入　差　止　申　立　書

整理　No
―

令和　　年　　月　　日

税関長　殿

　　　　　　　　　※　申立人【公表】
　　　　　　　　　　　住所
　　　　　　　　　　　氏名（名称及び代表者の氏名）　　　　　印
　　　　　　　　　　　　（署名）
　　　　　　　　　　　法人番号又は国籍
　　　　　　　　　　　（連絡先）
　　　　　　　　　　　担当者
　　　　　　　　　　　電話番号
　　　　　　　　　　　電子メールのアドレス【不開示】

　関税法第69条の13第1項の規定により，下記のとおり，輸入差止申立てをします。

記

1．認定手続を執るべき税関長　【開示】

（　函館，東京，横浜，名古屋，大阪，神戸，門司，長崎，沖縄地区　）　　税関長

2．輸入差止申立てに係る権利の内容

※　権利の種類【公表】	□　特許権　　□　実用新案権　　□　意匠権　　　□　商標権 □　著作権　　□　著作隣接権　　□　育成者権		
※　登録番号及び 　　登録年月日【公表】 　　（権利発生年月日）	第　　　　　　　　　　　　　号 　　　　　年　　　　月　　　　日 （　　　　年　　　　月　　　　日）		
※　権利の存続期間 　　【開示】	令和　　年　　月　　日から令和　　年　　月　　日まで		
※　権利の範囲【公表】			
※　権利者【公表】	住所 氏名（名称及び代表者の氏名） 法人番号 　（電話番号）		

第1節　著作権紛争（著作権トラブル）の発生から解決にいたるまでの流れ　　**113**

※　専用実施権者，専用使用権者又は専用利用権者【開示】	住所 氏名（名称及び代表者の氏名） 法人番号 （電話番号）
	（権利設定範囲）
※　通常実施権者，通常使用権者又は通常利用権者【開示】	住所 氏名（名称及び代表者の氏名） 法人番号 （電話番号）
	（許諾の範囲）

３．輸入差止申立てを行う侵害すると認める物品の品名等　【公表】

※　品　　　名	
輸入統計品目番号(9桁)	

４．侵害物品と認める理由　【開示】

※

５．識別ポイント　【開示の可否：□可，□否】

※

６．ライセンス料の基礎となる資料（特許権，実用新案権又は意匠権を侵害する物品の場合）【不開示】

※

７．輸入差止申立てが効力を有する期間として希望する期間　【公表】

※　□　令和　　年　　月　　日から令和　　年　　月　　日まで 　　□　受理日から令和　　年　　月　　日まで 　　□　受理日から４年間

８．その他参考となるべき事項
（１）侵害すると認める物品の輸入に関する参考事項　【不開示】

予想される輸入者	住所 氏名（名称及び代表者の氏名） 法人番号 （電話番号）

その他特定又は 想定される事項	輸出者 仕出国 その他

（2）並行輸入に関する参考事項

外国における権利設定状況 【開示】	
外国の権利者との関係 【開示の可否：□可，□否】	
外国において製造されている 真正商品の特徴（輸入価格 （FOB価格）を含む。） 【開示の可否：□可，□否】	
外国における権利の許諾関係 【開示の可否：□可，□否】	
その他の事項 （ライセンス契約の内容，ライ センシー，製造工場のリスト等） 【不開示】	

（3）訴訟等での争い　【開示】

　　輸入差止申立てに係る権利の内容について争いがある　【□有，□無】

　　争いがある場合は，その争いの内容

（4）その他の参考事項　【開示の可否：□可，□否】（適宜，参考資料等を添付する。）

9．添付資料等

※　□　権利の登録原簿の謄本及び公報　【開示】 　　　（著作権又は著作隣接権については，当該権利の発生を証すべき書類等（原本であることを要しない））
□　侵害の事実を疎明するための資料　【開示】
□　識別ポイントに係る資料　【開示の可否：□可，□否】
□　判決書，仮処分決定通知書，特許庁の判定書の写し　【開示】
□　弁護士等が作成した侵害すると認める物品に関する鑑定書等　【開示】

第1節　著作権紛争（著作権トラブル）の発生から解決にいたるまでの流れ　　**115**

□　その他の資料　【開示の可否：□可，□否】 （権利者が権利侵害を行う者に対して発した警告書又は新聞等に注意喚起を行った広告等の写し及び並行輸入に関する資料等）
□　代理権に関する書類　【開示】
□　上記資料等の電磁的記録

（注）1．※の付されている欄は必ず記載し，添付資料等も提出して下さい。
　　　2．この申立書はできる限り具体的かつ詳細に記載して下さい。記載事項が多い場合は別紙を添付し，又は各欄を適宜広げて記載して差し支えありません。
　　　3．本申立書の各項目の内容は，輸入者等へ参考情報を提供する観点から，次により公表・開示されます。
　　　　（1）【公表】項目
　　　　　　　原則として，税関ホームページ等において公表されます。
　　　　（2）【開示】項目
　　　　　　　認定手続や専門委員意見照会等において，侵害事実を確認するため，必要に応じ輸入者等に開示することがあります。
　　　　（3）【開示の可否】項目
　　　　　　　申立人の意思により取り扱われますので，開示して差し支えない場合には「可」に，開示することに支障のある場合には「否」にレチェックをし又は□を■として下さい。
　　　4．申立人欄には，住所及び氏名を記載の上，押印又は署名のいずれかを選択することができます（法人においては，法人の住所及び名称並びにその代表者の氏名を記載の上，法人又は代表者の押印若しくは代表者の署名のいずれかを選択）。
　　　5．本申立てが受理された後，申立ての内容に変更が生じた場合には，書面（任意の様式）により提出して下さい。

税関記入欄	

【三山裕三＝津島一登】

第2節

著作権紛争（著作権トラブル）の類型

> 著作権紛争（著作権トラブル）を類型毎に明らかにすることにより，権利者であれば，何を主張できるのかを，侵害者であれば，どのように反論し防禦し得るのかを，著作権法の実務的解析の視点から解説する。なお，理解しやすいよう，「チャート」を多用し，解説の中のエッセンスを「ポイント」として示し，主に訴訟対応を念頭に（訴訟になれば，直ちに主張立証責任の壁に突き当たるが，実のところ，そうそう直接証拠があるわけではないから，反証も含め，間接事実（状況証拠）の適示が攻防の対象になる），過去の諸判例の中から「間接事実（状況証拠）」を抽出した。

1 著作権の独占的性格

Ⅰ 禁止権（差止請求権）の付与

著作権法は，創作者の創作意欲を確保するため，創作性のある表現（著作物）を保護し，もって著作者に他人の妨害を受けずに著作物を独占的に利用できる権利を与えた。

しかし，かかる独占的利用権を実効あらしめるためには，著作物の類似範囲内にある表現を他人が利用することを禁止する必要があるから，独占的利用権をバックアップするために禁止権を付与した。

他方，著作者を強く保護し過ぎることによる独占的利用権の弊害にも意を払う必要があるから，一定の歯止め（制限）をかけバランスを保っている（■図表1−11）。

Ⅱ 弊害に対する歯止め（制限）

「著作者」が「著作物」につき「著作権」を有するという著作権法の建て付けからいえば，①著作権の主体たる「著作者」，②著作権の客体たる「著作物」，③（法定）利用行為の根拠となる「著作権」のいずれにおいても，一定の歯止

め（制限）が必要になるゆえんである。

■図表1－11　禁止権（差止請求権）の付与

2　全体鳥瞰図と著作権紛争（著作権トラブル）の中身

I　著作権紛争の発生場面

1 IIで述べた弊害に対する歯止め（制限）を念頭に，■図表1-12の全体鳥瞰図を眺めれば，歯止め（制限）により広狭いずれにも影響を受ける権利者及び侵害者間のトラブル，つまり著作権紛争は，

① 主体である著作者の部分
② 客体である著作物の部分
③ 権利である著作権の部分

で，それぞれ発生する。

①は，誰が著作者になるのか（換言すれば，周辺の協力者や補助者は著作者にならないのか）という争点である。

②は，創作性のある表現しか著作物にならないのか（換言すれば，ありふれた表現やアイデア，事実・データは著作物にならないのか）という争点である。

③は，何が利用に該当するのか（換言すれば，支分権が発生する元の（法定）利用行為とは何なのか）という争点であり，あわせて利用に際し権利制限規定によって，どのような場合に著作権は制限を受けるのか（どのような場合に（法定）利用

■図表1-12　全体鳥瞰図

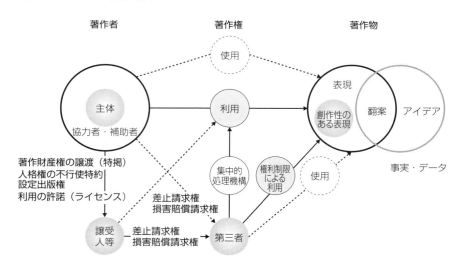

行為は制限を受けるのか）という争点である。

　上記①～③に加え，譲受人等，第三者，集中的処理機構も登場するので，それに伴い，著作財産権の譲渡（特掲），人格権の不行使特約，設定出版権，利用の許諾（ライセンス），差止請求権，損害賠償請求権等に関連する争点も存在し，ここでも著作権紛争（著作権トラブル）は発生する。

Ⅱ　トラブルの宝庫としての判例とそこから得られる教訓

　判例はトラブルの宝庫である。なぜなら，判例とは，現実に生起した当事者（権利者及び侵害者）間の紛争を解決するための裁判所の結論（判断）とそのロジックの集合体だからである。

　ただし，判例はあくまで係属した事件の解決のための個別判断であるから，それをどこまで一般化できるか（いわゆる射程範囲）については，意見が分かれるところであり，判例の解釈についても然りである。

　とはいえ，判例から貴重な教訓が得られることは言うまでもない（■図表１－13）。

■図表１－13　判例と教訓

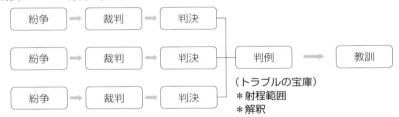

Ⅲ　判決文の構造

　判決文の構造は，■図表１－14のとおりであり，事実及び理由中の「第４　当裁判所の判断」は，「第３　争点に関する当事者の主張」ごとに示されるから，ここでいう争点こそ，著作権紛争（著作権トラブル）の法的エッセンスということになる。

■図表 1 －14　判決文の構造

```
主文

事実及び理由
第1　請求
第2　事案の概要
第3　争点に関する当事者の主張
第4　当裁判所の判断
```

Ⅳ　著作権紛争（著作権トラブル）の解決指針

　判例も学説もない争点についての紛争はあまり考えにくいが，新しい利用形態は日々発生進化し，判例は常に後追いである（立法化はさらに後追いで最後になる）から，教訓をもとにその応用問題として争点を検討し判断するしかない（■図表 1 －15）。

■図表 1 －15　争点からのアプローチ

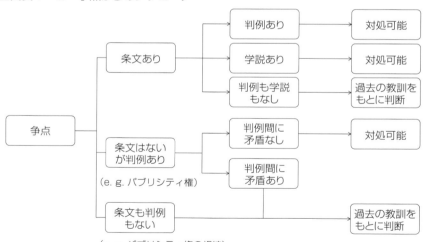

3　主体（著作者）を巡る紛争

I　創作者の判定（協力者・補助者）
(1) 結　　論

著作者は，著作財産権はもとより著作者人格権まで有し，侵害に対し差止請求権及び損害賠償請求権を有する。

このような強すぎる独占権の弊害を緩和するためには，創作とは事実行為としての創作行為としてある程度厳格に理解すべきであり，ここに規範的評価を混入させるのは適切ではない。

ここから次の帰結が導かれる（■図表1－16）。

(a)　表現の前段階での関与は創作ではない。

具体的には，以下の者は創作者ではない。

①　制作を依頼，注文した者（東京地判昭和39年12月26日，高速道路パノラマ地図事件，判タ172号195頁）

■図表1－16　アイデアと表現の関係

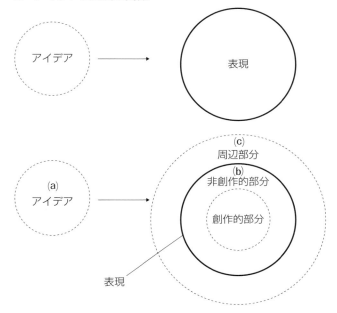

② 指示や助言，アイデア，ヒント，テーマを与えた者（東京地判平成14年8月28日，はだしのゲン事件，判時1816号135頁）（本判例及び以下の諸判例の各判旨については，詳説169頁以下）

③ 原案や素材，資料を提供した者（東京地判平成10年10月29日，スマップインタビュー記事事件，判時1658号166頁）

④ 監修者，校閲者（東京地判平成17年5月17日，通勤大学法律コース事件，判時1950号147頁）

(b) 表現の中の非創作的部分への関与は創作ではない。

具体的には，以下の者は創作者ではない。

① 他人の指示どおりに手伝い（資料の収集，整理，代筆）をした者（手足，補助者，助手）（大阪高判平成16年4月23日，あいこっち事件，裁判所ウェブサイト）

② 創作性のない作業をした者（大阪地判平成24年1月12日，ストッキング販促ツールデザイン画事件，裁判所ウェブサイト）

③ ゴーストライター

④ リライトした編集者

(c) 表現の外の周辺部分への関与は創作ではない。

具体的には，以下の者は創作者ではない。

① 資料（材料）や機材を提供した者（東京地判平成16年2月18日，DV書籍事件，判時1863号102頁）

② 場所を準備した者

③ 資金面での援助を（費用を負担）した者

また，著作権法の原点に戻れば，著作者とは創作的表現を行った者である。ここから次の帰結が導かれる。

(d) 著作物の制作に複数の者が関与した場合は，創作的表現の核心部分を創作した者が著作者である（東京地判平成10年3月30日，ノンタン事件，LEX/DB 28032940）。

(e) 複数の工程を経て著作物が制作された場合は，表現が確定する工程において創作的表現を最終的に確定させる行為を行った者が著作者である（知財高判平成18年2月27日，ジョン万次郎像事件，裁判所ウェブサイト）。

第2節　著作権紛争（著作権トラブル）の類型　**123**

(2)　事実行為としての創作行為を行っている側の対応①（不作為若しくは問題の先送り）

(1)で述べた結論や裁判例に照らし，自らが事実行為としての創作行為を行っている側であれば，特段何もしなくてよい。

なぜなら，後に争いになっても著作権で保護されるからである。

もっとも，自らが創作したことを立証できる証拠を準備しておくことは重要である。

また，自らの言動が間接事実（状況証拠）や経験則に整合しているか，整合していないのであれば整合するよう，後からであっても補正しておくのが望ましい。

1　創作者判定の間接事実

① 創作行為主張者の能力・経歴・職業
② 創作行為主張者の創作の動機
③ 創作行為主張者間や第三者との創作に関する指示・指摘・打合せ
④ 創作行為主張者の創作行為への関与状況
⑤ 初稿から完成稿までの修正過程

(3)　事実行為としての創作行為を行っている側の対応②（問題の顕在化）

将来の紛争の発生自体を避けたいのであれば，誰に著作権が帰属するのかという問題を先送りせず，この時点で顕在化させてしまうのも一法である。

例えば，口頭契約の場合や契約はあっても著作権の帰属条項が明定されていない場合である。

とはいえ，委受託関係がある場合は，通常は下請（受託者）側の方が力関係としては弱いので，注文者（委託者）側から著作権の譲渡を求められ譲歩せざるを得ない場合が多いかと思われる。もっとも，その機会を逆に利用して相応の対価を要求することも不可能ではない。とはいえ，そこで決裂して発注自体がなくなったのでは本末転倒である。

要は，今回の発注の代替性，発注金額の相当性，相手方との今後の取引継続可能性，将来の紛争の発生蓋然性等を勘案して，適切に判断することである。

(4)　事実行為としての創作行為を行っていない側の対応

設備・場所・資金やアイデア等を提供していたとしても，自らが事実行為としての創作行為を行っていない側であれば，著作権譲渡の契約書（覚書でも可）

124　第1部　著作権紛争（著作権トラブル）に巻き込まれたときの有事対応

を早急に作成しておかなければならない（あわせて，将来の改変に備え，翻案権等の譲渡と著作者人格権の不行使特約についても手当をしておくべきである）。

　もっとも，契約書（覚書）は，現に事実行為としての創作行為を行った者との間で締結しておかなければならないから，誰が実際の創作者であるのかの調査が必要になる。

　自らの言動が間接事実（状況証拠）や経験則に整合しているか，整合していないのであれば整合するよう，後からであっても補正しておくのが望ましいことは，前述したとおりである。

> **2　創作者性肯定の間接事実**
> 　紛争発生前後において，一貫して著作者として行動していたこと（例えば，無断利用に対し直ちに抗議やクレームをし，第三者へライセンス料を請求した等）

> **3　創作者性否定の間接事実**
> 　紛争発生前後において，著作者として行動していないこと（例えば，無断利用を放置し，その後も相当な期間が経過している等）

⑸　**著作物の制作に複数の者が関与している場合や複数の工程を経る場合の関与者間の対応**

　この場合には，同じ創作者側の内部で内輪もめになる可能性があるが，裁判例における判断基準は，前述したとおり，「創作的表現の核心部分を創作した者」，「創作的表現を最終的に確定させる行為を行った者」であるから，当該裁判例の事案を参考に，具体的に何がそれにあたるのか，自分の行為はそれに該当するのかをあらかじめ検証しておくことが望ましい。

　もし判断基準に該当する行為を立証できるのであれば，特段何もしなくてよい。これに対し，もしかかる行為を行っていない（立証できない）のであれば，途中からでも当該行為を行うか，あるいはかかる行為を行った者から著作権の譲渡を受けるしかない。

　また，著作者に該当する場合であっても，単独の著作者になるとは限らず，共同著作者や二次的著作物の著作者になる可能性もあり得るため，これらになる場合には，今後どのような法的関係を誰との間で有し，誰に何を請求でき，誰から何を請求され得るのかもあらかじめ検討しておくことが肝要である。

Ⅱ　法人著作

(1)　要　件

以下の4つの要件を充足するときは，法人等が著作者になり，法人等が著作財産権のみならず，著作者人格権を有する（15条1項）。

① 　法人等の発意に基づくこと

② 　法人等の業務に従事する者が職務上作成すること

③ 　法人等の著作名義で公表すること

④ 　契約，勤務規則等に別段の定めがないこと

(2)　法人等の発意に基づくこと

現実問題として常に明示の発意があるとは限らないから，この要件を厳しくし過ぎるのは妥当ではなく，現に判例でもこの要件は比較的緩やかに認められている。

(a)　雇用関係にある従事者が，法人の業務計画に従い職務を遂行しているときは，法人の具体的な指示あるいは承諾がなくとも，法人の発意ありといえる（知財高判平成18年12月26日，人工衛星プログラム事件，判時2019号92頁他）。

(b)　従業員への個別具体的な命令がなくても，雇用関係から外形的に観察して，使用者の包括的，間接的な意図の下に創作が行われたと評価できる場合も，法人の発意ありといえる（東京地判平成20年6月25日，ネットワーク技術者教本事件，裁判所ウェブサイト）。

(c)　しかし，執筆者（従業員）が個人的な依頼に基づき執筆したときは，法人の発意に基づくとはいえない（知財高判平成23年3月10日，病院経営管理読本事件，裁判所ウェブサイト）。

(3)　法人等の業務に従事する者が職務上作成すること

法人等に著作権を帰属させる理由は，形式的な雇用関係に由来するのではなく，ある種の組織内で作成された著作物については，著作物の利用・流通の促進という観点から，権利を法人等に集中させる必要性があることに由来する。

そもそも，法人等に属する従業員は，法人等から給料をもらい，法人等の設備を使用して，日々職務を遂行しているのであるから，当該従業員が職務遂行の過程で作成した著作物の著作権については，明らかにプライベートに作成したものは別として，基本的に法人等に帰属すると考えるのが経験則にも合致する。

126 第1部 著作権紛争（著作権トラブル）に巻き込まれたときの有事対応

そうであれば，職務該当性については実質的に判断するのが妥当である。

① 従業員，パートタイマー，臨時工の他，取締役，監査役などの役員も含まれるが，外注先（下請・委託）は含まれない。

② 指揮監督下において労務を提供する実態があり，支払う金銭が労務提供の対価と評価できれば，職務上といえる（最判平成15年4月11日，RGBアドベンチャー事件，判時1822号133頁他）。

ポイント⑤

RGBアドベンチャー最判の判旨

　法人等と著作物を作成した者との関係を実質的にみたときに，法人等の指揮監督下において労務を提供するという実態にあり，法人等がその者に対して支払う金銭が労務提供の対価であると評価できるかどうかを，業務態様，指揮監督の有無，対価の額及び支払方法等に関する具体的事情を総合的に考慮して，判断すべきものと解するのが相当である。

ポイント⑥

職務上の作成に関するメルクマール

① 指揮監督下において労務を提供する実態があるか

　このメルクマールの間接事実

(ⅰ) 雇用契約の存在

(ⅱ) タイムカード等による勤怠管理ありや

(ⅲ) 作業場所は会社内か

(ⅳ) 業務の内容，業務の方法等についての指揮監督の有無等

② 支払う金銭が労務提供の対価と評価できるか

　このメルクマールの間接事実

(ⅰ) 毎月一定額の基本給等の支給ありや

(ⅱ) 給与支払明細書ありや

(ⅲ) 所得税や雇用保険料の控除ありや

(ⅳ) 支払方法等

⑷ 法人等の著作名義で公表すること

未公表でも公表が予定されていればよいし，仮に公表されるとすれば法人名義で公表される性格のものもでもよい。

なぜなら，現実問題として常に法人等の著作名義で，しかも必ず公表されるとは限らない以上，この要件を厳しくし過ぎるのは妥当ではないからである。

第2節　著作権紛争（著作権トラブル）の類型　**127**

ただし，コンピュータプログラムはその性質上必ず公表されるとは限らないので，この要件は不要である（15条2項）。

(5)　法人等側の留意点

(a)　法人著作に該当すれば，法人等が著作者になり，著作財産権のみならず著作者人格権も法人等に原始的に帰属するから，法人等はその後の利用につきロイヤリティを支払う必要がなく，また自由に改変できる。

つまり，法人著作は，従業員から後に著作財産権侵害や著作者人格権侵害を主張されないという防衛的な機能がある点が最も重要である。

(b)　東京地判平成18年2月27日（計装士講習資料事件，判時1941号136頁）は，ある年度の資料に関し，「講師名として原告の氏名が表示されるのみであり，著作名義については，その表示がなされていないか，あるいは，講習資料集の表紙に表示されている被告工業会の著作名義と解すべきであり，被告会社の著作名義で公表されたと認めることはできない。」と判示したが，この事件では，「発意に基づく」，「業務に従事する者が職務上作成する」の要件は，裁判所により認められたにもかかわらず，「法人等の著作名義で公表する」の要件が否定されたことにより，結局のところ，法人著作が認められなかった。

前記4つの要件のうち，「法人等の著作名義」は一見して明白で，最も簡単に充足できる要件なので，漏れがないように特に留意すべきである。

(c)　仮に，法人著作が否定されても，黙示の著作権譲渡や黙示の使用許諾により，結果的に法人等の使用が認められることはあるので（大阪地判平成7年3月28日，三光商事事件，知的裁集27巻1号210頁，知財高判平成21年12月24日，オートバイレース写真事件，裁判所ウェブサイト），法人等側としては，その点も予備的に主張しておくべきであろう。

(d)　法人著作が否定された場合に備え，著作権譲渡の書面を予備的に作っておくのも一法である。

(e)　外注先（請負・委託）や派遣労働者（業務に従事する者との要件が否定された場合に備え）については，法人著作が成立する可能性が低いから，次の各約定をしておくべきである。

以下に◆文例1〜3のみを示すが，詳しい解説については，**第2部5 Ⓐ Ⅰ (5)** 以下を参照されたい。

◆文例1　著作財産権（翻案権を含む）の譲渡条項

　甲は，乙に対し，本著作物に係る著作権（著作権法第27条及び第28条に定める権利を含む）を譲渡する。

◆文例1－2　翻案権等の特掲条項

　本著作物についての翻訳権，編曲権，変形権，映画化権その他の翻案権及び二次的著作物に関する原著作者の権利は，著作権の譲渡と同時に乙に譲渡されたものとする。

◆文例2　著作者人格権の不行使特約と第三者効条項

1　甲は，乙に対し，甲の名誉声望を害さないかぎり，本著作物の改変について著作者人格権を行使しないことをあらかじめ承諾する。
2　前項の承諾は，反対の意思表示がないかぎり，乙からさらに許諾を得た者，乙の権利承継人にも及ぶものとする。

◆文例3　他人の著作権等非侵害の表明保証と補償条項

1　甲は，乙に対し，甲が本著作物の著作権者であって，本契約を有効に締結する権限を有していることを表明し，かつ保証する。
2　甲は，乙に対し，本著作物が第三者の著作権，著作者人格権，名誉権，肖像権，プライバシー権，パブリシティ権その他いかなる権利をも侵害しないこと及び本著作物につき第三者に対して出版権，質権を設定していないことを保証する。
3　本著作物に関し，第三者から権利の主張，異議，対価の請求，損害賠償の請求等がなされ，その結果乙又は第三者に対して損害を与えたときは，甲は，その責任と費用負担においてこれに対処するものとし，乙又は第三者に対して一切の迷惑をかけないものとする。

⑹　従業員側の留意点

　発意に基づくとの要件は判例上緩やかに認められ，業務に従事する者との要件も外形的な地位ゆえある程度明確に判断されるから，これらの要件では争えず，専ら職務上の作成と名義の公表の各要件の不充足を主張するしかない。

　例えば，①就労日でない休日に，若しくは就労日の勤務時間終了後に，②法人等の施設外で作成し，③自己の個人名義で公表するような場合である。

　①，②については，後で反証し得るよう証拠化しておく必要がある。

　③については，法人等からのクレームがなく時間が経過すればするほど従業員にとっては有利になる。なぜなら，法人等が著作者であれば，当然に間髪を入れずにそれなりの権利主張をしてくるであろうことが経験則だからである。つまり，適切な権利主張をしないで時間が経過すればするほど，法人等には不利になる。

　したがって，法人等側とすれば，法人著作との関係で問題になり得る従業員個人名義の著作物を発見したときは，直ちにクレームを言い，しかもそれが後からでもわかるように証拠化しておくことである。

　これに対し，法人等の著作名義での公表に従業員が即クレームを言わなかったとしても，直ちに不利にはならないと解される。なぜなら，従業員が法人等内にとどまるときに雇用主である法人に対し権利主張をするのが困難なことは経験則であって，実のところ従業員が権利主張をするのも法人等からの退職後が多いからである。

4　法人著作判定の間接事実

① 法人等の業務の内容
② 著作物の種類・内容
③ 著作物と法人等の業務内容との関連性
④ 著作物の作成経緯・動機
⑤ 著作物を作成する者のポジション及び従事する業務の種類・内容
⑥ 著作物作成行為の行われた時間・場所
⑦ 著作物作成についての法人等による指揮監督の有無・内容
⑧ 法人等と業務従事者との創作に関する指示・打合せ等
⑨ 著作物の公表態様等の事情

Ⅲ 下請・外注

Ⅱ(5)(e)で既に述べたとおりである。

注文者（委託）側であるのか，下請（受託）側であるのかによって，利害は大いに異なる。

Ⅳ 共同著作者

(1) 共同著作者の判定（共同著作か単独著作か）

事実行為としての創作行為への関与があったか否かであり，脚本の原案を創作しただけでは脚本自体を共同創作したことにはならない（東京地判昭和50年3月31日，私は貝になりたい事件，判タ328号362頁）。

補助者としての関与を超え，対等な立場での創作的寄与といえれば共同著作者といえる（大阪高判昭和55年6月26日，英訳平家物語事件，裁判所ウェブサイト）。

つまり，著作物に対する創作者の判定の共同著作物版であって，基本的には創作者の判定で述べたことが，ここでもあてはまる（東京地判平成3年5月22日，教科書朗読テープ事件，判時1421号113頁他）。

(2) 判定のメルクマール

東京地判平成2年6月13日（薬学書事件，判時1366号115頁）は，加筆訂正の形跡がないことから共同著作者性を否定している。

これに対し，東京地判平成9年3月31日（在宅介護事件，判時1606号118頁）は，漫画の構成や台詞についての具体的な指示，台詞の修正，漫画の細部についての手直しから共同著作者性を肯定している。

Ⅴ 編集著作者

(1) 編集著作者の判定

編集著作物の創作性は素材の選択又は配列にある。

ゆえに，①素材の選択又は配列を行った者，②編集方針の決定といった事実行為としての創作行為を行った者は，編集著作者といえる。

しかし，単に素材の選択又は配列について，助言やアドバイスを行っただけの者は，編集著作者とはいえない（東京地判昭和55年9月17日，地のさざめごと事件，判時975号3頁）。

5 編集著作者判定の間接事実

① 編集著作主張者の能力・経歴・職業

② 編集著作主張者の動機

③ 編集著作主張者間や第三者との編集著作に関する指示・指摘・打合せ

④ 編集著作主張者の編集著作行為への関与状況

⑤ 初稿から完成稿までの修正過程

⑥ 紛争発生前後において，一貫して編集著作者として行動していたか否か
（無断利用に対する抗議やクレーム，第三者へのライセンス料の請求等）

(2) 共同編集著作物における編集著作者の判定

共同編集著作物においては，複数の当事者による関与が予定されているため，ある者の行為につき編集著作者となり得る程度の創作性を認めることができるか否かは，当該行為の具体的内容を踏まえるべきことは当然として，さらに当該行為者の当該著作物作成過程における地位，権限，当該行為のされた時期，状況等に鑑みて理解，把握される当該行為の当該著作物作成過程における意味ないし位置付けをも考慮して判断される（知財高判平成28年11月11日，判例百選保全抗告事件，判時2323号23頁）。

(3) 編集著作者の推定

編集著作者についても，14条による著作者の推定が及ぶと解されている。

前記知財高判平成28年11月11日は，学習用判例教材について，表紙に「（著作者名）編」と記載されており，はしがきの表示及び記載も，編者として表示された者が編集著作物としての著作物の著作者であることを一般人に認識させ得ること等から，編者らの氏名が編集著作者名として通常の方法により表示されていると認定し，14条による推定が及ぶと判示している（とはいえ，本事案では推定の覆滅を肯定している）。

VI 映画製作者

(1) 映画の著作者と著作権者 （詳説194頁以下）

(a) 映画の著作者とは，映画の全体的形成に創作的に寄与した者をいい（東京地判平成15年1月20日，超時空要塞マクロス事件，判時1823号146頁），監督，総監督，ディレクター，プロデューサー等名称の如何を問わないが，映画の著作者は映画の著作権者ではない。

(b) 映画の著作権者は，映画製作者である。

もっとも，そのためには映画の著作者が映画製作者に対し，映画製作に参加することを約束していることが必要であるが，映画の著作者に参加の意思があり，映画製作者がこれを承認していることで足りる。

132 第1部 著作権紛争（著作権トラブル）に巻き込まれたときの有事対応

　よって，基本的に参加の約束が認められないケースは稀である。

　(c)　映画の著作者は，著作者として著作者人格権を有するが，15条の要件を充足すれば法人等が直接に著作者となるから，映画製作者に法人著作が成立する場合は，映画製作者が著作権と著作者人格権とを有することになる。

　(2)　映画製作者

　(a)　映画製作者とは，自己の責任と危険において映画を製作する者をいう。つまり，法律上の権利・義務が帰属する主体であって，経済的な収入・支出の主体ともなる者である（東京地判平成15年1月20日，超時空要塞マクロス事件，判時1823号146頁，東京地判平成23年12月14日，ケーズデンキテレビCM原版事件，判時2142号111頁）。

　(b)　映画製作者としては，映画の著作者から，著作者人格権の不行使特約を取り付けておく必要がある。

　(c)　また，素材とされた著作物（脚本，音楽等）についても，別個に著作権が成立しているため，これらについて権利処理をしておかないと映画の利用に支障が生じる。

　もっとも，映画製作のために製作された著作物であれば，かかる製作を受託したことにより，当然に素材の利用を少なくとも黙示に許諾しているといえよう。

6　映画の著作者性判定の間接事実

①　具体的かつ詳細な指示・指導

②　最終的な決定

③　企画書の作成から映画の完成にいたるまでの全製作過程への関与

7　映画製作者性判定の間接事実

①　映画製作に関する様々な契約の締結（企画，資金調達，制作，スタッフ及びキャスト等の雇い入れ，スケジュール管理，プロモーションや宣伝活動，配給等）

②　製作の全過程の指揮

③　損害賠償，返金，クレーム対応の主体

④　映画の納品主体

⑤　経費の支払主体（複数人が経費を負担しているときは，その精算の有無）

(3) 製作委員会方式の場合 （詳説203頁，420頁）

映画の利用を希望する複数の企業が出資を行い，完成した映画についてそれぞれの役割に応じて権利行使し収益を回収するという，いわゆる製作委員会方式（民法上の組合とされることが一般的）の場合には，実際の映画の製作は，製作会社に委託されることが多い。

その場合，製作会社が，出演者の選定，ロケハン，美術業者等の選定，撮影等を行い，映画を製作し，製作委員会は，完成した映画に対価を支払うことになるところ，映画の製作に際し，業者等と契約し，権利義務の主体及び経済的な収入・支出の主体となるのは製作会社であるため，製作会社が映画製作者となり，著作権を取得する（これに対し，知財高判平成24年10月25日，ケーズデンキテレビCM原版事件，裁判所ウェブサイトは，テレビCMの著作権の帰属が問題となった事件であるが，製作会社ではなく，実質的な資金提供者である広告主に著作権が帰属すると判示している）。

したがって，製作委員会としては，製作会社との契約で，映画の著作権の譲渡を受けておく必要がある。

Ⅶ　出版権者

第2部 **5** Ⓐ Ⅲ (2) を参照されたい。

Ⅷ　間接侵害 （詳説298頁以下）

(1)　いわゆるカラオケ法理

直接の侵害主体以外の周辺関与者（幇助者等）は，いかなる場合に侵害主体となるのかについては，後述のとおり批判が多く若干の修正はあるものの，基本的には，①管理支配性と②図利性（利益帰属性）があれば侵害主体性が認められる（いわゆるカラオケ法理，最判昭和63年3月15日，クラブ・キャッツアイ事件，判時1270号34頁他）（詳説276頁）。

判例に現れた事案（ほとんどが複製権侵害と公衆送信権侵害の事件である）から要件肯定のメルクマールを抽出すれば，以下のとおりである。

> **ポイント⑦**
> **管理支配性のメルクマール**
> ① 複製の対象・方法
> ② 複製への関与の内容・程度
> ③ 機器の汎用性と所有権の帰属

④　設備や事務所の設置管理主体
⑤　業者による作動監視及び一体管理
⑥　業者によるサポートの有無
⑦　ソフトの仕様及びストレージの条件を業者がシステム設計
⑧　業者が提供する特別なソフトウェアの存在とその使用
⑨　サイトへの特別なアクセス認証の要否
⑩　送信が１対１（ポイントツーポイント）ではなく１対多
⑪　重要なプロセスへの業者の関与
⑫　人的関係，目的・意図
⑬　宣伝広告の主体・態様

ポイント⑧

図利性（利益帰属性）のメルクマール
①　継続的に利益を得ているか（保守費，初期登録料，レンタル料等の名目
　　は問わない）
②　利益の帰属先

(2)　間接侵害を認める理由及び実益

　侵害主体を規範的に捉え，侵害主体を拡張する理由は，著作権侵害に対する救済の実効性を確保したいという価値判断以外にはなく，末端の個々の侵害者に対する法的手段の行使では効率が悪いから，元の業者等に対する直接請求を一定の要件のもとに認めるものである。

　しかも，損害賠償の請求にとどまらず，差止請求権が行使でき，利用の停止を大本から直接に実現できることが第一の実益である。この点，共同不法行為理論では，損害賠償の請求はできても，差止請求権は行使できない。

　第二の実益は，既に述べたとおり，末端の個々の利用者ではなく，大本の業者の利用を停止できるため，侵害撲滅の効率がよいことである。

　いったん侵害を認める判決が出ればその効果は甚大で，第一の実益で述べたとおり，末端の個々の利用者の利用が抑制される他，同種同業者の現在及び将来のビジネスモデルの転換による委縮効果が望める点が第三の実益である。

　本来，訴訟は訴訟当事者間の紛争の解決をはかるものであるが，その枠を超えた波及効果があるのが現実である。

　第四の実益としては，同種事件の濫訴を回避でき，訴訟経済上，司法にとっ

ても都合がよいことである。

ポイント⑨

間接侵害を認める実益

① 大本の業者に対し，直接に差止請求権を行使できる。

② 大本の業者の利用を停止できるため，侵害撲滅の効率がよい。

③ 個々の利用者の利用の抑制に加え，同種同業者の現在及び将来のビジネスモデルの転換による委縮効果が望める。

④ 同種事件の濫訴を回避できる。

(3) カラオケ法理の修正

とはいえ，カラオケ法理には批判も多く，①総合考慮論（東京地判平成19年5月25日，MYUTA事件，判時1979号100頁，東京地判平成20年5月28日，ロクラクⅡ事件，判時2029号125頁）や②枢要不可欠行為論（最判平成23年1月20日，ロクラクⅡ事件，判時2103号128頁）で判断する裁判例も見られる。

最近の判例には，一連の行動から著作権の侵害主体性を認めたものがある。東京地判平成30年1月30日（建築CADソフトウェア事件，裁判所ウェブサイト）は，ヤフオクに商品名を「『DRA-CAD11』建築設計・製図CAD」などと記載し，入札して代金を支払った顧客に対し，被告が本件ソフトウェアとアクティベーション機能を担うプログラムのダウンロード先を教示し，かつ起動・実行方法を教示するマニュアル書面も提供し，その結果，顧客が本件ソフトウェア（無許諾品）を入手した上，本件ソフトウェアで要求されるアクティベーションを回避してこれを実行することができたという事案において，被告の行為が，かかる結果を発生させるのに不可欠なものであったこと，被告は営利目的でかかる行為を行い，多額の利益を得ていることから，被告が本件ソフトウェアをオンラインストレージサイトに記録蔵置（複製）したことを認めるに足りる証拠はないとしながらも，被告に対し，公衆送信権を含む，著作権の侵害主体性を認めている。

(4) 直接の侵害主体以外の関与者（幇助者等）に対する差止請求

第1節**1** Ⅰ(5)を参照されたい。

4　利用（著作権）を巡る紛争

Ⅰ　利用と使用

　著作権法による規制の対象は，利用（支分権に基づく行為）であり，使用（見る，読む，聞くなどの著作物の享受）は規制の対象にはならない（もっとも，平成30年の著作権法改正において，35条1項の「使用」は「利用」に変更されたが，立法担当者の説明では，権利制限の対象が複製から公衆送信等に拡大されたからであるとのことであり，この説明は，「使用」は有体物（複製物）のみの利用を意味し，「利用」は無体物の利用をも包含した利用を意味することを前提としている）（■図表1－17）。

　ただし例外として，コンピュータプログラムについては，複製物の使用権限を取得した時点（例えば，複製物の譲渡や貸与を受けた時点，ライセンス契約を締結した時点）で違法複製物であることを知っていた場合に限り，使用であっても侵害行為とみなされる（113条2項）。

　換言すれば，取得時には知らず，その後使用している間に情を知っても，知っていた場合にはあたらず，侵害にはならない（詳説102頁，548頁）。

■図表1－17　利用と使用（詳説332頁）

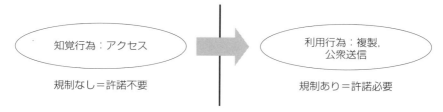

* 　著作物の使用⇒規制なし⇒著作権者の許諾不要
* 　著作物の利用⇒規制あり⇒著作権者の許諾必要

Ⅱ　著作財産権

(1)　有形利用と無形利用（詳説315頁）

　著作物の利用は，新たに物が発生するか否かにより，有形利用と無形利用に分類できる。

　有形利用（例えば，複製）では，（複製）物が発生するので，将来反復してそれが使用される可能性があり，著作権者に及ぼす影響が大きい。

そこで，有形利用については，「公に」なされた場合に限らず，一部の再製があった場合でも侵害とする。

これに対し，新たに物が発生しない無形利用（例えば，演奏）では，著作権者に及ぶ影響は有形利用に比べれば小さい。

そこで，「公に」又は「公衆に」なされた場合に限り，侵害としている。

(2) 依拠＋類似

(a) 侵害要件としての依拠

仮に同じものが再製されても，依拠がなければ侵害にはならない（有形利用についてであるが，最判昭和53年9月7日，ワン・レイニー・ナイト・イン・トーキョー事件，判時906号38頁，最判平成13年6月28日，江差追分事件，判時1754号144頁，著作権独立の原則・独自著作の抗弁・偶然の暗合）。

ところで，有形利用の場合はもとより，無形利用の場合も，侵害が成立するためには，依拠と類似が必要であると解される（詳説317頁）。

この点，複製権・翻案権以外の支分権の侵害については，既に存在している著作物を利用するものであり，その際にはその支分権を利用する権限の有無が問題となり，依拠という要件は争点にならないとの見解がある。

しかし，類似範囲内にある他人の利用を禁止して，そこに差止請求権を及ぼす以上，禁止されるのは他人の著作物そのものを権限なく無形利用する場合に限られない。そして，他人の著作物と必ずしも同一ではない類似著作物の範囲にまで差止請求権を及ぼすことが正当化されるためには，著作権法の趣旨からいっても，依拠を要求すべきであると解される（即興演奏した楽曲から他人の楽曲を直接に感得し得る場合でも，仮に依拠していないのであれば，侵害とする必要はない）。

もっとも，依拠が要件事実になったとしても，訴状や仮処分申立書に「依拠して」と追記するだけのことであり，立証についても有形利用と同様に推認されるから，依拠という要件は争点にならないとの見解との間でさほどの違いはないと解される（仮に反証が功を奏したのであれば，模倣していない以上，独自著作の抗弁を認めるべきで，それこそ著作権法の趣旨に合致する）。

(b) 依　　拠

依拠とは，他人の著作物に現実にアクセスし，これを参考にして別の著作物を作成することをいうが（大阪地判平成21年3月26日，マンション読本事件，判時2076号119頁），依拠したか否かは内心の問題であり，加えて創作は私的領域内で行

われることが通常であるから、その立証は難しく、間接事実からの推認となる。

> **8 依拠肯定の間接事実**
> ① 両著作物がどの程度類似（細部にいたるまで酷似）しているか
> ② 誤植やトラップ（罠）等の特異若しくは無意味な表現が一致するか
> ③ 侵害著作物と被侵害著作物の発表時期の先後
> ④ 被侵害著作物の当該分野での著名度・周知性
> ⑤ 被侵害著作物に類似する第三者の著作物（類書）の有無
> ⑥ 侵害者と被侵害者の人的関係等
> ⑦ 侵害者が被侵害著作物に接する機会があったか
> ⑧ 侵害者の自認（メール、礼状、はしがきや参考文献の記載等）

(c) 類　似

複製にいう類似は、同一のみならず、実質的類似を含む概念である。

翻案の場合は、元の著作物の表現上の本質的な特徴の同一性を維持した修正・増減がメルクマールになる（最判平成13年6月28日、江差追分事件、判時1754号144頁）。

(3) 公　に

無形利用の場合は、加えて「公に」なされることが侵害の要件となる。

「公に」とは、公衆に直接見せ、又は聞かせることを目的とすることである（22条）。

「公衆」とは、不特定であれば多数人、少数人を問わないが、特定の場合は多数人の場合に限られる（2条5項）（■図表1－18）。

よって、特定かつ少数人の場合のみ、公衆にあたらないことになる。

とはいえ、「公に」の要件に該当するか否かは、単純に人数の多寡により決せられるものではなく、著作物の種類・性質や利用態様を前提として、著作権

■　図表1－18　公衆

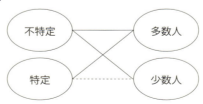

者の権利を及ぼすことが社会通念上適切か否かという観点をも勘案して，個別
具体的に判断される（名古屋地判平成15年2月7日，社交ダンス教室事件，判時1840号
126頁）。

> **9　公にの間接事実**
> ①　著作物を見聞きした人数の多寡
> ②　著作物の種類・性質，利用態様
> ③　事業における著作物の不可欠性
> ④　著作物を見聞きする主体の制限の有無（対象が一定範囲の者に限定され
> 　　るか否か）
> ⑤　著作物利用の組織性，継続性等

(4)　支　分　権

(a)　複製権（21条）

(ア)　複製とは，印刷，写真，複写，録音，録画その他の方法により有形的
に再製すること（2条1項15号）をいう。

既述のとおり，多少の修正増減があっても，創作的表現が付加されていなけ
れば，元の著作物の再製である。

(イ)　元の著作物の表現上の本質的な特徴の同一性を維持した修正・増減で，
そこに創作性が付加されていれば，翻案（27条）に該当する。

(ウ)　創作的表現が付加された結果，元の著作物の表現上の本質的特徴を直
接に感得できないときは，翻案ではなく，ましてや複製でもないから，別の著
作物の作出であり，侵害にはならない。

(b)　上演権・演奏権（22条）

(ア)　上演権及び演奏権とは，著作物を公衆に直接見せ，又は聞かせること
を目的として上演し，又は演奏する権利をいう。

(イ)　上演・演奏には，生の上演・演奏の他，録音・録画物の再生（上映又
は公衆送信を除く）もあり，公衆に直接見せ，又は聞かせる方法には，①文字通
りの直接視聴の場合と②電気通信設備を用いた伝達（2条7項後段）の場合とが
ある。

なお，②の「電気通信設備を用いた伝達」からは，「公衆送信に該当するも
のを除く」とされ（公衆送信に該当するものは，公衆送信利用として処理すれば足りる
からである），公衆送信は同一構外の場合に限られるから（2条1項7号の2），こ

こにいう「電気通信設備を用いた伝達」は，同一構内における伝達に限られることになる。

(ウ) 「公に」に関する裁判例として，社交ダンス教室での音楽の利用（名古屋地判平成15年2月7日，社交ダンス教室事件，判時1840号126頁）やカラオケ店における音楽の再生・歌唱（最判昭和63年3月15日，クラブ・キャッツアイ事件，判時1270号34頁，東京地判平成10年8月27日，ビッグエコー事件，判時1654号34頁他）がある。

(c) 上映権（22条の2）

(ア) 上映権とは，著作物を公に上映する権利をいい，上映とは，著作物を映写幕その他の物に映写することをいうが（2条1項17号），これに伴って映画の著作物において固定されている音を再生することも含まれる。

(イ) 公衆への上映の方法には，3つのパターンが考えられる。

1つ目は，映写幕等へ映写する方法である。

2つ目は，観衆が1つの集合的ディスプレイで見る場合である。観衆は受信者ではないから（受信者はディスプレイを設置した主催者になる）実質的にも公衆送信ではないが，上映とは映写幕等に映写することをいうから，上映に該当する。

3つ目は，観衆のそれぞれが個々のディスプレイで見る場合であり，観衆は受信者になるからその実質は公衆送信であるが，同一構内は公衆送信とはならないので上映になる。

なお，個々のディスプレイで観衆が見るという事態は，立法当初は想定されていなかった新しい利用形態である。

いずれにせよ，上映には「電気通信設備を用いた伝達」（2条7項後段）は規定されていない。

(ウ) 公衆送信に該当する行為は，公衆送信権でカバーされるため，上映からは除外される（2条1項17号）。

(d) 公衆送信権・公衆伝達権

(ア) 公衆送信権（23条1項）

(i) 公衆送信とは，公衆によって直接受信されることを目的として無線通信又は有線電気通信の送信を行うことをいう（2条1項7号の2）。

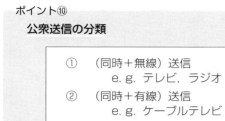

　(ii)　形式的には公衆送信に該当するものの、同一構内の電気通信設備による送信は例外的に公衆送信から除外されている（2条1項7号の2）。

　なぜなら、同一構内で送信する場合には、上演権、演奏権、口述権や上映権で捕捉できると考えられていたためである。

　しかし、LANにより同一構内においてホストサーバから端末のディスプレイに画像データ等が送信されるのが常態化した今日、プログラムの著作物以外の著作物を同一構内で送信する場合に公衆送信権を及ぼさない理由は見当たらない（とはいえ、現行法下では上映利用になる）。

　(iii)　プログラムの著作物については、例外の例外として、同一構内の送信であっても、公衆送信に該当する（2条1項7号の2）。しかし、同一構内ではプログラムについて公衆送信権が及ぶといっても、それはホストコンピュータのプログラムをユーザの記録媒体に送信してダウンロードさせる場合である（著作権者に大きな不利益が生じるからである）。

　したがって、ホストコンピュータにプログラムがあり、それに接続中のみプログラムを使用する場合は、当該プログラムによる処理結果（データ）が送信されるのみで、プログラム自体の送信行為はないから、公衆送信権の問題にはならず、処理結果が著作物であれば上映利用となる（■図表1−19）。

■図表 1-19　プログラムの公衆送信・上映

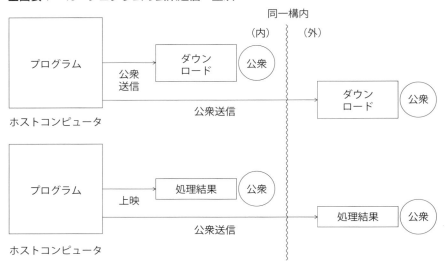

　(イ)　自動公衆送信（23条1項）
　(i)　送信行為そのものだけでなく，その前段階である送信可能化も，公衆送信に含まれる。
　送信可能化には，①インターネットに接続している自動公衆送信装置（サーバ）に情報を記録・入力する場合（2条9号の5イ）と②情報が記録・入力されている自動公衆送信装置（サーバ）をインターネットに接続する場合（2条9号の5ロ）とがある（■図表1-20）。
　侵害者が送信可能化を行ったことを理由とする公衆送信権侵害を主張する場合には，侵害者の行為がいずれの場合の送信可能化に該当するのかを特定して主張立証する必要がある。
　なお，送信可能化は公衆送信の中に含まれるので，送信可能化を立証できれば公衆送信権の侵害になる（■図表1-21）。
　(ii)　自動公衆送信装置に情報を入力する行為（2条9号の5イ後半部分）における侵害主体が問題となった事案において，最判平成23年1月18日（まねきTV事件，判時2103号124頁）は，公衆の用に供されている電気通信回線に接続することにより，当該装置に入力される情報を受信者からの求めに応じ自動的に送信

■図表1−20　送信可能化

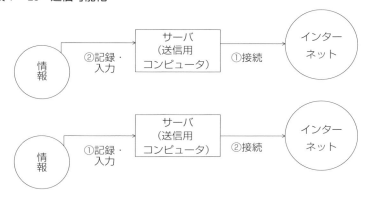

■図表1−21　公衆送信と送信可能化

する機能を有する装置は，これがあらかじめ設定された単一の機器宛てに送信する機能しか有しない場合であっても，当該装置を用いて行われる送信が自動公衆送信であるといえるときは，自動公衆送信装置に当たるというべきであると判示し，自動公衆送信装置該当性は，当該装置の送信が自動公衆送信と評価できるか否かにより決定される旨を明らかにした。

　さらに，その主体は，当該装置が受信者からの求めに応じ情報を自動的に送信することができる状態を作り出す行為を行う者と解するのが相当であり，当該装置が公衆の用に供されている電気通信回線に接続しており，これに継続的に情報が入力されている場合には，当該装置に情報を入力する者が送信の主体であると解するのが相当であるとも判示した。

　10　まねきTV事件最判における送信可能化（情報の入力）の主体に関する間接事実
　　①　装置の性質・機能
　　②　装置の設定主体

③ 装置の管理主体

なお，前記最判平成23年1月18日は，利用者がベースステーションを所有しているとしても，ベースステーションに本件放送の入力をしている者は被上告人であると判示していることから，装置の所有者であることは，送信主体の認定に直ちには影響を与えないと解される。

さらに，公衆該当性については，送信主体からみて判断している。

(ウ)　公衆伝達権（23条2項）

(ⅰ)　公衆伝達権とは，公衆送信される著作物を，受信装置を用いて公に伝達する権利をいい，伝達とは，受信した著作物をそのまま直接的に伝達（スルー）する行為をいう。

よって，公衆送信された著作物を無許諾でいったん複製してから伝達するとき（間接伝達）は，公衆伝達権侵害は成立せず，複製権侵害のほか，その態様により上演・演奏・口述・上映権侵害が成立する。

(ⅱ)　公衆伝達権は，公衆送信された後も著作物の流れて行く先をコントロールする権利であり，伝達される側は当初の公衆送信先には含まれない公衆である点に特徴がある。

(e)　口述権（24条）

(ア)　口述権とは，言語の著作物を公に口述する権利のことをいい，口述とは，朗読その他の方法により著作物を口頭で伝達することをいう（2条1項18号）。朗読のほか，説教，講演，講義等がこれに当たる。

(イ)　口述には，朗読の他，録音物の再生（公衆送信又は上映に該当するものを除く）もあり，方法には①直接視聴の場合と②電気通信設備を用いた伝達（2条7項後段）の場合とがある。

(ウ)　形式的には口述に該当しても，実演に該当する場合は除外されるため（2条1項18号かっこ書），口述に該当する行為は非演劇的利用に限られる。つまり，単なる朗読ではなく，読む人の演技として行われているときは口述ではなく口演（実演の一態様）になり，著作隣接権で保護される。

(エ)　口述を証拠化する方法として，口述を録音後文書化し，公証役場で確定日付を取っておく方法が考えられる。

第2節　著作権紛争（著作権トラブル）の類型　145

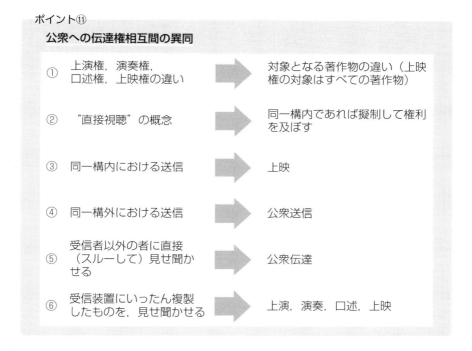

(f) 展示権（25条）

　(ｱ) 展示権とは，原作品を公に展示する権利のことをいい，美術の著作物と未発行の写真の著作物に限って認められている。

　(ｲ) 原作品にのみ及び複製品には及ばないから，絵画の展覧会の実施に際し，著作権者の許諾を得て，展覧会主催者等の費用負担で，原作品の複製品が作成された場合，展示権は複製物に及ばないため，当該複製品の所有権を有する展覧会主催者等は，展覧会終了後も自由に当該複製品を展示することができる。

　著作権者が，著作物の展示をコントロールして収益を得るというビジネスモデルを確立していた場合，このような複製物の存在により，そのビジネスモデルが崩れてしまうことになりかねないため，著作権者としては，この複製品の取扱い（例えば，当該展覧会での展示のみに使用し，展覧会終了後は廃棄する等）を展示許諾契約の中で取り決めておく必要がある。

　(ｳ) 原作品とはオリジナル作品のことであり，複製品はこれに含まれない。

ポイント⑫

公衆への伝達権の全体鳥瞰図

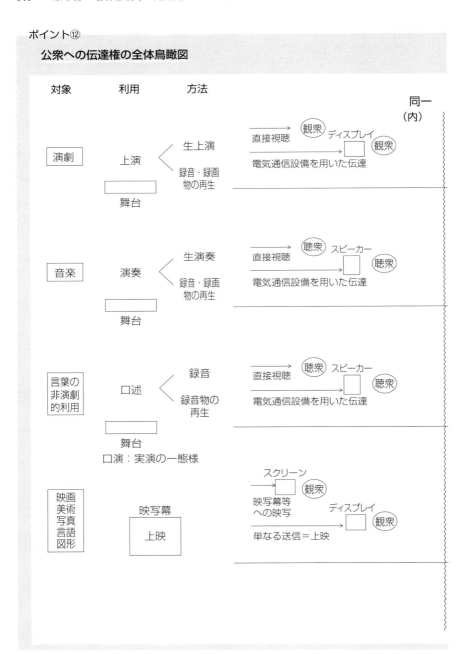

第 2 節　著作権紛争（著作権トラブル）の類型

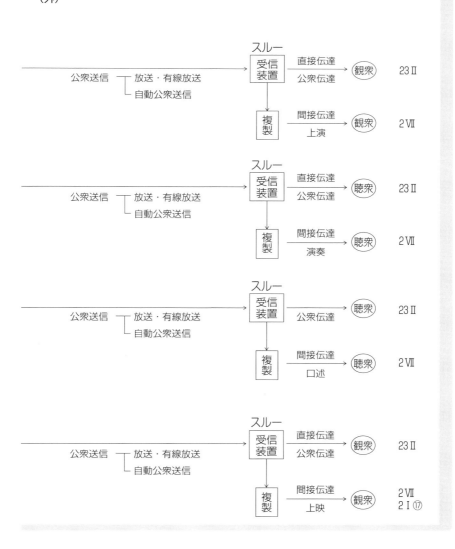

148 第1部 著作権紛争（著作権トラブル）に巻き込まれたときの有事対応

版画のように複数の原作品（オリジナルコピー）が存在するものについては，それらのすべてが原作品である。

これに対し，写真著作物の原作品とは，ネガではなく，印画紙にプリントされたものとされている。

㈎ 美術の著作物等の原作品の所有者による展示（45条）により，展示権が制限される場合がある。

(g) 頒布権（26条）

㈎ 権利の内容

(ⅰ) 頒布権とは，映画の著作物をその複製物により頒布する権利のことをいい，頒布とは，有償であるか無償であるかを問わず，複製物を公衆に譲渡し，又は貸与することをいう。

映画の著作物については，公衆に提示することを目的として，譲渡又は貸与すれば足り，特定人への譲渡又は貸与も頒布に該当する（2条1項19号）。

(ⅱ) 頒布権は，映画の著作物にのみ認められ，それ以外の著作物については，譲渡権（26条の2）及び貸与権（26条の3）でカバーされる。

㈏ 頒布権の消尽

(ⅰ) 消尽とは，権利の対象になっている著作権が化体している物が譲渡されたときに，当該物について権利行使を認めないとする原則をいう。

(ⅱ) 譲渡権は，第一譲渡で権利が消尽すると定められているが（26条の2），頒布権についてはそのような除外規定が規定されていなかったため，映画の著作物の頒布権が消尽するのか否かが問題となった。

この点，公衆に提示することを目的としない家庭用テレビゲーム機に用いられる映画の著作物の頒布権は，一度譲渡されることにより消尽する（最判平成14年4月25日，中古ゲームソフト事件，判時1785号3頁）。

その理由として，この判例は，①市場における商品の自由な流通が阻害され，著作物又はその複製物の円滑な流通が妨げられては，かえって著作権者自身の利益が害されること，②著作権者は第一譲渡の際に代償を確保する機会が保障されているから，二重に利得を得ることを認める必要性はないことを挙げている。

かかる判例を踏まえると，映画や音楽のパッケージソフトの譲渡についても，頒布権は消尽すると解される。

(ⅲ)　消尽が有体物の流通に関する法理であるとすれば，無体物について，消尽（デジタル消尽）は認められないのか。

　具体的にいえば，有体物である中古ゲームソフトの形態ではなく，無体物であるデジタルコンテンツがダウンロードの方法で公衆に提供されたような場合にも消尽は認められるか。

　前記最判平成14年4月25日が挙げている2つの理由の観点から本問を検討すれば，次のようになろう。

　まず，①の商品の自由な（複製物の円滑な）流通については，無体物では自由・円滑な流通が阻害されることはないであろう。

　しかし，②の二重利得については，果たして権利者がデジタル消尽を前提とした価格設定をしているのであればともかく，そうでないのであれば，直ちにデジタル消尽を認めることは権利者にとって酷であろう。

(h)　譲渡権（26条の2）

　(ア)　譲渡権とは，著作物（映画の著作物を除く）をその原作品又は複製物（映画の著作物において複製されている著作物にあっては，当該映画の著作物の複製物を除く）の譲渡により公衆に提供する権利のことをいう。

　(イ)　譲渡権は，流通をコントロールできる強力な権利であるため，一度適法に譲渡された場合には消尽し，その後の譲渡は自由に行える（26条の2第2項1号。なお，この他の消尽事由については，同条同項各号参照）。

　ただし，著作物の複製物等の譲渡を受けた時において，その複製物等が譲渡権者の許諾を得て公衆に譲渡されたもの等でないことを知らず，かつ知らないことにつき過失がない者がその複製物等を公衆に譲渡する行為は，譲渡権を侵害する行為とはみなされない（113条の2）（詳説552頁）。

(i)　貸与権（26条の3）

　(ア)　貸与権とは，映画以外の著作物の複製物を公衆に貸与する権利のことをいい，貸与には，いずれの名義又は方法をもってするかを問わず，これと同様の使用の権原を取得させる行為を含むとされている（2条8項）。

　よって，形式的には買戻特約付売買契約であっても，実質が貸与とみられる場合は，貸与権侵害は成立し得る。また，非営利や無償の場合であっても，貸与に該当し得るが，権利制限規定（38条4項）に該当する場合には，貸与権侵害は成立しない。

(イ) 映画の著作物が除外されているが，映画の著作物の頒布権の中に貸与が含まれているため，実質的には，貸与権はすべての著作物に認められていることになる。

(ウ) 譲渡権と異なり，貸与権の対象は著作物の複製物に限定されている。

(エ) 漫画喫茶において顧客に漫画を閲覧させる行為は，漫画が店舗外に持ち出されず占有の移転もないため，貸与には該当しない。

(j) 翻訳権・翻案権等（27条）

(ア) 翻訳権，翻案権等とは，著作物を翻訳し，編曲し，若しくは変形し，又は脚色し，映画化し，その他翻案する権利のことをいう。

(イ) 最判平成13年6月28日（江差追分事件，判時1754号144頁）は，翻案の要件として，依拠及び表現上の本質的特徴の直接感得性の2要件を示したうえで，思想，感情若しくはアイデア，事実若しくは事件など表現それ自体でない部分又は表現上の創作性がない部分において，既存の著作物と同一性を有するにすぎない場合は，翻案にあたらない旨を判示している。

かかる判例を前提にすると，翻案の有無を判断するにあたっては，①共通部分に創作性があるか，②共通部分から既存の著作物の表現上の本質的な特徴を直接感得し得るか，をそれぞれ検討することが必要である。

具体的な判断手法については，後述する侵害判断のテストにおいて述べる。

(k) 二次的著作物の利用に関する原著作者の権利（28条）

原著作物の著作者は，二次的著作物の利用に関し，二次的著作物の著作者が有するものと同一の種類の権利を専有する（28条）。

したがって，例えば漫画を映画化した場合，漫画には頒布権がないが映画には頒布権があり，二次的著作物の著作者は頒布権を有するので，原著作物の著作者も頒布権を有することになる。

(5) 侵害判断のテスト（二段階テストと濾過テスト）

(a) 侵害判断の手法

裁判所が採用する複製権又は翻案権侵害の判断手法としては，二段階テストと濾過テストがある。

二段階テストとは，①原告作品に著作物性があるか否かをまず判断し，②次に被告作品に原告作品の創作的表現が複製・翻案されているかを判断する手法である。

これに対し，濾過テストとは，①原告作品と被告作品の共通部分を取り出し，②そこに創作性のある表現が複製・翻案されているかを判断する手法である。

いずれの判断手法を採用するかは，著作物の内容，対比箇所の量，検討すべき構成要素等に照らして判断されるが，一般に，言語の著作物で，対比箇所の量が比較的少ないものについては，濾過テストに馴染みやすく，効率性の観点からいえば，濾過テストの方がベターである。なぜなら，共通部分以外の著作物性の判定は，そもそも原告にとっては関係がないからである。

(b) 濾過テストの判断手法

濾過テストの判断手法をとった判例（東京地判平成26年4月30日，遠山の金さん本訴事件，裁判所ウェブサイト，東京地判平成26年8月29日，ゴム製バンド事件，裁判所ウェブサイト，東京地判平成27年11月30日，英単語語呂合わせ事件，裁判所ウェブサイト）によれば，複製権侵害及び翻案権侵害の各事件における創作性及び類似性の判断手法は，おおむね次のようになる。

ポイント⑬

濾過テストの判断手法
① 原告作品と被告作品の共通部分は「表現」といえるか
② 共通部分には表現上の「創作性」があるか
③ 共通部分は「類似」しているか
④ 被告作品から原告作品の「表現上の本質的特徴を直接感得」し得るか

(c) 原被告の留意点

(ア) 原告側の留意点

原告側としては，複製権侵害又は翻案権侵害を主張するにあたり，対比表を作成して，対比部分を具体的に特定したうえで，その中の共通部分の表現に創作性があり，かつ本質的特徴を直接感得することができる旨を主張することになる。

なぜなら，対比して特定しなければ，どこに共通部分があるのかがわからないからである。

この点に関し，東京地判平成28年10月27日（仕入会分析ソフト事件，裁判所ウェブサイト）は，原告は，被告ソフトウェアと本件ソフトウェアのソースコードの記述内容が共通しているかにつき，ソースコードの対比によって具体的に主張しておらず，被告ソフトウェアのどの部分に，誰が作成しても同じにならな

い程度の創作性があるかは不明であって，結局，被告による著作権侵害を認めることはできないと判示している。

このように，著作権訴訟においては，対比部分を特定することが不可欠であるが，対比部分を細切れにして限定し過ぎると，共通部分も短い表現になってしまうため，創作性が認められにくくなってしまう。

これに対し，対比部分の範囲を増やしすぎると，相違点が多くなり，本質的特徴を直接感得しにくくなってしまう。

このように，対比部分の特定によっては，侵害の成否に影響が生じ得るため，複製権侵害又は翻案権侵害を主張する原告としては，対比部分を特定するにあたり，細心の注意を払う必要がある。

なお，争点や対比箇所が多数にのぼる事件においては，対比表のみならず，主張整理表を作成し，その中で原告表現と被告表現とを併記して，その類似性を論じる場合もある。

　　(イ)　被告側の留意点

被告側としては，まずは共通部分に創作性が認められるか否かを検討することになる。

この点，言語の著作物の場合は，共通部分を細切れにすればするほど短い表現となり，創作性が認められにくくなるため，被告側としては，共通部分をできる限り細分化して，共通部分の創作性を否定することが得策である。

そのうえで，原告著作物の本質的特徴を被告著作物から感得できるか否かを検討することになる。

ここでは，原告の主張する対比部分には，相違点が多数あることを可能な限り指摘し，あわせて共通点はありふれており，そこには創作性がないことを指摘し，その結果として，被告著作物から原告著作物の本質的特徴を直接感得することができないと主張することが得策である（詳説264頁）。

なお，まとまりのある著作物のうち，一部が原告によって都合よく恣意的に捨象されているときは，被告としてはこれに異を唱え，その捨象された部分を含めて対比したときは，表現上の本質的な特徴を直接感得することができないと反論する必要がある。

知財高判平成24年8月8日（携帯電話機用釣りゲーム事件，判時2165号42頁）では，原審原告は魚の引き寄せ画面についての翻案権侵害を主張するに際し，魚の引

き寄せ画面は，同心円が表示された以降の画面をいい，魚の引き寄せ画面の冒頭の，同心円が現れる前に魚影が右から左へ移動し，さらに画面奥に移動する等の画面は，これに含まれないと主張したが，控訴審判決は，本件訴訟の訴訟物は著作権に基づく差止請求権等であって，魚の引き寄せ画面に関する主張は，それを基礎付ける攻撃方法の１つにすぎないから，原審被告がまとまりのある著作物のうち捨象された部分を含めて対比したときには，表現上の本質的な特徴を直接感得することができないと主張立証することは，魚の引き寄せ画面の範囲内のものである限り，訴訟物の観点からそれが許されないと解すべき理由はないと判示している。

(6)　保護期間

著作物には保護期間が設定されている。

独占権の弊害を緩和するためであるが，保護期間を経過した著作物は，パブリックドメインとなり，以降は誰でも自由に利用できる。

したがって，権利者側においては，侵害者に対する請求の前に，自己の著作物の保護期間が経過していないことを確認しておく必要がある。

これに対し，侵害者側としては，権利者の著作物の保護期間が経過しているか否かを確認すべきであり，万が一保護期間が経過していた場合は，訴訟において，抗弁として主張立証することになる。

著作物の保護期間の概要は，以下のとおりであるが，TPP12協定の米国離脱後のTPP11協定（平成30年12月30日発効及び施行）とその整備法により，著作物の保護期間は，著作者の死後（公表後）50年から70年に延長された（映画の著作物の保護期間については当初から公表後70年）。

なお，起算日は，死亡・公表等の日の属する年の翌年の１月１日である（57条）。この他にも旧法下での著作権の保護（附則７条），外国人の著作物の保護（相互主義，戦時加算等）等にも留意する必要がある。

154　第1部　著作権紛争（著作権トラブル）に巻き込まれたときの有事対応

ポイント⑭

著作物の保護期間の概要

著作物	保護期間の概要
原則（51条）	創作時から死後70年まで
無名・変名（52条）	・原則（52条1項） 　創作時から公表後70年と死後70年のいずれか早い方まで ・例外（52条2項。著作者の変名がその者のものであると周知であるとき等） 　創作時から死後70年まで
団体名義（53条）	創作時から公表後70年まで 創作後70年内に公表されなかったときは，創作後70年まで
映画（54条）	創作時から公表後70年まで 創作後70年内に公表されなかったときは，創作後70年まで
継続的刊行物（56条）	・冊，号又は回を追って公表される著作物 　毎冊，毎号又は毎回の公表の時から起算して，それぞれ保護期間の終期が定められる。 ・一部分ずつ逐次公表して完成する著作物 　最終部分の公表の時から起算して保護期間の終期が定められる。

Ⅲ　権利制限規定

(1)　総　　論

　権利制限規定（30条～50条）とは，一定の場合に著作権の利用が制限される規定であり，著作権侵害訴訟においては，被告側の抗弁として機能する。

　もっとも，権利制限規定による利用制限が及ぶのは著作財産権に対してであるから（50条），著作者人格権の行使に対する抗弁にはならない。

　とはいえ，「やむを得ないと認められる改変」（20条2項4号）等の解釈を通して，著作者人格権が一定の制約を受け，その結果として，著作者人格権の行使が抑制されることはある。

(2) 各　　論
(a) 私的使用のための複製（30条）

個人的に又は家庭内その他これに準ずる限られた範囲内（例えば，少数の友人間）において使用することを目的とする場合には，著作物を自由に利用できる。

この点，企業内で利用する場合（東京地判昭和52年7月22日，舞台装置設計図事件，判タ369号268頁）や代行業者に複製を依頼する場合（知財高判平成26年10月22日，自炊1事件，判時2246号92頁）は，いずれも私的使用とはいえず，30条の要件を満たさないと解されている。

舞台装置設計図事件では，■図表1－22で示した30条の規定振りの右の2要件の解釈が問題となり，自炊事件では，30条の規定振りの左の「使用する者が複製することができる」の解釈（何が枢要な行為で，誰が枢要な行為を行っているか）が問題となった。

結論は次の2つである。
① 企業内コピーは私的使用の複製にはならない。
② 業者に複製を委託する場合は30条の適用外である（詳説339頁以下）。

なお，私的使用目的であっても，30条が適用されない場合として，以下の場合がある（■図表1－23）。
① 30条各号（ただし，1号については，専ら文書又は図画の複製に供する自動複製機

■図表1－22　30条の規定振りと舞台装置設計図事件

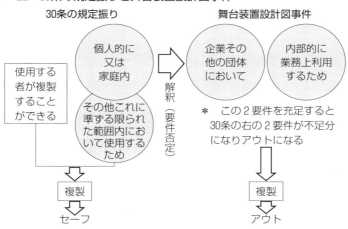

■図表1－23　私的使用目的であっても30条が適用されない場合

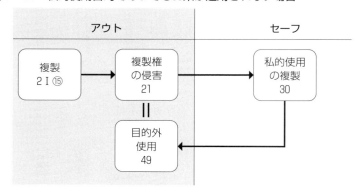

器は当分の間適用除外とされている（附則5条の2））の事由に該当するとき
②　複製自体は私的使用目的で行われたものであっても，その複製物が私的使用目的外で頒布又は公衆に提示されたとき（頒布又は提示時から違法となる（49条1項1号））

(b)　付随対象著作物の利用（30条の2）

(ア)　概　　要

本条は，写真の撮影，録音又は録画（以下「写真の撮影等」という）の方法によって著作物（以下「写真等著作物」という）を創作するにあたり，「写り込んだ」著作物の複製及びその利用に関する規定である。

本条が問題になる局面として，①ポートレート写真における美術品等の写り込み，②披露宴の様子を撮影した動画における音楽の写り込み等が考えられる。

なお，平成30年の著作権法改正前は，本条は「複製又は翻案することができる」と規定されていたが，平成30年の著作権法改正によって「複製することができる」と改正された。

しかしながら，改正後の47条の6第1項2号によって翻案を行うことは依然として可能であるため，平成30年の著作権法改正による本条の実質的な変更点はない。

(イ)　付随対象著作物性

本条1項により複製が正当化される著作物（以下「付随対象著作物」という）は，以下の要件を満たすものに限られる。

第2節　著作権紛争（著作権トラブル）の類型　　**157**

ポイント⑮

　付随対象著作物の要件
　①　写真等著作物にかかる写真の撮影等の対象とする事物又は音から分離することが困難であるため付随して対象となる事物又は音にかかる他の著作物であること（以下「分離困難性要件」という）
　②　写真等著作物における軽微な構成部分となるものであること（以下「軽微構成部分要件」という）

①　分離困難性要件

　分離困難性要件については，創作時の状況に照らして，付随対象著作物を除いて創作することが社会通念上困難であることが客観的に認められるか否かにより判断される。

　例えば，被写体の背後に絵画がかかっている場合，絵画を外して写真撮影することは社会通念上困難であると解されている。

　分離困難性要件に関連して，意図的に著作物を写し込んで写真の撮影等を行った場合（いわゆる「写し込み」）に，分離困難性要件が認められるかという問題がある。

　この点に関する裁判例は未だ存在しないが，少なくとも著作物を認識しつつ，そのまま受け入れる態様で写真等を撮影した場合は，30条の2第1項の適用を認める学説がほとんどであり，社会通念に照らして判断するという分離困難性要件の判断手法からしても相当であると解される。いずれにせよ，客観的に付随対象著作物の利用といえるのであれば，権利者の利益が不当に害されることはないから，本条の適用を否定する理由はない。

②　軽微構成部分要件

　軽微構成部分要件は，その利用が質的又は量的に社会通念上軽微であると評価できるものをいうと解されている。

　その判断にあたって，写真等著作物における付随対象著作物の位置付け（重要性）や写真等著作物に占める割合（画面割合，写真等著作物の総時間に占める割合）等が考慮されると解される。

　したがって，写真撮影等を行う当事者としては，①第三者の著作物が画面や撮影時間に占める割合を小さくする，②ピントを撮影対象物に合わせるなどして，第三者の著作物が鮮明に映らないようにする（とはいえ，必要

以上のぼかしは同一性保持権との関係で問題が生じることになる）などの対応が必要になると解される。

(ｳ)　付随対象著作物の利用

本条 2 項は，本条 1 項により複製された複製物の利用を認める規定である。

大阪地判平成27年 9 月10日（いわきフラオンパク事件，判時2320号124頁）は，ブログに掲載された写真に関し，複製物であるイラストの宣伝を目的とするものであることから，付随対象著作物の利用には当たらないと判示している。いわく「被告P2が，被告イラスト 1 が写った写真をブログにアップロードした行為は，原告の公衆送信権を侵害したものであるということができる。なお，この写真における被告イラスト 1 の複製・利用は同イラストの宣伝を目的とするものであるから，被告P2のこの行為は，著作権法30条の 2 第 2 項により許容されるものではない」。

(ｴ)　不当な態様による利用

付随対象著作物であっても，著作物の利益を不当に害することとなる場合は，権利制限規定が適用されない（30条の 2 第 1 項ただし書・同条 2 項ただし書）。

考慮要素としては，①付随対象著作物の種類及び用途，②複製（利用）の態様が挙げられている。

例えば，映像の一部分として音楽が写り込んでいた場合，全体の割合からすれば軽微ではあっても，高音質かつフルコーラスである場合は，不当な態様による利用に該当する可能性がある。

(c)　**検討の過程における利用**（30条の 3 ）

著作権者の許諾を得て，又は裁定を受けて著作物を利用しようとする場合に，これらの利用について検討を行うための内部資料として，必要と認められる限度で，当該著作物を利用することができる。

もともと許諾を得る必要がない権利制限規定に基づき適法利用する前提としての検討過程における利用については，本条には規定がないが，合理的な範囲内での利用であれば許されると解される。

(d)　**著作物に表現された思想又は感情の享受を目的としない利用**（30条の 4 ）

(ｱ)　概　　要

デジタル化・ネットワーク化の進展に対応した柔軟な権利制限規定として，平成30年の著作権法改正により新設された条項の 1 つである。

本条は，技術の開発等のための試験の用に供する場合，情報解析の用に供する場合，人の知覚による認識を伴うことなく電子計算機による情報処理の過程における利用その他の利用に供する場合，その他の当該著作物に表現された思想又は感情を自ら享受し又は他人に享受させることを目的としない場合の著作物の各利用を，一定の条件のもと，権利制限の対象としている。

これらの利用は，思想又は感情の享受を目的とするものではなく，権利者の利益を通常害さないと評価できるため（権利者の利益を通常害さない行為類型，いわゆる第1層），権利制限規定として追加されたものである。

　(ｲ)　非享受目的

享受とは，『広辞苑』によれば「精神的にすぐれたものや物質上の利益などを，受入れ味わい楽しむこと」を意味するが，立法担当者によれば，本条の「享受」を目的とする行為に該当するか否かは，立法趣旨や「享受」の一般的な語義を踏まえ，著作物等の視聴等を通じて，視聴者等の知的又は精神的欲求を満たすという効用を得ることに向けられた行為であるか否かという観点から判断されることになるとされている。

具体的には，美術品の複製に適したカメラやプリンターを開発するために美術品を試験的に複製する行為が例示されている。

また，非享受目的に該当するか否かの認定は，行為者の主観に関する主張のほか，利用行為の態様や利用にいたる経緯等の客観的・外形的な状況も含めて総合的に考慮されるとされている。

なお，本条では享受の目的がないことが要件となっているため，仮に主たる目的が享受のほかにあったとしても，同時に享受の目的もあるような場合には，本条の適用はないとされている。

　(ｳ)　不当な態様による利用

ただし書において，当該著作物の種類及び用途並びに当該利用の態様に照らし，著作権者の利益を不当に害する場合は，権利制限規定が適用されない旨が規定されているが，著作権者の著作物の利用市場と衝突するか，あるいは将来における著作物の潜在的販路を阻害するかという観点から，個別具体的に判断されるとされている。

(e)　図書館等における複製等（31条）

図書館等が国民に広く情報を提供する機能を有していることに鑑み，一定の

条件及び範囲内での図書館等の複製等を許容する規定である。

本条における複製の主体は図書館等であるから，図書館利用者に本条に基づく図書館等の蔵書の複製権あるいは一部の複製をする権利が認められるわけではない（東京地判平成7年4月28日，多摩市立図書館事件，判時1531号129頁）。

また，図書館内での複製にも30条の私的使用の複製の適用があるかという論点があるが，これを認めてしまうと31条は骨抜きにされてしまうから，消極に解すべきであろう（詳説348頁）。

なお，絶版等資料については，国立国会図書館は，日本国内の公共図書館等に限って当該資料を自動公衆送信できるところ，平成30年の著作権法改正により，外国の図書館にも自動公衆送信することができるようになった（31条3項）。外国における日本研究の発展等に貢献することが目的である。

（f）引用（32条）

（ア）要件論

引用とは，報道，批評，研究その他の目的で，自己の著作物の中に他人の著作物の一部を取り込んで利用することをいう。

適法引用の条文上の要件は，以下の3要件である。

① 公表された著作物であること

② 公正な慣行への合致

③ 引用の目的上，正当な範囲内であること

しかし，最高裁は，条文にない要件である①明瞭区分性，②主従関係という2要件を提示し（最判昭和55年3月28日，パロディモンタージュ写真事件，判時967号45頁），その後の大半の裁判例（東京地判昭和59年8月31日，藤田画伯未亡人事件，判時1127号138頁，東京地判平成10年2月20日，バーンズコレクション名画利用事件，判時1643号176頁等）も，おおむねこれを踏襲している（いわゆる2要件説）。

これに対し，近時の下級審裁判例の中には，著作物の利用目的のほか，利用の方法や態様，利用される著作物の種類や性質，当該著作物の著作権者に及ぼす影響の有無・程度等を総合考慮し，公正な慣行への合致や引用の目的上，正当な範囲内であることを認定して，引用の成否を判断するものが現れている（知財高判平成22年10月13日，絵画鑑定証書損害賠償請求事件，判時2092号136頁，東京地判平成24年9月28日，霊言DVD事件，判タ1407号368頁，知財高判平成28年6月22日，毎日オークションカタログ事件，判時2318号81頁，大阪地判平成29年3月21日，アクシスフォー

マー事件，裁判所ウェブサイト，知財高判平成30年8月23日，沖国大ヘリ墜落事故事件，裁判所ウェブサイト等）。

なお，出所の明示義務は48条に基づくものであって，これに違反した場合には氏名表示権侵害及び刑事罰（罰金）の適用があるにせよ，32条の適法引用の要件ではない。しかしながら，出所の明示義務が尽くされていないことから引用の成立を否定した裁判例（東京高判平成14年4月11日，絶対音感事件，裁判所ウェブサイト，知財高判平成30年8月23日，沖国大ヘリ墜落事故事件，裁判所ウェブサイト）もあるので，その点には留意する必要がある。

もっとも，前記知財高判平成30年8月23日は，ドキュメンタリー映画（引用する側の本件映画）に報道映像（引用される側の本件各映像）を利用したという特殊な事案であり，①本件映画と本件各映像との明瞭区別性が弱いこと，②ドキュメンタリー映画においては，正確性や客観性の観点から，素材が引用である場合には出所を明示する必要性が高いこと，③本件映画と本件各映像は，共に視覚によって認識可能な映像であって，字幕表示等によって出所を明示することは十分に可能であり，かつ，そのことによって本件映画の表現としての価値が損なわれることはないこと，に基づき，その出所を明示することが公正な慣行に合致するとしたものであって，一般化はできないと解される。現に，この判例自身，「適法引用の要件として常に出所明示が必要かどうかという点はともかくとしても，少なくとも本件においては（適法引用の要件として）出所明示がなされるべきであったと認められる」と判示している。

（イ）　引用を主張する当事者の対応

このような判例の流れに照らすと，引用を主張する利用者側としては，明瞭区分性，主従関係のみならず，公正な慣行への合致や正当な範囲内であることを示すために，以下の間接事実についても主張しておくことが無難である。

11　公正な慣行への合致を基礎づける間接事実
①　類似の引用事例の多寡，内容
②　出所明示が適切になされていること

12　引用の目的上，正当な範囲内であることを基礎づける間接事実
①　利用者の利用目的
②　利用される著作物の種類・性質

③　利用目的に照らして，他人の著作物を利用することが必要かつ有用であること（その他の手段によっては，目的を達成できないこと等）

④　引用部分とその他の部分が明瞭に区別できること

⑤　利用された他人の著作物の分量の多寡

⑥　他人の著作物が自らの著作物に占める質的・量的割合

⑦　他人の著作物の権利者の経済的利益を得る機会を失わせるような利用態様ではないこと

⑧　出所明示が適切になされていること

　㈡　権利者側の対応

　利用する側に著作物性が認められないときには，そもそも32条の適用はない（東京地判平成22年5月28日，漢方コラム事件，裁判所ウェブサイトは，その理由として，32条の立法趣旨は，新しい著作物を創作する上で，既存の著作物の表現を引用して利用しなければならない場合があるからであるとしている）。

　よって，権利者側としては，利用する側に著作物性が認められないので，そもそも32条の適用はないと反論することが可能である。

　とはいえ，知財高判平成22年10月13日（絵画鑑定証書損害賠償請求事件，判時2092号136頁）は，「32条1項は，引用者が自己の著作物中で他人の著作物を引用した場合を要件として規定していないだけでなく，報道，批評，研究等の目的で他人の著作物を引用する場合において，正当な範囲内で利用されるものである限り，社会的に意義のあるものとして保護するのが現著作権法の趣旨でもあると解されることに照らすと，同法32条1項における引用として適法とされるためには，利用者が自己の著作物中で他人の著作物を利用した場合であることは要件でない」と判示しているので，これに従った侵害者側の反論が予想される。

　㈢　要約引用の可否

　一部を要約して引用することが許されるか否かが問題になった裁判例として，東京地判平成10年10月30日（血液型と性格の社会史事件，判時1674号132頁）がある。

　この判例は，引用が原著作物をそのまま使用する場合に限定されると解すべき根拠はないこと，一定の観点から要約したものを利用すれば足り，全文を引用するまでの必要がない場合があること，現実にも要約による引用は社会的にも広く行われていることなどの理由から，「その趣旨に忠実に要約して引用すること」を適法と認めた。

果たしていかなる場合がこれにあたるのか，他に要件はないのか等，検討すべき点は多いが，「既存の著作物にあたろうとする意欲を喪失する程度にまで要約されているか否か（代替性の有無）」が，要約引用の可否についての判断基準になると考える（詳説362頁以下）。

この考え方に立つとすると，利用者側としては，「代替性がない」から要約引用としては許されると主張することになり，権利者側としては，「代替性がある」から要約引用としては許されないと主張することになろう。

　(ｵ)　要約引用の可否と同一性保持権

同一性保持権との関係につき，前記東京地判平成10年10月30日は，43条（現行47条の6）の適用により利用できるときは「やむを得ないと認められる改変」として同一性保持権を侵害することにはならない旨も判示した。

確かに，一方で適法引用（著作財産権侵害にはならない）といいながら，他方で著作者人格権侵害になったのでは，根拠はどうであれ，いずれにせよ著作権侵害になるのだから，適法引用で侵害には当たらないとした意味合いが薄れるから，結論としては穏当であろう。

しかしながら，著作財産権と著作者人格権は別の趣旨から認められているのであるから，適法引用であるからといって直ちに著作者人格権の侵害も阻却されると考えるのは適切とはいえない（詳説367頁）。

(8)　教科用図書等への掲載等（33条・33条の2・33条の3）

公表された著作物は，学校教育の目的上必要と認められる限度において，教科用図書に掲載することができる（33条）。

また，教科用図書に掲載された著作物は，障害のある児童・生徒のために拡大等をして教科用拡大教科書等に用いることができる（33条の3）。

さらに，教科用図書に掲載された著作物は，学校教育の目的上必要と認められる限度において，教科用図書代替教材に掲載することができる（33条の2）。

教科用図書代替教材とは，教科用図書の内容を文部科学大臣の定めるところにより記録した電磁的記録である教材（いわゆるデジタル教科書）のことをいい（学校教育法34条2項・3項），33条の2は教科書のデジタル化に対応した規定である。

教科用図書及び教科用図書代替教材については，著作者に対する通知と著作権者に対する補償金の支払が必要であるが（33条2項・33条の2第2項），教科用

拡大教科書等については，通知義務がある点は同じものの，補償金の支払は，営利を目的として頒布する場合に限られる（33条の3第2項）。

(h) 学校教育用番組の放送等（34条）

公表された著作物は，学校教育の目的上必要と認められる限度において，学校向けの放送番組又は有線放送番組において放送し，若しくは有線放送し，又は当該放送を受信して同時に，専ら当該放送に係る放送対象地域において受信されることを目的として自動公衆送信し，これらの番組用の教材に掲載することができる。

この場合も利用する旨を著作者に通知し，相当な額の補償金を著作権者に支払わなければならない。

(i) 学校その他の教育機関における複製等（35条）

営利を目的として設置された学校を除き，学校その他の教育機関において教育を担任する者及び授業を受ける者は，授業の過程における利用に供することを目的とする場合には，必要と認められる限度において，公表された著作物を複製し又は公衆送信若しくは公衆伝達することができる。

本条により複製等が許されるのは，非営利目的の教育機関に限られ，営利を目的とする学習塾や予備校による複製等が本条により許されるわけではない。

平成30年の著作権法改正前は，①対面授業のために複製すること及び②対面授業で複製したものを同時中継の遠隔合同授業のための公衆送信することのみが可能であったが，同年の著作権法改正により，その他の公衆送信及び公衆伝達が認められることとなった。具体的にいえば，オンデマンド授業での講義映像や資料の送信，対面授業の予習・復習用の資料のメール送信，スタジオ型のリアルタイム配信授業などである。

留意すべき点は2つある。

1つは，平成30年著作権法改正前の無償の複製・公衆送信は引き続き無償であることである。

2つは，あくまで授業の過程における利用に限定されるので，授業とは別にサーバに随時蓄積して随時送信するような場合は，35条の枠外であって，許諾が必要なことである。なお，ここで授業の過程における利用とあることから，教育を担任する者の1クラスが想定されており，その意味で全校生徒，全学年，教育委員会を対象とするような場合には，この要件を充足しないとされている。

第2節　著作権紛争（著作権トラブル）の類型　**165**

　公衆送信が行われた教育機関の設置者は，相当な額の補償金の支払義務を負うが（35条2項），かかる補償金は，文化庁長官が指定する指定管理団体である授業目的公衆送信補償金等管理協会（SARTRAS）を通じて一元的に徴収・管理・分配される（104条の11以下）。

　SARTRASの構成団体は，以下のとおりである。

① 　出版教育著作権協議会（書籍，雑誌，電子出版）

② 　新聞教育著作権協議会（新聞）

③ 　言語等教育著作権協議会（文藝，脚本，学術等）

④ 　視覚芸術等教育著作権協議会（美術，写真）

⑤ 　音楽等教育著作権協議会（音楽，レコード，実演家）

⑥ 　映像等教育著作権協議会（放送，有線放送）

ポイント⑯

35条1項の建付け1（条文）

	35条1項ただし書の利益を不当に害する	35条1項ただし書の利益を不当に害しない
35条1項本文の要件を充足しない	許諾要	許諾要
35条1項本文の要件を充足する	許諾要	無許諾・補償金 ↓ SARTRAS 無許諾・無償

166　第1部　著作権紛争（著作権トラブル）に巻き込まれたときの有事対応

ポイント⑰

35条1項の建付け2（運用）

著作権者の利益を不当に害する著作物	許諾要		
著作権者の利益を不当に害しない著作物	1クラス授業		複数クラス授業 学内教職員 保護者
	複製・遠隔地同時送信	公衆送信（遠隔地同時送信を除く）	
	無許諾・無償	無許諾・補償金 ↓ SARTRAS	許諾要（＊） ↓ SARTRAS

（＊）　この部分は補償金ではないものの，SARTRASでは，複製権に限定して，JCOPYから再委託を受け，（基礎）ライセンスを行う予定である。

ポイント⑱

35条1項ただし書の建付け

		当該複製の部数及び当該複製，公衆送信又は伝達の態様に照らし，著作権者の利益を不当に	
		害する	害しない
当該著作物の種類及び用途に照らし，著作権者の利益を不当に	害する	許諾要	許諾要
	害しない	許諾要	無許諾・補償金 ↓ SARTRAS 無許諾・無償

（j）　試験問題としての複製等（36条）

　公表された著作物は，入学試験その他人の学識技能に関する試験又は検定の目的上必要と認められる限度において，当該試験又は検定の問題として複製し又は公衆送信することができる。

　①試験又は検定を公正に実施するためには，問題の漏洩を防ぐ必要があるため，あらかじめ著作者の許諾を得ることは困難である。また，②著作物を試験問題として利用したとしても市場において競合するわけではない。

以上の理由から，試験問題としての複製等も権利制限の対象になっている。

以上からすれば，試験又は検定の公正な実施のために，その問題としていかなる著作物を利用するかということ自体を秘密にする必要性があり，そのために当該著作物の複製についてあらかじめ著作権者から許諾を得ることが困難である試験又は検定の問題でない限り，36条1項にいう「試験又は検定の問題」としての複製に当たるものということはできない（知財高判平成18年12月6日，教科書準拠国語テスト2事件，裁判所ウェブサイト）。

(k) 視聴覚障害者等のための複製等（37条・37条の2）

(ア) 視覚障害者等関係（37条）

公表された著作物は，点字により複製することができ（37条1項），また電子計算機を用いて点字を処理する方式により，記録媒体に記録し，又は公衆送信することができる（37条2項）。

さらに，視覚障害その他の障害により視覚による表現の認識が困難な者の福祉に関する事業を行う者で政令で定めるものは，公表された視覚著作物を視覚障害者等が必要な方式で複製し，又は公衆送信することができる（37条3項）。

平成30年の著作権法改正前は，視覚による表現の認識に障害のある者の利用に限り，書籍の音訳や点字化ができるところ，マラケシュ条約締結のため，平成30年の著作権法改正により，視覚による表現の認識そのものに関する障害はないが，障害を原因として視覚による表現の認識に困難を有する者（例えば，肢体不自由のために書籍を保持できない者やページをめくれない者等）まで受益者の範囲を拡大した。障害者の情報アクセス機会の充実を図るためである。

加えて，権利制限の範囲も，改正前は自動公衆送信（送信可能化を含む）に限定されていたが，改正により公衆送信まで拡大されている。

(イ) 聴覚障害者等関係（37条の2）

聴覚障害その他の聴覚による表現の認識に障害のある者の福祉に関する事業を行う者で政令で定めるものは，公表された聴覚著作物を一定の範囲で，複製し，又は自動公衆送信（送信可能化を含む）することができる（37条の2）。

(l) 営利を目的としない上演等（38条）（■図表1−24）

まず，38条による上演等は，原作のままでの上演等に限られる。なぜなら，47条の6（旧43条）は38条を取り込んでいないからである。よって，小説を脚色して演ずる場合や音楽をアレンジして演奏する場合は，本条の3要件を充足

■図表１−24　営利を目的としない上演等
＊放送又は有線放送の場合

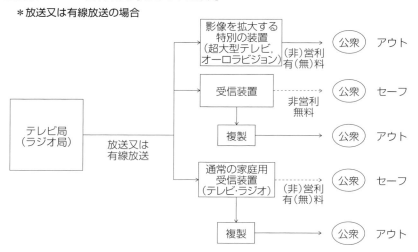

＊インターネット（テレビ・ラジオ）放送の場合

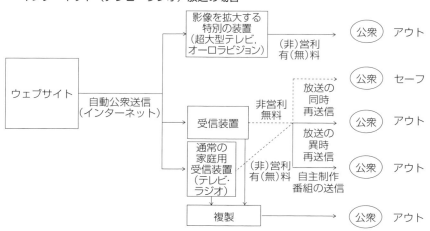

していたとしても，翻案の許諾が必要になる。

次に，38条1項は，公衆送信の場合を権利制限の対象とはしていないことに留意すべきである。この趣旨からいえば，その実，公衆送信にあたるものは権利制限の対象からは除外すべきであろう。

つまり，同一構内では公衆送信にはならず上映になるところ（2条1項7号の2），上映権の対象がすべての著作物に拡大され，また映写幕にはディスプレイや端末が含まれる結果，同一構外における公衆送信と実態上何ら変わらない同一構内の上映にも権利制限が及ぶことになるが，それは立法当初想定されていなかった上映といわなければならない。

よって，本来の趣旨からいえば，38条1項の対象となる上映は直接視聴性の強い上映のみに限るべきであろう。

さらに，インターネット放送には一部の例外を除き38条3項の適用はない。なぜなら，インターネット放送に適用される著作権法の支分権は，自動公衆送信権であって放送権や有線放送権ではないから（とはいえ，放送・有線放送とインターネット放送との違いは，送信が同時であるか異時であるかであり，情報を受信者へ送信する点では変わらないが），インターネット放送は38条3項の範囲外であり，基本的には権利制限が及ばないからである。

IPマルチキャスト放送を主な対象とした平成18年の著作権法改正により，38条3項の対象に「放送される著作物が自動公衆送信される場合の当該著作物」（放送の同時再送信）が追加された。つまり，一部の例外とは，放送の同時再送信の場合である。

なお，38条3項は「放送され，又は有線放送される著作物」と規定しているため，放送・有線放送と同時の伝達行為のみを対象とし，放送・有線放送を録画・録音して伝達することまでは認められていない。

なお，チャリティーコンサート等において，入場料に変えて集められた寄付金（東京地判平成15年1月28日，ハートフルチャリティーコンサート事件，裁判所ウェブサイト）は，「著作物の提供について受ける対価」に，音楽の利用が不可欠なダンス教室の入会金及び受講料（名古屋地判平成15年2月7日，社交ダンス教室事件，判時1840号126頁）は，「音楽著作物の演奏に対する対価」に，それぞれ該当する。

170　第1部　著作権紛争（著作権トラブル）に巻き込まれたときの有事対応

ポイント⑲

38条の一覧表示

対象となる著作物	要件			制限対象となる権利
	非営利	無料	無報酬	
1項：公表された著作物	○	○	○	上演権 演奏権 上映権 口述権
2項：放送される著作物	○	○	－	有線放送権 専ら当該放送に係る放送対象地域において受信されることを目的とする自動公衆送信権
3項：放送され，又は有線放送される著作物	○ （通常の家庭用受信装置の場合は営利でも可）	○ （通常の家庭用受信装置の場合は有料でも可）	－	公衆伝達権
4項：公表された著作物（映画の著作物を除く）	○	○	－	貸与権
5項：映画	△ （非営利の視聴覚教育施設等に主体を限定）	○	－	頒布権（補償金の支払義務あり）

⒨　時事問題に関する論説の転載等（39条）

　新聞や雑誌に掲載された政治上，経済上，社会上の時事問題に関する論説は，学術的な性質を有するものを除き，他の新聞，雑誌に掲載したり，有線放送等に使用することができる。ただし，禁転載の表示がある場合は転載できず，署名入りの記事は禁転載の表示があるものと解されている。

(n) 政治上の演説等の利用（40条）

公開して行われた政治上の演説又は陳述及び裁判手続における公開の陳述は，ある1人の著作者のものを編集して利用する場合を除き，自由に利用することができる（40条1項）。

これに対し，国等の機関において行われた公開の演説又は陳述は，報道の目的上正当と認められる場合には，新聞紙若しくは雑誌への掲載，放送若しくは有線放送，当該放送を受信して行う自動公衆送信を行うことができる（40条2項）。

また，2項に基づいて放送，有線放送若しくは自動公衆送信される演説又は陳述は，受信装置を用いて公に伝達することができる（40条3項）。

(o) 時事の事件の報道のための利用（41条）

時事の事件を報道する場合には，報道の目的上正当な範囲内であれば当該事件を構成する著作物等を複製し，報道に利用することができる。

時事の事件とは，現時又は近時に起こったニュース価値のある事件をいう。

裁判例においては，展覧会が開催されることが前日までに決まったことを中心に，コレクションが公開されることになったいきさつや出品作品等を報道すること（東京地判平成10年2月20日，バーンズコレクション名画利用事件，判時1643号176頁）や暴力団が継承式の模様を撮影してビデオを作成し，その複製物を系列の団体に配付したこと（大阪地判平成5年3月23日，山口組五代目組長継承式ビデオ放映事件，判時1464号139頁）は「時事の事件の報道」に該当するが，映画において女優が初めてヌードになったことは「時事の事件の報道」に該当しないと判断された（東京地判平成13年11月8日，いちげんさん事件，裁判所ウェブサイト）。

写真とニュースの内容との間に関連性がないときは，当該写真の利用は時事の事件の報道のための利用とはいえない（札幌地判平成22年11月10日，風車写真事件，LEX/DB25464357）。

本条の主体は報道機関であり，報道の対象者は含まれない（東京地判平成24年9月28日，霊言DVD事件，判タ1407号368頁）。

また，利用は，報道の目的上正当な範囲にとどまる必要がある。

さらに，出所を明示する慣行がある場合には，これを明示する義務がある（48条1項3号）。

172　第1部　著作権紛争（著作権トラブル）に巻き込まれたときの有事対応

⒫　裁判手続における複製（42条）

　裁判手続のために必要と認められる場合及び立法又は行政の目的のために内部資料として必要と認められる場合には，その必要と認められる限度において，複製することができる（42条1項）。

　権利制限の範囲は複製に限定されており，公衆送信（自動公衆送信の場合の送信可能化を含む）は含まれない（東京地判平成20年2月26日，社保庁LAN事件，裁判所ウェブサイト）。

　捜査機関が捜査の目的又は刑事裁判に使用する証拠を収集する目的等でテレビニュースを録画すること（東京地決昭和55年3月26日，成田空港兇器準備集合事件，判時968号27頁）や捜査機関が刑事裁判の証拠として使用するために，テレビニュースの映像を録画し，その映像の一部を静止写真化すること（東京高判昭和58年7月13日，神山派出所火炎びん事件，裁判所ウェブサイト）は，本条により許容されている。

　なお，特許等及び薬事行政に関する手続における利用についても，裁判手続と同様に，必要な範囲内で利用することができる（42条2項）。

⒬　行政機関情報公開法等による開示のための利用（42条の2）

　情報公開法や情報公開条例により公衆に提供し，又は提示することを目的とする場合には，開示するために必要と認められる限度において，著作物を利用することができる（42条の2）。

⒭　公文書管理法等による保存等のための利用（42条の3）

　国立公文書館等の長等は，公文書管理法等の規定により，著作物等を公衆に提供すること等を目的とする場合には，必要と認められる限度において，当該著作物等を利用することができる（42条の3第1項）。

⒮　国立国会図書館法によるインターネット資料及びオンライン資料収集のための複製（43条）

　国立国会図書館の館長は，インターネット資料等を収集するために必要と認められる限度において，当該インターネット資料等に係る著作物を国立国会図書館の使用に係る記録媒体に記録することができる（43条1項）。

⒯　放送事業者等による一時固定（44条）

　放送事業者及び有線放送事業者は，著作権者から放送権又は有線放送権を有する著作物の放送の許諾を受けたときは，放送するために一時的に録音又は録

画することができる（44条1項・2項）。

しかし，この録音・録画物は，録音，録画の後6月を超えて保存することはできない（44条3項）。

(u) 美術の著作物等の原作品の所有者による展示（45条）

美術若しくは写真の著作物の原作品の所有者又はその同意を得た者は，これらの著作物の原作品を公に展示することができる（45条1項）。

ただし，街路，公園その他一般公衆に開放されている屋外の場所又は構造物の外壁その他一般公衆の見やすい屋外の場所に恒常的に設置する場合には著作者の許諾が必要となる（45条2項）。

(v) 公開の美術の著作物等の利用（46条）

美術の著作物でその原作品が公園等の屋外の場所に恒常的に設置されているもの又は建築の著作物は，次の場合を除いて，いずれの方法によるかを問わず利用することができる。

① 彫刻を増製し，又はその増製物の譲渡により公衆に提供する場合
② 建築の著作物を建築により複製し，又はその複製物の譲渡により公衆に提供する場合
③ 45条2項に規定する屋外の場所に恒常的に設置するために複製する場合
④ 専ら美術の著作物の複製物の販売を目的として複製し，又はその複製物を販売する場合

46条2号に関し，建物を写真化や映像化することについては，これらによる複製物が建築図面（10条1項6号の著作物）でないことに加え，46条2号の反対解釈からいえば，建物の複製には当たらないと解される。なお，文言上は複製についての言及しかないが，翻案の場合も同様に許されると考える。なぜなら，複製と翻案の差は紙一重で必ずしもその境界は明確ではないし，著作財産権侵害の度合いは翻案の方が複製よりも小さいから，複製利用が許される以上は，翻案利用も当然に許されると解すべきだからである。

46条4号に関し，東京地判平成13年7月25日（はたらくじどうしゃ事件，判時1758号137頁）は，以下のとおり判示している。

① 「一般公衆に開放されている屋外の場所」とは，不特定多数の者が見ようとすれば自由に見ることができる広く開放された場所を指す。
  ⇒ 路線バスの車体に描かれた絵画作品は，公道を運行しているのである

から、「屋外の場所」に該当する。

② 「恒常的に設置されている」とは、社会通念上、ある程度の長期にわたり継続して、不特定多数の者の観覧に供する状態に置くことを指す。

⇒ 公道を継続的に定期的に運行する路線バスの車体に描かれた美術の著作物は、「恒常的に設置されている」。

③ 46条4号に該当するか否かについては、著作物を利用した書籍等の体裁及び内容、著作物の利用態様、利用目的などを客観的に考慮して、「専ら」美術の著作物の複製物の販売を目的として複製し、又はその複製物を販売する例外的な場合に当たるといえるか否か検討すべきことになる。

---

13 46条4号該当性に関する間接事実

① 著作物を利用した書籍等の体裁及び内容
　ページ数，判型等のサイズ，表題，記載内容等

② 著作物の利用態様
　著作物が利用された場所，大きさ，本文との関係等

③ 利用目的
　執筆者や監修者等の意図，本文との関係，利用態様等に照らして消費者等が受ける印象等

(w) 美術の著作物等の展示に伴う複製等 (47条)

(ア) 平成30年の著作権法改正の議論

平成30年の著作権法改正前は、美術の著作物又は写真の著作物の原作品を公に展示する者（以下「原作品展示者」という）は、観覧者のためにこれらの著作物の解説若しくは紹介を目的とする小冊子にこれらの著作物を掲載することができる旨が定められていた。

実務においては、著作物を掲載した冊子が「小冊子」に該当するか否かが争われ、紙質、規格（判型）、作品の複製形態等から鑑賞用の書籍として市場において取引される価値を有するものといえるか否かという基準により判断されていた（東京地判平成元年10月6日、レオナール・フジタ展カタログ事件、判時1323号140頁、東京地判平成9年9月5日、ダリ事件、判時1621号13頁、東京地判平成10年2月20日、バーンズコレクション名画利用事件、判時1643号176頁）。

(イ) 平成30年の著作権法改正

平成30年の著作権法改正により、原作品展示者は、作品の解説又は紹介のた

めに，小冊子への掲載のみならず，上映若しくは自動公衆送信を行うことが認められ，必要と認められる限度において，複製を行うことができるとされた（47条1項・2項）。

これは，技術進歩に伴い，美術館等において，タブレット端末等の電子機器にも作品を掲載して利用することを前提にした改正である。

さらに，原作品展示者及びこれに準ずる者として政令で定めるものは，展示著作物の所在に関する情報を公に提供するために必要と認められる限度において，複製又は公衆送信を行うことができるとされた（47条3項）。

これにより，ウェブサイトやメールマガジンに展示作品のサムネイル画像（小さな画像）等を掲載することが可能になった。

なお，タブレット端末等やウェブサイト等での利用においては，変形や翻案がなされる可能性が高いことから，その利用に伴い，変形又は翻案を行うことが認められている（47条の6第1項4号）。

(x) 美術の著作物等の譲渡等の申出に伴う複製等（47条の2）

美術又は写真の著作物の譲渡等の申出のために行う商品紹介用画像の掲載等（複製及び公衆送信）については，著作権者の利益を不当に害しないための政令で定める措置を講じること（例えば，複製物においては50平方センチメートル以下であることやネット上に掲載された画像からの複製を防止するための技術的な手段を施すこと。施令7条の3，施規4条の2）を条件に，著作権者の許諾なしに複製又は公衆送信を行うことができる。

東京地判平成25年12月20日（毎日オークションカタログ事件，裁判所ウェブサイト）は，オークションカタログが47条1項の「小冊子」には該当しないとしたが，47条の2の施行後に発行されたカタログについては，「47条の2の適用があると認められるから，複製権侵害に当たらない」と判示している。

(y) プログラムの著作物の複製物の所有者による複製等（47条の3）

プログラムの著作物の複製物の所有者は，自ら当該著作物を電子計算機において実行するために必要と認められる限度において，当該著作物の複製をすることができる。ただし，113条2項が適用される場合はこの限りではない。

必要と認められる限度という要件から，複数の電子計算機で使用するためにプログラムを複製することはできない。また滅失以外の理由で所有権を失った場合，例えば，譲渡した後は複製物を保存することはできず，これを保存する

176　第1部　著作権紛争（著作権トラブル）に巻き込まれたときの有事対応

と複製権の侵害となる。

　なお，平成30年の著作権法改正により，本条から翻案が削除されたが，代わりに47条の6第1項2号において翻案が認められているため，本条に実質的な変更はない。

(z)　電子計算機における著作物の利用に付随する利用等（47条の4）

　柔軟な権利制限規定の1つとして，平成30年の著作権法改正により改正された規定であり，著作物の電子計算機における利用を円滑又は効率的に行うために当該電子計算機における利用に付随する利用に供することを目的とする一定の場合に，著作物の利用を許容する権利制限規定である（30条の4と同様の著作物の非享受利用，いわゆる第1層）。

　本条が権利制限として設けられた理由は，本条の定める行為が主たる著作物の利用行為（例えば，ネットワークを通じた公衆送信）が行われる際の補助的・補完的行為にすぎず，別に著作物の新たな享受の機会を提供するものではないところ，主たる著作物の利用行為が行われる際に，必要に応じて対価回収の機会が権利者に確保されているため，これらの補助的・補完的行為について，独立して対価回収の機会を与えないとしても，著作権者の利益を通常害さない点にあるとされている。

　47条の4第1項各号は，主にキャッシュについて規定し，同条第2項各号は，主にバックアップについて規定しているが，本条では「その他」という表現が用いられていることから，これらに加え，「その他これらと同様に当該著作物の電子計算機における利用を円滑又は効率的に行うために当該電子計算機における利用に付随する利用に供することを目的とする場合」も，権利制限の対象となる。

　その具体的な範囲については，今後の裁判例の集積を待つことになろう。

　なお，これらの局面において，①必要と認められる限度において，いずれの方法によるかを問わず利用できること，②著作権者の利益を不当に害する場合は，権利制限されないことは，30条の4と同様である。

(a)-2　電子計算機による情報処理及びその結果の提供に付随する軽微利用等（47条の5）

(ア)　概　　要

　柔軟な権利制限規定の1つとして，平成30年の著作権法改正により改正され

た規定であり，電子計算機を用いた情報処理により新たな知見又は情報を創出することによって著作物の利用の促進に資する一定の者により行われる一定の行為に付随して行われる軽微利用について，著作物の利用を許容する権利制限規定である（権利者に及ぶ不利益が軽微な行為類型，いわゆる第2層）。

　本条は，所在検索サービスや情報解析サービスなどの電子計算機による情報処理により新たな知見又は情報を生み出すことに社会的な意義が認められる一方で，著作物の利用の程度を軽微なものにとどめれば，基本的に著作権者が対価の獲得を期待する本来的な販売市場に影響を与えず，ライセンス使用料にかかる不利益の度合も小さなものにとどまることから，柔軟な権利制限規定として，新設されたものである。

　本条の特徴は，権利制限の主体が，各号に定める主体（1号につき所在検索サービス事業者，2号につき情報解析サービス事業者）に限定されているが，3号の政令指定により，新たなサービスの事業者が指定される可能性が残されている点である。

　すなわち，限定列挙でありながら，政令指定により柔軟性を確保している点が，柔軟な権利制限規定とされる所以である。

　本条1項は，各号の行為の目的上必要と認められる限度において，当該行為に付随して軽微利用を行うことができるとし，本条2項は，各号の行為の準備を行う者が，その準備のための複製若しくは公衆送信又はその複製物の頒布を行うことができる旨を定めている。

　具体的には，検索サービスを提供する業者がスニペット表示を行うこと（1項）や検索サービスを提供する業者に別の事業者が検索用データベースを譲渡する行為（2項）が考えられる。

　また，2項の行為については，データベースの作成等において，収集した情報を整理する過程で，翻案されることが予想されるため，翻案が認められており（47条の6第1項1号），その二次的著作物に対する原著作者の権利も制限されている（47条の6第2項2号）。

　（イ）　権利制限の対象たる著作物

　対象となる著作物は，公衆への提供又は提示（送信可能化を含む）が行われた著作物（公表された著作物又は送信可能化された著作物に限る）であり，公衆提供提示著作物と定義されている。

178 第1部 著作権紛争（著作権トラブル）に巻き込まれたときの有事対応

送信可能化された著作物については，公表の有無を問わず，公衆提供提示著作物に該当するが，それ以外の著作物（例えば，有体物により提供された著作物）については，公表が要件になる。

送信可能化された著作物（インターネット上の著作物）以外の著作物については，公表された著作物に限るとされている。なぜなら，公表されていない著作物については，国民が必ずしも容易にアクセスすることができるとは限らず，また公表権を侵害することになるからである。

　(ｳ)　軽微利用

軽微利用に該当するか否かは，公衆提供提示著作物のうちその利用に供される部分の占める割合，その利用に供される部分の量，その利用に供される際の表示の精度等が考慮されると解されている。

　(ｴ)　適用除外

以下のいずれかに該当する場合は，本条は適用されない。

① 　公衆提供提示著作物に係る公衆への提供又は提示が著作権を侵害するものであることを知りながら当該軽微利用を行う場合

② 　公衆提供提示著作物の種類及び用途並びに当該軽微利用の態様に照らし著作権者の利益を不当に害することとなる場合

(b)−2　翻訳，翻案等による利用（47条の6）

一定の権利制限規定において，翻案等による利用を認める規定である。

平成30年の著作権法改正により条文の整理が行われ，1項で，各号所定の権利制限規定において，原著作物から二次的著作物を創作する行為に関する27条所定の権利が制限され，さらに2項で，1項によって創作された二次的著作物について，原著作者の権利（28条）が制限される構成になった。

(c)−2　複製権の制限により作成された複製物の譲渡（47条の7）

一定の権利制限規定により，作成された複製物の譲渡について，譲渡権の侵害を不問に付す規定である。この場合47条の7を類推適用（若しくは法改正）して複製物の公衆送信も認めてよいかは議論されてよい。なぜなら，公衆送信は紙媒体提供版のデジタル送信版にすぎず，プリントアウトの点を除けば公衆送信と変わらないからである。

ただし，①目的外譲渡の場合又は②30条の4の適用を受けて作成された著作物の複製物を当該著作物に表現された思想若しくは感情を自ら享受し若しくは

■図表 1 −25　目的外譲渡の場合
　　　　　＊　47条の 7 と49条の関係（重畳適用）

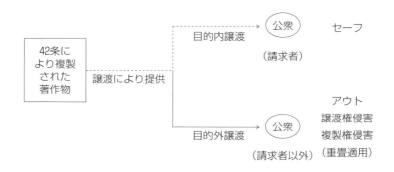

他人に享受させる目的のために公衆に譲渡する場合については，本条の適用除外とされている。
　■図表 1 −25は，①の例であるが，請求者以外への目的外譲渡のときは，47条の 7 と49条が重畳的に適用されることになる。
　(d)− 2 　**出所の明示**（48条）
　権利制限規定による利用に関し，その複製又は利用の態様に応じ合理的と認められる方法及び程度による出所の明示義務を定めた規定である。
　権利制限規定により創作された二次的著作物の原著作物の出所についても明示義務が課されている。
　(e)− 2 　**複製物の目的外使用等**（49条）
　権利制限規定に基づき作成された複製物や翻案物等が，その権利制限の目的外の目的で使用された場合，その頒布又は公衆への提示のときに，複製（翻案の場合の二次的著作物の複製を含む）や翻案等を行ったものとみなす旨の規定である。
　これにより，目的外使用等の段階で，著作権侵害が成立することになる。
　なお，平成30年の著作権法改正により，「著作物の公衆への提示」に「送信可能化を含む」ことが追加された（49条 1 項及び同条 2 項）。
　本来，送信可能化は，公衆に著作物を送信する前段階の行為であるから「公衆への提示」には該当しない。しかしながら，送信可能化行為は公衆送信権の

及ぶ行為であって，経済的な価値も認められることから，目的外で送信可能化行為が行われた場合にも，複製や翻案とみなすことが適切だからである。

(f)−2　著作者人格権との関係（50条）

　権利制限規定により，著作（財産）権が制限されたからといって，著作者人格権までが制限されるわけではない旨を定めた規定である。

　しかし，本条を厳密に適用すれば，例えば，権利制限規定により翻案が認められる場合であっても，著作者人格権侵害が成立し得ることになり，著作物の流通に過度な制約が生じるおそれがある。かかる結果は，著作物の利用を阻害するため，柔軟な権利制限規定を設けた近時の立法の潮流とは整合しないと思われる。

　そこで，権利制限規定に該当する場合においては，原則として，人格権侵害の成立に謙抑的な方向で，各人格権の条項（例えば，同一性保持権における「意に反する改変」等）を解釈すべきであると解される。

Ⅳ　著作者人格権

(1)　著作者人格権は怖い

　理由としては，以下のものが考えられる。

① 　その侵害には差止請求権という強い禁止権が付与されているから，それを行使されると，改変等が一部であっても，全部の利用が停止されてしまう。

② 　18条の公表，19条の氏名表示の判断は，著作財産権侵害における複製，翻案等の判断に比べれば，さほど困難ではないから（これに対し20条の改変についての判断は，2項4号がある他，判例も多く若干微妙である），侵害者側としてはその分防禦がしにくい。

③ 　著作財産権に対する30条以下の権利制限規定の適用がないから（50条），侵害者側としてはそれだけ反論の材料が乏しくなる（逆に，権利者側としては，権利制限規定内での反証の負担がなくなる）。

④ 　例えば，改変箇所1か所につき定額損害いくらという算定方法によれば，改変箇所が多い場合には，著作財産権侵害に対する損害賠償額より相対的に多い賠償金額を命じられる場合がある。

⑤ 　著作財産権侵害に対する否認・抗弁が功を奏しても，結局のところ，著作者人格権侵害で差止めを受けることがある。

⑥　著作財産権の譲渡を受けた場合でも，著作者人格権は元の著作者に残るから，将来の改変等に対する手当てをしておかないと，後から著作者人格権の行使を受けることがある。

(2)　公表権（18条）

(a)　当然であるが，一度公表された著作物にはこの権利は及ばない（18条1項前段）。

(b)　原著作物が公表されていないときに，その二次的著作物を公衆に提供し，又は提示すると，原著作物の公表権を侵害したことになる（18条1項後段）。

(c)　未公表の著作物の著作権を譲渡した場合や未公表の美術の著作物又は写真の著作物の原作品を譲渡した場合には，これらの譲渡により著作者は公表につき同意したものと推定される（18条2項1号及び2号）。

著作権の利用の許諾がなされていた場合も同様に公表が推定されよう（知財高判平成25年12月25日，HONDA CB750事件，裁判所ウェブサイト）。

(3)　氏名表示権（19条）

(a)　自分が著作者であることを知られたくない場合には匿名にして氏名を表示しない権利をも含む趣旨である（19条1項前段）。

よって，匿名を実名に変えて表示すれば氏名表示権の侵害となる。

著作者がペンネームを使っているときに実名で表示するのも氏名表示権の侵害となる。

(b)　二次的著作物の公衆への提供又は提示に際しても，原著作物の著作者は氏名表示権を有する（19条1項後段）。

(c)　無名著作物については，著作者が氏名を表示しない旨の権利を行使しているから，かかる著作物を無断複製した者が複製権侵害になることはあっても，氏名を表示しなかったことをもって氏名表示権の侵害となるものではない（19条2項）。

(d)　著作物の題号と著作者だけを紹介する際に著作者名を誤っても氏名表示権の侵害にはならない。なぜなら，複製物としての著作物を公衆に提示したとはいえないからである。

(e)　氏名表示権を侵害する論文が掲載されている場合，著作者名の表示はもとより，その本文の削除も求めることができる。

しかし，当該侵害論文の著作者表示があるだけのときは，削除請求はできな

182　第1部　著作権紛争（著作権トラブル）に巻き込まれたときの有事対応

い。なぜなら，著作者名の表示だけでは，複製物としての著作物を公衆に提示
したとはいえず，加えて氏名を削除したとしても，それによって原告の氏名が
表示されて，氏名表示権の侵害状態が解消されることにはならないからである。

　つまり，この場合の氏名の削除を求める請求は，侵害の停止とは無関係な行
為を求めるものであって，112条1項に基づく請求には当たらない（東京地判平
成27年3月27日，通信・放送融合論文事件，裁判所ウェブサイト）。

　(f)　氏名表示権は「著作者名として表示する権利」であるから，著作者名と
して表示されていないときは氏名表示権の侵害になる。

　東京地判平成12年4月25日（ちぎれ雲事件，裁判所ウェブサイト）は，出版され
た単行本の奥付の記載では，原告の氏名は，映画のスタッフとして表記された
のみであって，本件小説の原著作者として表記されたとは認められないとして，
東京地判平成25年3月14日（風にそよぐ墓標事件，裁判所ウェブサイト）も，氏名表
示権は，「著作者名として」表示し，又は表示しないこととする権利であるか
ら，協力者や参考文献の著者として表示されるだけでは足りないとして，それ
ぞれ氏名表示権の侵害を肯定している。

　(g)　著作者名の表示は，著作物の利用の目的及び態様に照らし著作者が創作
者であることを主張する利益を害するおそれがないと認められるときは，公正
な慣行に反しない限り，省略できる（19条3項）。

　東京地判平成27年2月25日（歴史小説事件，裁判所ウェブサイト）は，歴史小説
を題材に制作されたテレビ番組において，番組のエンドロールにおいて題材に
された歴史小説のタイトルとその著者名を併記したものを字幕表示するという
方法は，通常行われる方法であり，「公正な慣行に反しない」と判示している。

　(h)　引用であることの明示を欠いて使用した場合には出所の明示（48条）が
ないことから，氏名表示権の侵害となる（大阪地判昭和60年5月29日，Y子の症例事
件，判タ567号318頁）。

　(4)　**同一性保持権**（20条）

　(a)　内容を変えるとは，他人の著作物における表現上の本質的な特徴を維持
しつつその表現に改変を加える行為をいうから，他人の著作物を素材として利
用しても，その表現上の本質的な特徴を感得させないような態様においてこれ
を利用する行為は，原著作者の同一性保持権を侵害しない（東京地判平成25年3
月25日，いのちを語る事件，裁判所ウェブサイト）。

第 2 節　著作権紛争（著作権トラブル）の類型　**183**

　ちなみに，有体物である原作品や複製物の破壊若しくは破棄は，同一性保持権の侵害にはならない。

　(b)　以下の行為は，同一性保持権の侵害になる可能性があるので，避けた方が無難である（以下の諸判例の各判旨については，詳説216頁以下）。

ポイント⑳

同一性保持権の侵害になり得る行為

① 　題号のない著作物に題号を付すること

② 　著作物に著作者の意に反する標題又は小見出しを付すること

③ 　著作者の同意なく挿絵を入れること

④ 　受忍限度を超えた印刷不良

⑤ 　OHPなどで拡大すること

⑥ 　単純な誤植であっても意味内容に重大な変更をきたすもの

⑦ 　講演要旨（「まえがき」，「あとがき」を含む）の改変（東京地判昭和61年2月7日，朝鮮・ヒロシマ・半日本人事件，判タ588号103頁）

⑧ 　色の変更（濃淡の度合いの変更を含む）（東京地判平成23年11月29日，マンモス画像事件，裁判所ウェブサイト）

⑨ 　一部の切除（東京地判平成10年10月26日，恐竜イラスト事件，判時1672号129頁）

⑩ 　トリミング（東京高判平成10年7月13日，スウィートホーム事件，知的裁集30巻3号427頁では，原告がビデオ化・テレビ放送を承諾していたことから，2項4号の「著作物の性質並びに利用の目的及び態様に照らしやむを得ないと認められる改変」に当たるとして同一性保持権の侵害を否定している）

⑪ 　イラスト図柄の縮小と配置の変更（東京地判平成24年9月27日，餃子焼売イラスト事件，判時2196号108頁）

⑫ 　画像ファイルを直接加工することなく，プログラムによって自動的に表示位置や表示の大きさが変更された画像を表示すること（知財高判平成30年4月25日，リツイート事件，判時2382号24頁）

　(c)　文芸的価値の高いパロディ（元の著作物の滑稽化・風刺化）だからといって，その改変が同一性保持権の侵害にならないわけではない（最判昭和61年5月30日，パロディモンタージュ写真事件，判時1199号26頁，東京地決平成13年12月19日，チーズはどこへ消えた？事件，裁判所ウェブサイト）。

　(d)　ゲームソフト（そのシナリオを含む）の改変については，ストーリーの改

184　第 1 部　著作権紛争（著作権トラブル）に巻き込まれたときの有事対応

変も含め，改変が相対的に広く認められる傾向があるので注意が必要である（大阪地判平成13年 8 月30日，毎日がすぷらった事件，裁判所ウェブサイト，最判平成13年 2 月13日，ときめきメモリアル大阪事件，判時1740号78頁）。

(e)　改変が侵害にならない場合

　(ア)　条文で認められている場合（20条 2 項 1 号ないし 4 号）

① 　教科用図書に掲載するため若しくは学校教育番組として放送するために児童，生徒の発育段階などに応じて用字又は用語を変更すること，拡大教科書を作成すること

② 　建築物を増築，改築，修繕又は模様替えして改変すること（東京地決平成15年 6 月11日，イサム・ノグチ事件，判時1840号106頁及び大阪地決平成25年 9 月 6 日，希望の壁事件，判時2222号93頁より庭園も含まれる）

③ 　プログラムを利用するため必要に応じてコンバージョン（変換），デバッグ（バグの修正），バージョンアップ（機能向上のための改変）をすること

④ 　その他著作物の性質ならびにその利用の目的及び態様に照らしやむを得ないと認められる改変

　(イ)　それ以外の場合

① 　同意していたと評価し得る場合（知財高判平成22年 5 月25日，完成予想図報道事件，裁判所ウェブサイトでは，マンションの完成予想図がテレビで報道される番組の中で使用されることを十分認識した上でその使用に同意していた以上，報道番組の制作編集に当たって色彩の変更や動画編集などの改変を加えることは，当然にその同意の内容として含まれていたとしている）

② 　（写真の）利用ないし二次利用について包括的許諾を受けていた場合（知財高判平成25年12月25日，HONDA CB750事件，裁判所ウェブサイト）

③ 　黙示の承諾，同意若しくは許諾がある場合（長野地判平成 6 年 3 月10日，白馬村イラスト事件，LEX/DB28019590，東京地判平成 9 年 8 月29日，俳句添削事件，判時1616号148頁，知財高判平成18年10月19日，計装士講習資料事件，裁判所ウェブサイト，東京地判平成27年11月20日，Dazzy写真事件，裁判所ウェブサイト，東京地判平成29年 2 月28日，交通事故110番宣伝広告事件，裁判所ウェブサイト）

④ 　包括的に承諾していた場合（東京地判平成29年11月30日，食品包装デザイン事件，裁判所ウェブサイト）

⑤ 　著作者人格権侵害の請求が権利の濫用にあたる場合（東京地判平成 8 年 2

月23日，やっぱりブスが好き事件，判時1561号123頁）

⑥　著作者人格権に基づく権利行使が信義則に照らして許されない場合（東京地判平成13年7月2日，宇宙戦艦ヤマトプレイステーション用ソフト事件，裁判所ウェブサイト）

(f)　現行法の解釈としては，量の多少にかかわらず，改変すれば同一性保持権（改変禁止権）の侵害となり，これは個人的又は家庭内等における私的使用の場合（30条）であっても例外は認められない。

よって，個人的に自分1人で楽しむ場合でも，無断で改変すれば同一性保持権の侵害となる。

Ⅴ　設定出版権（利用の許諾）

第2部 **5** Ⓐ Ⅲ⑵を参照されたい。

Ⅵ　著作隣接権

⑴　実演家の著作隣接権

(a)　実演の意義

㋐　実演とは，著作物を，演劇的に演じ，舞い，演奏し，歌い，口演し，朗詠し，又はその他の方法により演ずること（これらに類する行為で，著作物を演じないが芸能的な性質を有するものを含む）をいう（2条1項3号）。

したがって，実演には，以下の2種類があることになる。

①　著作物を演ずること

②　①に類似する行為で著作物を演じないが，芸能的性質を有するもの

ファッションショーにおけるモデルの舞台上のポーズ・動作の振付けに関し，知財高判平成26年8月28日（Forever 21事件，判時2238号91頁）は，そのポーズや動作の著作物性を否定し，次いで上記②を検討して，実演該当性を否定した。

なお，保護を受ける実演は，7条各号に定められている。

㋑　実演家とは，俳優，舞踊家，演奏家，歌手その他実演を行う者及び実演を指揮し，又は演出する者をいう（2条1項4号）。

したがって，実演家も以下の2種類に分類される。

①　実演を行う者

②　実演を指揮し，又は演出する者

(b)　実演家の著作隣接権

㋐　許　諾　権

実演家の許諾権は，以下のとおりである。

ただし，実演については，最初の利用許諾の際に，それ以降の対価を一括で回収させ，以後の利用について，対価回収の機会を与えないものとするワンチャンス主義が採用されており，実演家の著作隣接権が機能する場面は相当に限定されている。

① 録音・録画権（91条）

ただし，以下の実演については，録音・録画権は及ばないとされている。

・ 映画実演（91条2項） 録音・録画権者の許諾を得て映画の著作物において録音され，又は録画された実演については，これを録音物（音を専ら影像とともに再生することを目的とするものを除く）に録音する場合を除き，録音・録画権は及ばない。

・ 放送実演 実演家の放送の許諾には，録音・録画の許諾を含まれないが（103条・63条4項），実演家から放送の許諾を得れば，当該実演を放送のために固定することができる（93条1項）。

この固定は，保存期間の制限の有無（44条3項参照）や自己の放送目的に限定されるか否か等の点で，一時的固定（102条1項・44条1項）とは異なる。

ただし，契約に別段の定めがある場合及び当該許諾に係る放送番組と異なる内容の放送番組に使用する目的で録音し，又は録画する場合は，録音又は録画することはできない（93条1項ただし書）。

② 放送権・有線放送権（92条）

ただし，以下の実演については，放送・有線放送権は及ばないとされている。

・ 放送される実演を有線放送する場合（92条2項1号） 放送される実演と規定されていることから，同時有線再放送を意味すると解されている。

この場合，有線放送事業者は，相当額の報酬を支払わなければならない（94条の2）。

・ 実演家の許諾を得て，録音・録画されている実演を放送又は有線放送する場合（92条2項2号イ） 要するに，正規に録音録画されたCDやDVD等を放送に用いる際には，実演家の許諾を得る必要はないということである。

なお，レコード実演については，本号により，許諾なしで放送することができるため（ただし，商業用レコードの二次使用料（95条1項）の支払義務を負う），通常は，放送の許諾を得ていない。

したがって，93条の固定を行うことができず，一時的固定（102条1項・44条1項）によらざるを得ないが，それでは保存期間の制限があるなどの不都合があるため，放送事業者は，実務上，別途91条1項の許諾を取得している。

・　録音・録画権者の許諾を得て映画の著作物において録音され又は録画された実演で，録音物（音を専ら影像とともに再生することを目的とするものを除く）以外の物に録音又は録画されているものを放送又は有線放送する場合（92条2項2号ロ）

映画実演の場合は，レコード実演と異なり，二次使用料の支払義務は法定されていない。また，実演の放送の許諾を得たときは，当該実演は，当該許諾に係る放送のほか，以下の放送についても，放送することができる。

・　許諾を得た放送事業者が93条1項により作成した録音物又は録画物を用いてする放送（いわゆるリピート放送。94条1項1号）

・　許諾を得た放送事業者から93条1項により作成した録音物又は録画物の提供を受けてする放送（いわゆるテープ・ネット放送。94条1項2号）

・　許諾を得た放送事業者から許諾に係る放送番組の提供を受けてする放送（いわゆるマイクロ・ネット放送。94条1項3号）

③　送信可能化権（92条の2）

ただし，以下の実演については，送信可能化権は及ばないとされている。

・　実演家の許諾を得て録画されている実演（92条の2第2項1号）

・　実演家の許諾を得て映画の著作物において録音され，又は録画された実演で，録音物（音を専ら影像とともに再生することを目的とするものを除く）以外の物に録音され，又は録画されているもの（92条の2第2項2号）

・　IPマルチキャスト通信のうち同時再送信（102条5項）

ただし，送信可能化を行う者は，非営利かつ無償で行う場合を除き，送信可能化権を有する者に相当な額の補償金を支払わなければならない（102条6項）。

④　譲渡権（95条の2）

ただし，以下の実演については，譲渡権は及ばないとされている。

・　実演家の許諾を得て録画されている実演（95条の2第2項1号）

・　実演家の許諾を得て映画の著作物において録音され又は録画された実演

で，録音物（音を専ら影像とともに再生することを目的とするものを除く）以外の物に録音され，又は録画されているもの（95条の2第2項2号）

・　消尽（95条の2第3項各号）

・　善意取得者（113条の2）

⑤　商業用レコードの貸与権（95条の3）

実演家は，実演が録音されている商業用レコードであって最初に販売された日から12か月以内のものにつき，貸与権を有する（95条の3第1項・同条第2項，施令57条の2）。

12か月を経過した商業用レコードについては，貸与権の対象にはならないが，商業用レコードの公衆への貸与を営業として行う者は，当該レコードの貸与により，実演を公衆に提供したときは，当該実演（著作隣接権の存続期間内のものに限る）にかかる実演家に相当な額の報酬を支払わなければならない（95条の3第3項）。

もっとも，実際には，邦盤の多くは，日本レコード協会と日本コンパクトディスク・ビデオレンタル商業組合との合意に基づき，実演家及びレコード製作者による貸与禁止期間が短縮されている。

　　（イ）　報酬請求権（二次使用料請求権）

実演家の報酬請求権は，以下のとおりである。

①　94条1項各号の放送（リピート放送，テープ・ネット放送又はマイクロ・ネット放送）が行われた場合における報酬請求権（94条2項）

②　有線放送による放送の同時再送信に対する報酬請求権（94条の2）

③　商業用レコードの貸与に関する報酬請求権（95条の3第3項）

これに対し，二次使用料請求権としては，商業用レコードの二次使用料を受ける権利（95条）が規定されている。

これらのうち商業用レコードの貸与に関する報酬請求権（95条の3第3項）や二次使用料請求権（95条）については，集中管理が採用されており（95条5項・95条の3第5項），指定団体である日本芸能実演家団体協議会（芸団協）内に設置された実演家著作隣接権センター（CPRA）がその処理にあたっている。

これに対し，有線放送による放送の同時再送信に対する報酬請求権（94条の2）については，集中管理は採用されていないが，放送実演については映像コンテンツ権利処理機構（aRma）が，レコード実演についてはCPRAが，集中管

理を行っている。

また、リピート放送等における報酬請求権については、芸団協と日本民間放送連盟及び日本放送協会との間で、協議された報酬（出演料）基準が定められている。

なお、平成28年の著作権法改正により、配信音源、すなわちCD等の商業用レコードを介さずインターネット等から直接配信される音源を用いて放送又は有線放送を行う場合についても、使用料請求権が付与された（95条1項）。

インターネットを用いた音楽配信の動きが近年盛んになっていることを踏まえ、権利者に適切に対価が還元されるようにしたものである。

(c) 実演家人格権

実演家は、伝達者としての機能にとどまらず、準創作的行為を行っているともいえることから、著作隣接権の他に、以下の実演家人格権が認められている。

① 氏名表示権（90条の2）

② 同一性保持権（90条の3）

③ 実演家の死後の人格権（101条の3）

(d) 存続期間

実演家の著作隣接権の存続期間は、その実演を行った時から、その実演が行われた日の属する年の翌年から起算して70年を経過した時までである（101条1項1号・101条2項1号）。

(2) レコード製作者の著作隣接権

(a) レコード製作者

レコードとは、蓄音機用音盤、録音テープその他の物に音を固定したものをいい（映画のサウンドトラック盤のように音を影像とともに再生することを目的とするものは除く）（2条1項5号）、日本において保護されるレコードは、8条各号に定められている。

また、レコード製作者とは、レコード盤を製作する者のことではなく、レコードに固定されている音を最初に固定した者、つまりマスターテープの製作者をいう（2条1項6号）。

この点、大阪地判平成30年4月19日（ジャコ・パストリアス事件、裁判所ウェブサイト）は、レコーディングとミキシング等をそれぞれ別の者が担当した音源について、以下の理由から、レコード製作者はレコーディングの工程で演奏を録

音した者であるとした。

① レコード製作者たり得るためには，テープ等に収録されている「音」を収録していることはもとより，その「音」を「最初」に収録していることが必要であること

② ある固定された音を加工する場合であっても，加工された音が元の音を識別し得るものである限り，なお元の音と同一性を有する音として，元の音の「複製」であるにとどまり，加工後の音が，別個の音として，元の音とは別個のレコード製作者の権利の対象となるものではないと解されること

③ ミキシング等の工程後の楽曲において，レコーディングの工程で録音された音が識別できないほどのものに変容するとは考え難く，現にミキシング等を行った後のマスターテープの音が，レコーディング時のマスターテープに収録されている音を識別できないものになっているとは認められないこと

(b) 許 諾 権

レコード製作者が有する許諾権は，以下のとおりである。

① 複製権（96条）

② 送信可能化権（96条の 2 ）

ストリーミング方式による音楽の通信衛星デジタル送信は，放送であって自動公衆送信ではないから，レコード製作者は送信可能化権により当該送信を差し止めることはできない（東京地判平成12年 5 月16日，スターデジオ事件，判時1751号128頁）。

なお，レコード製作者には放送権・有線放送権は認められていないので，放送されれば二次使用料を受ける権利は認められるが，放送に対してノーという権利はない。

IPマルチキャスト通信のうち同時再送信については，送信可能化権が及ばないが（102条 7 項・ 5 項），送信可能化を行う者は，非営利かつ無償で行う場合を除き，送信可能化権を有する者に相当な額の補償金を支払わなければならない（102条 7 項・ 6 項）。

③ 譲渡権（97条の 2 ）

ただし，消尽（97条の 2 第 2 項各号）及び善意取得者（113条の 2 ）について

は，譲渡権は及ばない。

④　商業用レコードの貸与権（97条の3第1項）

実演家の貸与権と同様である。

(c)　報酬請求権（二次使用料請求権）

レコード製作者の報酬請求権としては，商業用レコードの貸与に関する報酬請求権（97条の3第3項）があり，二次使用料請求権としては，商業用レコードの二次使用料を受ける権利がある（97条1項）。

これらの権利については，日本レコード協会により集中管理が行われている（97条3項・97条の3第6項）。

実演家と同様，レコード製作者についても，平成28年の著作権法改正により，配信音源，すなわちCD等の商業用レコードを介さずインターネット等から直接配信される音源を用いて放送又は有線放送を行う場合についても，使用料請求権が付与された（97条1項。95条1項において商業用レコードに送信可能化されたレコードが含まれる旨が規定されている）。インターネットを用いた音楽配信の動きが近年盛んになっていることを踏まえ，権利者に適切に対価が還元されるようにしたものである。

(d)　存続期間

レコード製作者の著作隣接権の存続期間は，その音を最初に固定した時から，その発行が行われた日の属する年の翌年から起算して70年を経過した時までである（101条1項2号・101条2項2号）。

ただし，その音が最初に固定された日の属する年の翌年から起算して70年が経過するときまでの間に発行されなかったときは，その存続期間は，その音が最初に固定された日の属する年の翌年から起算して70年が経過する時までとなる（101条2項2号かっこ書）。

(3)　放送事業者の著作隣接権

(a)　放送事業者

放送とは，公衆送信のうち，公衆によって同一の内容の送信が同時に受信されることを目的として行う無線通信の送信をいい（2条1項8号），放送事業者とは，放送を業として行う者をいう（2条1項9号）。

なお，保護を受ける放送は，9条各号に定められている。

(b) 許諾権

放送事業者が有する許諾権は，以下のとおりである。

① 複製権（98条）

　複製権の対象は，「その放送又はこれを受信して行う有線放送を受信して，その放送に係る音又は影像」を複製することであるから，同じ音や影像であっても，異なる放送局から放送されれば，別個の放送事業者の複製権が発生する。

　また，保護の対象としての放送内容の著作物性の有無を問わない。よって，コピーされた放送が非著作物（例えば，スポーツ）であれば，著作権者の複製権の侵害にはならないが，放送事業者の複製権の侵害にはなり得る。

　スポーツ中継番組や討論会の中継番組については，解説者のコメントや発言者の発言は著作権として保護されるが，生番組自体は映画の著作物としては保護されない。なぜなら，映画の著作物の一要件である固定要件が欠けるからである（生放送と同時に録画された映像（東京高判平成9年9月25日，全米女子オープン事件，判時1631号118頁）及びいったんVTRに収録された再生映像は映画の著作物として保護される）。とはいえ無断で録音・録画した者に対しテレビ局は複製権の侵害を主張できる（98条）。

　なお，放送前信号を傍受して録音・録画する行為は，放送に係る音又は影像ではないため，複製権侵害にならない。

② 再放送権及び有線放送権（99条）

　放送を受信して有線放送を行う者が法令の規定により行わなければならない有線放送については，再放送権及び有線放送権は及ばない（99条2項）。

③ 送信可能化権（99条の2）

　放送を受信して自動公衆送信を行う者が法令の規定により行わなければならない自動公衆送信に係る送信可能化については，送信可能化権は及ばない（99条の2第2項）。

④ テレビジョン放送の伝達権（100条）

　102条1項には38条3項が含まれていないので，非営利・無料であっても，伝達権が及ぶことになる。

(c) 存続期間

放送事業者の著作隣接権の存続期間は，その放送を行った時から，その放送

が行われた日の属する年の翌年から起算して50年を経過する時までである（101条1項3号・101条2項3号）。

(4) 有線放送事業者の著作隣接権

有線放送事業者（2条1項9号の3）には，放送事業者とほぼ同様の権利が認められている。

放送事業者との相違点は，放送を受信して行う有線放送は保護の範囲外とされている点である（9条の2第1号かっこ書）。

なお，有線放送事業者の複製権については，有線放送を受信して，その「有線放送」に係る音又は影像の複製権と規定しているので，有線放送を直接受信して複製する行為に限定されている。

よって，有線放送を受信してする「放送」又は「有線放送」に係る音又は影像の複製には，有線放送事業者の複製権は及ばない。かかる権利は，放送事業者や再有線放送事業者が行使することになる。

Ⅶ 利用者の過失責任（注意義務）

第2部 3 Ⅲ を参照されたい。

Ⅷ 不法行為責任

6 Ⅳ(3)を参照されたい。

194 第1部 著作権紛争（著作権トラブル）に巻き込まれたときの有事対応

5 客体（著作物）を巡る紛争

I 保護対象

以下のものは保護されない。なぜなら，創作性のある表現ではないからである（以下の諸判例の各判旨については，詳説10頁以下）。

(1) **事実・データ**（名古屋地判平成12年10月18日，自動車部品生産流通調査事件，判タ1107号293頁，知財高判平成20年7月17日，ライブドア裁判傍聴記事件，判時2011号137頁，知財高判平成17年5月25日，京都大学博士論文事件，裁判所ウェブサイト）

とはいえ，事実に関する記述であっても，順序や取捨選択によっては，保護されることがある（東京地判平成10年11月27日，壁の世紀事件，判時1675号119頁，横浜地判小田原支部平成14年8月27日，すてイヌシェパードの涙事件，判時1824号119頁）。

(2) **定型のブランクフォーム**

基本的にありふれた表現であるし，ゆるやかに認めた場合に予想される混乱を回避するためである。

(3) **アイデア**（東京地判平成6年4月25日，日本の城事件，判時1509号130頁）

とはいえ，アイデアと表現の2つの円が重なりあった部分にあたる翻案は，全くのアイデアではなく，表現でもあることから一定の要件のもとに保護される。

なぜなら，翻案とは，既存の著作物に依拠し，既存の著作物の表現上の本質的な特徴を直接感得し得る別の著作物を創作する行為をいうから（最判平成13年6月28日，江差追分事件，判時1754号144頁），そこに新たな創作的表現が付加されているのであれば，創作性のある表現を保護するという著作権法の趣旨に反しないからである（■図表1−26）。

よって，既存の著作物の表現上の本質的特徴を直接感得できないときは，新たな別の著作物の創作であり，新たな創作的表現が付加されていないときは，有形的再製の範疇にとどまるから複製物の作出に過ぎない。

令和になってからの裁判例として，奈良地判令和元年7月11日（金魚公衆電話ボックス事件，裁判所ウェブサイト）は，公衆電話ボックス様の造形物を水槽に仕立て，その内部に公衆電話機を設置した状態で金魚を泳がせる発想は，斬新で独創的なものではあるが，アイディア（ママ）にほかならず，表現それ自体ではないと判示している。

■図表1-26　アイデア・表現・翻案

(4) 自然科学上の法則・学説

万人の共有財産であるし，内容そのものであって表現ではないからである（東京高判平成13年9月27日，解剖実習の手引き事件，判時1774号123頁）。

(5) 発見・仮説・自然科学上の知見

内容そのものであって表現ではないし，他に適切な表現方法がないからである（大阪地判平成16年11月4日，インド人参論文事件，判時1898号117頁）。

(6) 数学的解法

アイデアそのものであるし，特定の者に独占させるのは相当でないからである（東京地判平成20年1月31日，パズル著作物事件，裁判所ウェブサイト）。

(7) 平凡かつありふれた表現（東京高判平成13年1月23日，擬人化カエル事件，判時1751号122頁）

同じジャンルにおいて，同種類似の表現が多数見受けられることを指摘し，ありふれているから創作性はないとか（類書の抗弁。詳説250頁），表現の選択の幅が狭いので類似判断は抑制的にされるべきであると主張する論法（表現の選択の幅説。詳説26頁，43頁）は，侵害者側の有効な反論になる。

(8) 文章自体がごく短く又は表現上の制約があるため他に適切な表現方法がない場合（知財高判平成27年11月10日，スピードラーニング事件，裁判所ウェブサイト，東京地判平成27年11月30日，英単語語呂合わせ事件，裁判所ウェブサイト）

短い表現であっても作者の個性が発揮されていると認められる場合には創作性が認められる（東京地判平成7年12月18日，ラストメッセージ事件，判時1567号126頁）。

Ⅱ　例示著作物（10条1項）

(1) 言語の著作物（1号）

文書等に固定された著作物（小説，論文等）に限らず，口述等の固定されていない著作物（講演，漫談等）も保護される。なぜなら，媒体等に固定されている

ことは著作物の要件ではないからである（ちなみに、映画の著作物は、2条3項により、物に固定されていることが要件である）。

(2)　音楽の著作物（2号）

楽曲や歌詞であり、音楽のジャンルは問わない。

楽曲の複製権侵害・翻案権侵害を判断する際に重視される要素は、メロディー（旋律）の同一性である（東京高判平成14年9月6日、どこまでも行こう1事件、判時1794号3頁）。

(3)　舞踊・無言劇の著作物（3号）

(a)　舞踊とは踊りのことであり、無言劇とはパントマイムのことをいう。

著作物として保護されるのは、振付け（演技の型）であり、振付けに従って行われた踊り等は、実演として著作隣接権により保護される。

(b)　社交ダンスは、既存のステップの組み合わせであり、一般の愛好家にも広く踊られていることからいえば、振付けについての独創性を緩和し、組み合わせに何らかの特徴があれば著作物性が認められるとすることは妥当でない。

東京地判平成24年2月28日（Shall we ダンス？事件、裁判所ウェブサイト）も、既存のステップの組み合わせを基本とする社交ダンスにおいては、既存のステップの組み合わせにとどまらない顕著な特徴を有するといった独創性が必要であるとしている。

(c)　大阪地判平成30年9月20日（フラダンス振付事件、裁判所ウェブサイト）は、ハンドモーションの動作自体はありふれたものであっても、それを当該歌詞の箇所に振り付けることが他に見られないのであれば、当該歌詞の表現として作者の個性が表れているとして、フラダンスの振付けの著作物性を肯定している。

(4)　美術の著作物（応用美術）（4号）

(a)　絵画、版画、彫刻等の純粋美術が著作物として保護されるのは当然であるから、問題になるのは、純粋美術たる性質に加え、効用価値という実用的性格をもあわせ持つ応用美術の著作物性である。

(b)　大半の判例（以下の諸判例の各判旨については、詳説52頁以下）は、一品製作の美術工芸品に限らず、大量生産される応用美術の工芸品であっても、鑑賞的色彩の強いものは、美術の著作物に該当するとしている（東京高判平成3年12月17日、木目化粧紙原画事件、判時1418号120頁、大阪高判平成17年7月28日、チョコエッグフィギュア事件、判時1928号116頁）。

（c） 鑑賞的色彩の有無がメルクマールであり，鑑賞目的か実用目的か，一品制作か量産品か，制作者がプロかアマかは関係がない。その上で，物品の実用性からの制約を受けるか否かがポイントになる。

例えば，カレンダーと椅子とを比べてみると，実用性の観点からいえば，前者の方が後者よりは，相対的に実用性からの制約を受けにくいから，その分相対的に強い鑑賞的色彩が要求される。

（d） ところが，知財高判平成27年4月14日（トリップ・トラップ2事件，判時2267号91頁）は，応用美術が意匠法によって保護され得ることを根拠として著作物としての認定を格別厳格にすべき合理的理由は見出し難く，応用美術に一律に適用すべきものとして高い創作性の有無の判断基準を設定することは相当とはいえず，個別具体的に作成者の個性が発揮されているか否かを検討すべきであると判示している（とはいえ，本事案では類似を認めず著作権侵害自体は否定している）。

（e） この判例に対しては，いわゆるジェネリック家具が姿を消す，家具を写真撮影・放映したり，おもちゃなどをミニチュア化しても侵害になる，家電製品や自動車などのデザイン，ファッション業界にも影響が波及する等，批判が多い。

現に，この判例以降の，知財高判平成30年6月7日（半田フィーダ事件，裁判所ウェブサイト），大阪地判平成30年10月18日（傘立て事件，裁判所ウェブサイト）他は，高い創作性を要求する元の判断基準に戻っている。

（5） 建築の著作物（5号）

（a） 建物の実用性に鑑みれば，建築の著作物性は，一般住宅において通常加味される程度の美的創作性を超えて，文化的精神性を感得せしめるような芸術性ないし美術性を備えた場合に肯定され，創作性のハードルは高い（大阪地判平成15年10月30日，モデルハウス事件，判時1861号110頁，知財高判平成29年10月13日，組亀甲柄事件，裁判所ウェブサイト）。

建築の著作物性をゆるやかに認めると，住宅建築の自由自在性が阻害されるから，侵害になるケースは稀である。

（b） 本来の複製の概念からいえば，建築図面をコピーすること（■図表1−27の①）が複製になるが，建築の場合にはそれでは意味をなさないので，建築図面に基づいて建物を立てることも複製となる（2条1項15号ロ，■図表1−27の③）。

■図表1－27　建築図面と建物の関係

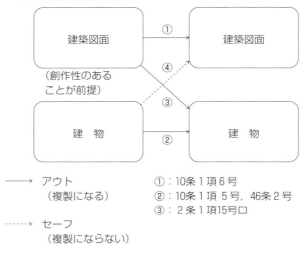

──→　アウト
　　　（複製になる）

╌╌→　セーフ
　　　（複製にならない）

①：10条1項6号
②：10条1項5号，46条2号
③：2条1項15号ロ

　(c)　建築図面を経由せずに見たのと同じ建物を建築すること（■図表1－27の②）も，当該建物が創作性の認められた建築の著作物であれば複製となる。模倣建築を認めない趣旨であるが（46条2号），これを逆からいえば建築の著作物については，模倣建築以外の行為には著作権が及ばないことになる。

　よって，建築の著作物（仮に創作性があっても）をスケッチで描いたり，写真を撮ったり，CG化したりする（■図表1－27の破線部分の④）のは，一見，複製，翻案しているようにも見えるが，46条が認めている「利用」にあたるから，物のパブリシティ権が認められていない現状では，建物の著作権者の許諾は不要である。ただし，写真家やCG作成者に別途，著作権が発生することがあることには留意が必要である。

　(6)　地図・図面等の著作物（6号）

　(a)　地図の著作物性の判断基準は，記載すべき情報の取捨選択及びその表示の方法である（知財高判平成20年9月30日，土地宝典事件，判時2024号133頁，東京地判平成26年12月18日，江戸明治東京重ね地図事件，裁判所ウェブサイト）。

　(b)　図面（設計図）の著作物に関しては，その性質から表現の選択の幅は小さく，表現上の工夫が認められる場合にかろうじて創作性が認められる（東京地判平成9年4月25日，スモーキングスタンド設計図事件，判時1605号136頁，知財高判平

成27年5月25日，メゾン松下事件，裁判所ウェブサイト）。

(7) 映画の著作物（7号）

(a) 静止画を静止画として順次上映したものは，連続した影像による表現ではないから映画の著作物とはいえない（東京地判平成20年12月25日，真説猟奇の檻事件，裁判所ウェブサイト）。

(b) 映画の著作物といえるためには，2条3項より物に固定されていることが必要である（生中継について，同時に録画されていることを理由に固定要件を認めた裁判例として，東京高判平成9年9月25日，全米女子オープン事件，判時1631号118頁がある）。

(c) 映画が完成していないときは映画の著作物は存在しないものの，撮影済みフィルムの映像に創作性があれば，映像著作物としては成立し得る（29条の適用がないので創作者である監督が著作者になる。東京高判平成5年9月9日，三沢市勢映画事件，判時1477号27頁）。

(d) 脚本の俳優による実演の録画物は，二次的著作物としての創作性が加わっていないから，脚本の翻案物（映画の著作物）にはならず，単なる脚本の上演の録画という脚本の複製物にとどまる。

(e) 劇場用映画（29条1項）と放送用映画（29条2項）では，著作権法上の取扱いが異なっており，また放送用映画の中でも，局制作か外部制作かで権利処理の仕方が異なる（詳説200頁，202頁）。

(f) 放送用映画を製作する放送事業者には，以下のとおり，著作財産権のうちの一部しか付与されておらず，「放送用映画の上映権」と「放送用映画の放送事業者以外への頒布権」は，放送事業者には帰属せず（29条2項），モダンオーサー（監督やディレクター）に帰属する。

> **ポイント㉑**
>
> **放送事業者が有する著作財産権**
> ① 放送用映画を放送する権利
> ② 放送される放送用映画を有線放送（CATV）する権利
> ③ 放送用映画を受信装置（テレビジョン受像機）により公に伝達する権利（超大型テレビやオーロラビジョン）
> ④ 放送用映画を複製する権利
> ⑤ 放送用映画の複製物を放送事業者に頒布する権利

(g) 実演家の録音・録画権の処理がなくても放送には支障がないことから

（93条1項），放送用映画ではこれらの権利の処理がなされていないことが多く，後の二次利用において大きな障害になっている。

(8)　写真の著作物（8号）

(a)　書については，単に機械的に複写しただけであるとして，写真の著作物性が認められない場合が多く，絵画の場合には平面的であっても書とは違い，撮影の仕方や方法等により創作性のある場合の方が多い（東京地判平成10年11月30日，版画事典事件，判時1679号153頁）。

(b)　肖像写真であっても，撮影の角度，ポーズ，服装等に創意工夫があれば著作物性が肯定される（東京地判平成18年12月21日，スナップ肖像写真事件，判時1977号144頁）。これに対し，証明写真のようなものは著作物性が肯定されない場合が多い。

(c)　写真の著作物の著作権者は，原則として撮影者だが，周辺の協力者にも注意が必要である（創作者の判定の問題）。また，法人著作や外注（下請・委託）にも留意する必要がある。

(d)　写真著作物の複製（翻案）権侵害の判断において，被写体の選択が創作性判定のメルクマールになるかについては，被写体が撮影者によって意図的に配置された場合や撮影対象に付加された場合は格別，被写体の選択は原則として判断基準にはならないと解される（東京地判平成11年12月15日，みずみずしい西瓜事件，判時1699号145頁）。

なお，その控訴審である東京高判平成13年6月21日（判時1765号96頁）も，被写体の選択だけを創作性判定のメルクマールとした訳ではなく，被写体の選択も基準の1つであるとしたに過ぎず，しかもこの事案は被写体が撮影者によって意図的に配置された場合である。

つまり，創作性の判断において，被写体の選択・組み合わせ・配置が考慮されるのは，被写体が撮影者によって意図的に配置されたものや撮影対象に付加された場合に限られると解される。

知財高判平成23年5月10日（廃墟写真事件，判タ1372号222頁）も，被写体が既存の廃墟建造物であったことから，撮影対象自体をもって表現上の本質的な特徴があるとすることはできないと判示している。

ポイント㉒

写真の創作性判定基準
① 被写体の選択
② ポーズをとらせること
③ 光量の調節
④ 光線の具合
⑤ カメラアングル
⑥ 構図
⑦ 背景
⑧ 照明による光の陰影
⑨ 露光
⑩ 絞り
⑪ シャッター速度
⑫ シャッターチャンス
⑬ 撮影方法

⑼ プログラムの著作物（9号）

⒜ プログラムのような機能的・技術的性格の強い著作物にあっては，創作性の要件を他人の模倣，盗用でなければよいとゆるやかに解するのは妥当ではなく，平均的なプログラマーが作成し得るありふれたものについては創作性を否定し，保護範囲も狭く解釈すべきである（東京地判平成15年1月31日，電車線設計用プログラム事件，判時1820号127頁他）（詳説103頁）。

他者に創作の余地が残されている場合に創作性ありと考える表現の選択の幅説も，プログラムの開発及び利用が阻害されないようにという観点から主張されているものである。

⒝ これらを踏まえると，著作物性を主張する当事者としては，自らのプログラムが目的とする機能を達成するために，多数の選択肢があり得る中で，特定の表現を選択したことに重点を置いて，著作物性を主張することになる。

⒞ 逆に，著作物性を争う当事者としては，表現の選択の幅が限定されていることやありふれた表現であり，そもそも著作物性が認められないと反論した上で，万が一著作物性が認められたとしても，その創作性は限定されたものであり，類似とされる範囲も限定され，デッドコピーのような場合に限って侵害が成立するに過ぎないと反論することになる。

Ⅲ　二次的著作物（翻案物）

(1)　二次的著作物の創作性

二次的著作物が保護されるのは，原著作物とは別の創作性が付加されるためである（知財高判平成18年9月26日，江戸考古学研究事典1事件，裁判所ウェブサイト）。

よって，二次的著作物の著作権は，二次的著作物において新たに加えられた創作的部分についてのみ生じ，原著作物と共通しその実質を同じくする部分には生じない（最判平成9年7月17日，ポパイネクタイ事件，民集51巻6号2714頁）。

(2)　二次的著作物と同一性保持権

二次的著作物を創作するときは，原著作物の著作者の許諾が必要となるから，二次的著作物として適法に成立する以上は，原則として原著作物の同一性保持権の侵害にはならない。

(3)　許諾なしに作成された二次的著作物の保護

原著作物の著作者から翻案の許諾を得ずに，原著作物に新たな創作性が付加された場合であっても，二次的著作物として保護されることに変わりはない。

(4)　原著作者の許諾

二次的著作物を利用するときは，二次的著作物の著作者と原著作物の著作者の双方の許諾が必要となる（28条）。

Ⅳ　編集著作物

(1)　原著作者の許諾

編集著作物を利用するには，編集著作権者の許諾のみならず原著作物の著作権者の許諾も必要となる（12条2項）。

(2)　部分利用と編集著作権の侵害

編集著作権が及ぶのは，原則としてその全体を利用する場合であり，編集物の部分を構成する著作物が個別に利用されたにすぎない場合には編集著作権は及ばない。

とはいえ，部分利用であってもその部分が素材の選択又は配列により創作的成果の認められる部分であるときは，編集著作権の侵害となる（東京地判昭和55年6月23日，歴代撃墜王列伝事件，最新著作権関係判例集Ⅲ28頁）。

(3)　全体の著作物の一部の複製権侵害

編集著作物であると同時に全体が一個の著作物と評される著作物の場合には，選択，配列を変えて編集著作権の侵害をクリアしたとしても，全体の著作物の

一部の複製権侵害になることがある。

(4) 編集方法自体の非保護

具体的な表現を離れた抽象的な選択方法や配列方法は，アイデアであって保護されない。保護されるのは，あくまで素材の選択又は配列の具体的な表現である（東京地判平成16年3月30日，ケイコとマナブ事件，裁判所ウェブサイト）。

(5) 編集著作物に対する侵害

編集著作物の創作性が素材の選択又は配列に求められる以上，類似性が認められるためには，共通部分に創作性があることが必要であるから，対比部分において，素材の選択又は配列が共通することが必要になる。

この点，編集著作物においては，素材の選択又は配列の共通部分を定量的に示すことが比較的容易であるため，編集著作物性を主張する当事者としては，共通する素材の量や共通する素材が全体の素材に占める割合等を具体的に示すことが有用である（例えば，東京地判平成27年3月26日，幻想ネーミング辞典事件，裁判所ウェブサイト，東京地決平成28年4月7日，判例百選事件，判時2300号76頁）。もちろん，共通する素材の質的重要性もポイントになる。

V データベース

(1) データベースの創作性

素材の選択又は体系的な構成に創作性が要求されるが，配列には重要性がない。なぜなら，データはコンピュータの中に格納されてはいるが，そこに配列があるわけではなく，重要なのは後で検索できるように適切なインデックスを付与しておくことにあるからである。

とはいえ，体系的構成がなければ情報を検索できないから，体系的構成はデータベースの必須要件である。しかし，体系的構成に創作性がなくても情報の選択に創作性があればデータベースとして保護される。

体系的構成に創作性があるデータベースが著作物として保護されることは当然である。

(2) データベースの類否判断

まずは共通部分があることを示し，次いで当該共通部分には創作性のある情報の選択又は体系的な構成があることを主張立証することになる。

編集著作物と同様に，共通するテーブル（情報が入力され格納される行と列から構成される表のこと）を定量的に示すことが有益である。

ポイント㉓

データベースにおける侵害肯定のメルクマール
① 職業分類，階層積み重ね，全職業網羅の構成で，これに類するデータベースが存しない（東京地判平成12年3月17日，タウンページデータベース事件，判時1714号128頁）
② これまでのデータベースにはなかった設計思想に基づき構成されている（東京地判平成26年3月14日，旅行業システムSP事件，裁判所ウェブサイト）
③ 同種のデータベースが他に存在している（にもかかわらず迂回しないで類似している）
④ テーブル等の紐付けが多様である（にもかかわらず迂回しないで類似している）

(3) データベースの一部複製

抽出された一部の情報が創作性のある情報の選択又は体系的構成を利用しておらず，個別に利用されたに過ぎないときは侵害とはならない。

なぜなら，データベースで創作性が要求される素材の選択又は体系的な構成を利用していないからである。

(4) 不法行為責任の成否

最判平成23年12月8日（朝鮮中央テレビ事件，判時2142号79頁）により，著作権侵害が成立しないのであれば，いわゆる「特段の事情」がなければ，原則として不法行為は成立しない。

しかし，データベースの構築には相当の労力，時間及び費用がかかっている場合が多いので，その利用は額の汗に対するフリーライドの要素が強く，しかも同業者間での紛争であることから，侵害者の行為は公正な競争として社会的に許容される限度を越えている場合が多いと解される。

以上から，他の事案と比べれば「特段の事情」ありとされ，不法行為に基づく損害賠償請求は相対的に認められやすいとはいえる（東京地判平成13年5月25日，翼システム事件中間判決，判時1774号132頁）。

Ⅵ 共同著作物

(1) 結合著作物，集合著作物との違い

他の部分と分離して利用することが可能なときは結合著作物（集合著作物）になる（東京地判平成9年3月31日，在宅介護事件，判時1606号118頁，東京地判平成21年8

月25日，新しい歴史教科書をつくる会事件，裁判所ウェブサイト）。

メルクマールは，寄与の利用不可分性（各人の寄与を分離して個別的に利用することができるか否か）である。

(2) 共同著作物の場合の著作者人格権の行使

(a) 公表権，氏名表示権，同一性保持権の行使については著作者全員の合意が必要である。ただし，各著作者は信義に反して合意の成立を妨げることはできない。つまり，信義に反するときは反対できない。

(b) 「信義に反して」とは，嫌がらせや著作者間の約束事，倫理観念に反してという意味であり，後述する著作財産権の行使の場合における「正当な理由」よりも広い（より拒絶しやすい）。なぜなら，著作者人格権は経済合理性とは無縁の，著作者の人格的利益を保護するものだからである。

(c) なお，117条1項より，各人は単独で差止請求権を行使し得るが，自己の持分を超える損害賠償請求権，名誉回復等措置請求権の行使についても同様に各人が単独で行使し得るのか，それとも117条1項のような規定がないことから64条1項に戻って全員の共同行使となるのかについては争いがある。

(3) 共同著作物の場合の著作財産権の行使

(a) 共同著作者の共有であるから，持分の譲渡，質権の設定には他の共有者の同意が必要であり，利用には共有者全員の合意が必要である。

ただし，正当な理由がない限り譲渡等の同意を拒み，利用の合意の成立を妨げることはできない。つまり，正当な理由がないときは反対できない。

(b) ちなみに，二次的著作物においては，共同著作物のような緊密な関係（互いに相補って創作をしたという関係）はないから，原作者が二次的著作物の利用を拒絶するには，正当な理由は要らない（東京地判平成22年9月10日，やわらかい生活事件，判時2108号135頁）。

(c) 東京地判平成12年9月28日（戦後日本経済の50年事件，LEX/DB28052331）は，権利行使できない共有者の一方の不利益と権利行使を望まない共有者の他方の利益との比較考量により「正当な理由」を判断している（本事案では肯定）。

ポイント㉔

戦後日本経済の50年東京地判が示した正当な理由のメルクマール

① 本件書籍の内容の陳腐化

② 被告が経済学者として本件書籍の構成を学問的に見直す必要を感じてい

ること

③ 被告の貢献度が原告のそれを相当上回ること

④ 原告や出版社の担当者の責めに基づく被告の不信感の存在

⑤ 社会的需要の見込みや，現在の在庫部数・在庫切れの予想時期が不明

⑥ 韓国語翻訳出版計画の非具体性

⑦ 増刷や翻訳出版が，原告の経済的又は学者としての業績の上で不可欠との事情もないこと

⑷ 64条2項，65条3項は，合意していない共同著作者からの差止請求に対する抗弁になるか

⒜ 65条3項の正当な理由がなかったとしても，直ちに65条2項の合意の成立が擬制されることにはならない。

また，64条2項の信義に反すると認められたとしても，64条1項の合意の成立が擬制されることにもならない。

以上より，64条2項，65条3項は，合意していない共同著作者からの差止請求に対する抗弁とはならない（東京地決平成28年4月7日，判例百選事件，判時2300号76頁）。

⒝ このような事態に陥らないようにするためには，①共同著作物にならないようにするか，②著作権の行使について共同著作者間で別途合意するしかない。

①については，著作物の創作過程での関与の度合いを推し量り，もし協力者に実質的関与が認められるのであれば，この者から著作権の譲渡を受けるしかなく（著作者人格権の不行使特約も必要），②については，65条が任意規定であることを踏まえ，合意によりこの規定の適用を排除するしかない。

①も②も現実的には容易でないと解されるが，ここでは方法としてあり得ることを指摘しておく。

要するに，共同著作物においては，創作に全員の関与がある以上，多数派であっても少数派の反対を押し切れず，逆に少数派は直ちに排除されない。畢竟，共同著作物とはそういうものである。

⑸ 共同意思は必要か

主体的な共同意思がないときは，共同著作物ではなく二次的著作物になる。なぜなら，共同著作物には，共同意思がなくとも成立する二次的著作物には見

られない法的効果（65条など）が発生することや，仮に原著作物を第三者が事後的に改訂した場合にまで共同著作物と認定すれば，65条2項及び3項の効果が発生し，当初の著者は正当な理由がない限り改訂者の出版を拒絶できないという不都合が生じるからである。

Ⅶ　無保護のもの（題号，キャッチフレーズ，スローガン，古美術）

(1)　題　　号

(a)　題号は，ごく短い表現がほとんどであるため，一般に創作性は認められない。

　もっとも，題号を無断で変更すると同一性保持権の侵害になる。なぜなら，20条1項には，著作物はもとより，題号についても同一性を保持する権利が規定されているからである。

(b)　雑誌等の定期刊行物は格別，書籍題号は商標登録できない。なぜなら，書籍題号は書籍の内容を表すものであって，（自他商品の）識別力がないからである。

(c)　後に詳述するが，他人の商標を題号に使用しても，商品の品質を普通に用いられる方法で表示しているに過ぎないときは商標権の侵害にはならず（東京地判平成6年4月27日，気功術事件，判時1510号150頁），また商標的使用でないときも商標権の侵害にはならない（東京地判昭和63年9月16日，POS事件，判時1292号142頁）。

(2)　キャッチフレーズ・スローガン

　キャッチフレーズやスローガンは，短い語数の中でこれに接するものに鮮明な印象を残すよう工夫されているが，著作権法上は短い表現やありふれた表現であるため，創作性が認められないことが多い（知財高判平成20年2月12日，営業成績増進セミナー事件，裁判所ウェブサイト，知財高判平成27年11月10日，スピードラーニング事件，裁判所ウェブサイト）。

　仮に創作性が認められたとしても，短い表現という制約がある以上，創作性は限定されており，類似性が認められる範囲も限定される（東京高判平成13年10月30日，交通標語事件，判時1773号127頁）。

(3)　古美術等（保護期間が満了した著作物）

(a)　古美術等は，保護期間が満了しているため，著作権法によっては保護されない（パブリックドメインとなり誰もが自由に利用できる）。

208 第1部 著作権紛争（著作権トラブル）に巻き込まれたときの有事対応

　もっとも，所有権や所在する敷地の管理権等によって，事実上，独占権を行使することは不可能ではない。

　例えば，古美術等を所有する者が，その拝観等に際し金員を徴収することは通常見受けられるが，所有者がその所有権及び敷地等の管理権等を前提に，いわゆる拝観契約を締結し，拝観料をとって古美術の鑑賞（古美術等が管理されている場所への立入りを含む）を許可しているものと理解できる（最判昭和59年1月20日，顔真卿自書建中告身帖事件，判時1107号127頁）。

　(b)　それでは，第三者が無断撮影した古美術写真等を無断利用することに対し，所有者はどのような主張を行うことができるか。

　㋐　拝観契約のもと設置場所へ立入った場合

　拝観契約違反を主張しても，同契約の中で差止めが合意されていないときは，損害賠償請求が認められるにとどまる。

　物のパブリシティ権侵害は認められていないから（最判平成16年2月13日，ギャロップレーサー事件，判時1863号25頁），差止請求権の行使は無理である。

　しかし，次の諸要件を充足すれば，不正競争防止法違反による差止請求及び損害賠償請求は可能である。例えば，古美術等を撮影した周知な写真集が既に出版されており，その後同一又は類似する写真集が出版されたような場合である（原告は所有者ではなく，周知な写真集の著作権者になる）。

　①　商品等表示の周知性

　　日本国内において他人の商品等表示であることが需要者の間に広く認識されていること

　②　類似性

　　商品等表示と同一又は類似の商品等表示が使用されていること

　③　混同

　　他人の商品又は営業との誤認，混同が生じていること

　㋑　拝観契約もなく設置場所へ立入っていない場合

　契約関係にない以上，不法行為責任の追及しかないが，最判平成23年12月8日（朝鮮中央テレビ事件，判時2142号79頁）によれば，著作権侵害が成立しない場合，著作物の利用による利益とは異なる法的利益を侵害するなどの特段の事情を立証できなければ，不法行為に基づく損害賠償請求又は差止請求をすることは難しい。この点，徳島地判平成30年6月20日（四国八十八ヶ所本尊事件，判時

2399号78頁）は，宗教上の人格権侵害による不法行為の成立を認め，差止請求を認容しているが，事例判決であり，一般化することは困難である。不正競争防止法による保護については，㋐と同様である。

210 第1部 著作権紛争（著作権トラブル）に巻き込まれたときの有事対応

6 その他の紛争

I みなし侵害

(1) 類　　型

支分権を直接に侵害する行為ではないものの，侵害行為の拡散に寄与しこれ
を助長するものを，著作権者等の利益保護の観点から，例外的に侵害とみなす
ものである（113条）。

具体的には，以下の行為であり，著作者人格権，著作権，出版権，実演家人
格権又は著作隣接権を侵害する行為とみなされる。

① 頒布目的での海賊版の輸入（113条1項1号）

② 情を知っての頒布，頒布目的所持，頒布申出，輸出，輸出目的所持（113条
　　1項2号）

③ コンピュータプログラムの使用（113条2項）

④ 技術的利用制限手段の回避（113条3項）

⑤ 権利管理情報の改変等（113条4項）

⑥ 音楽レコードの還流防止措置（113条6項）

⑦ 名誉・声望を害する方法による利用（113条7項）

(2) 情を知っての意味 （詳説546頁以下）

(a) 権利侵害物であることを認識していることを意味し，仮処分決定，未確
定の第1審判決等の公権的判断で，その物が著作権を侵害する行為によって作
成されたものである旨の判断又はそれに直結する判断が示されたことを知れば
足りる（東京地判平成7年10月30日，システムサイエンス事件，判時1560号24頁，東京地
判平成8年9月27日，四谷大塚事件，判時1645号134頁）。

また，公権的判断がされていなくとも，具体的な事実関係に照らして，知情
性が認定される場合もある（東京地判平成20年6月25日，ネットワーク技術者教本事件，
裁判所ウェブサイト，知財高判平成24年9月10日，韓国書籍事件，裁判所ウェブサイト）。

いずれにせよ，情を知っての頒布等を行った場合には，通常，頒布権，譲渡
権又は貸与権侵害も成立するので，みなし侵害（情を知っての頒布等）を主張す
る実益があるのは，頒布目的所持，頒布申出，輸出目的所持の場合である。

なお，輸入（1号）については「情を知って」は要件ではないが，頒布目的
は必要である。つまり，違法侵害物であることを知らない場合でも，譲渡・貸

第2節　著作権紛争（著作権トラブル）の類型　**211**

与の目的があれば，みなし侵害に該当する。

> **14　情を知っての間接事実**
> ①　創作経緯に関する頒布者等の認識
> ②　著作物と侵害物の類似性の程度
> ③　著作物に対する頒布者等のアクセス（可能性）
> ④　著作物の著作者表示の有無と表示に関する頒布者等の認識
> ⑤　頒布者等と侵害者との人的関係
> ⑥　権利者から頒布者等に対する警告の有無
> ⑦　権利者からの警告に対する頒布者等の対応
> ⑧　頒布者等が頒布した侵害物の数量及び種類の多寡

　権利者としては，前記⑥の内容証明郵便等で頒布者等に警告することが最も簡便かつ有効な手段である。

　なぜなら，これにより少なくとも情を知っての要件を頒布者側で否定することはできなくなるし，加えて侵害物の拡散をストップさせ得る事実上の効果があり，さらに前記⑦により頒布者等の対応を知り得るからである。

　例えば，著作権侵害物が書籍等である場合，侵害者に警告状を送付するとともに，取次にも書店への出荷を控え，版元へ返品することを求める書面を送付することがあるが，これは113条1項2号に基づくものである。

　(b)　権利侵害物であることを知っていても，仮に自ら使用するだけで，他人に頒布したり，頒布の目的で所持したり，あるいは頒布する旨の申出をしていないときは，侵害にはあたらない。

　(c)　プログラムについては，その円滑な利用が阻害されないよう，当該複製物の使用権限を取得した時点（例えば，複製物の譲渡や貸与を受けた時点，ライセンス契約を締結した時点）で違法複製物であることを知っていた場合に限る。

　よって，取得時には知らず，その後使用している間に情を知っても，知っていた場合にはあたらない。

　ちなみに，著作権法は「利用」を規制しているのであって，「使用」まで規制するのは例外中の例外である。

　東京地判平成12年5月16日（スターデジオ事件，判時1751号128頁）も，113条2項は，プログラムを使用する行為のうち，一定の要件を満たすものに限って，プログラムに係る著作権を侵害する行為とみなすというものであるから，プロ

212　第1部　著作権紛争（著作権トラブル）に巻き込まれたときの有事対応

グラムを使用するという行為一般が著作権法上本来的には著作権侵害行為にならないことを当然の前提としていると判示している。

(3)　名誉・声望を害する方法による利用（113条7項）（詳説228頁以下）

(a)　客観的な社会的評価の低下

社会的に見て，客観的に名誉又は声望を低下させる方法により，著作物を利用することである。

単なる主観的な名誉感情の低下ではなく，客観的な社会的，外部的評価の低下をもたらすような行為をいう。よって，意見ないし論評などは，それが誹謗中傷にわたるものでない限り，かかる利用に該当しない（知財高判平成29年1月24日，東京国際映画祭記事事件，裁判所ウェブサイト）。

改変等がなされておらず，著作者人格権の侵害がない場合であっても，その利用方法によって侵害が認められる点で，著作権等の保護を拡張したものといえる。

> **15　名誉声望低下の間接事実**
> ①　利用目的
> ②　利用態様
> ③　利用行為が著作者の創作意図と乖離する度合い
> ④　利用行為が著作物の芸術的価値を毀損する度合い
> ⑤　利用態様や利用行為に対する第三者の評価

(b)　社会的評価の低下を肯定した判例

①　製作者が周知されている状態での仏像の首のすげ替え（知財高判平成22年3月25日，駒込大観音事件，判時2086号114頁）

②　特定の政治的傾向ないし思想的立場を前提とする活動のための著作物の無断利用（東京地判平成25年7月16日，天皇陛下似顔絵事件，裁判所ウェブサイト）

(c)　社会的評価の低下を否定した判例

①　バッタ販売（東京高判平成13年8月29日，童話絵本2事件控訴審，裁判所ウェブサイト）

②　断片的な引用のつぎはぎを行ったものの，引用自体は全体として正確性を欠くものではなく，前後の文脈等に照らして，著作物の趣旨を損なうとはいえない場合（東京高判平成14年11月27日，古河市兵衛の生涯事件，判時1814号140頁）

第2節　著作権紛争（著作権トラブル）の類型　**213**

③　著作物の改訂（東京高判平成14年 7 月16日，小児歯科教科書改訂事件，裁判所ウェブサイト）

④　受刑者である旨を表示して，刑務作業において制作した絵画を展示会用パンフレットに利用すること（知財高判平成25年 9 月30日，受刑者絵画事件，裁判所ウェブサイト）

⑤　オークションサイトにおいて，無断複製した著作物を「オマケとして」「お付けします」などと記述して，頒布した行為（東京地判平成28年 1 月22日，ヤフオクオマケ事件，裁判所ウェブサイト）

Ⅱ　刑 事 罰

(1)　刑事事件化

著作権等の侵害に対しては刑事罰（10年以下の懲役又は1000万円以下の罰金等）も規定されているため，民事事件に加え，刑事事件として事件化することも考えられる。

著作権等侵害に関する刑事事件の特徴は，以下のとおりである。

①　捜査機関が国家権力を背景に多種多様な証拠を収集することができるため，民事事件（例えば，発信者情報開示請求事件等）と比較して，すみやかに侵害者を特定することが可能である。

②　刑事罰により，侵害者及び侵害予備軍に対して，強力な圧力をかけることができる。

③　民事事件とは異なり，翻案権侵害など，侵害の成否が必ずしも明らかではない事案には対応しにくい。

このような一般的特徴があるものの，特にインターネットにおける侵害事案については，以下の個別的特徴があり，かつ非親告罪でもあるため（123条 2 項 1 号），刑事事件化に馴染みやすいといえる。

①　デジタル化によって容易に複製がなされ，時間の経過とともに被害が大きく拡大していく点

　　⇒　侵害者の迅速な特定が不可欠

②　1 つの侵害サイトを停止させたとしても，雨後の筍のように新たな侵害サイトが現れる点

　　⇒　刑事罰による威嚇が有効

③　侵害がデッドコピーによる点

⇒　捜査機関でも侵害を容易に判断可能

(2)　刑事告訴

(a)　告訴の要否

　著作権等の侵害は，後述する一部の例外を除き，親告罪である（123条1項）。よって，侵害者に対して刑事罰を加えるためには，刑事告訴が必要である。

　これに対し，著作者名を僭称した場合（121条）や出所を明示しなかった場合（122条）など，公益性の強い場合は非親告罪であるが（123条2項1号），この場合でも捜査機関に侵害事実を認識してもらう必要があるため，少なくとも被害届の提出は必要である。

(b)　告訴状の提出先

　口頭でも告訴を行うことができるが（刑訴241条1項），書面で行うのが通常であり，例外なく書面で行われている。

　告訴状の提出先としては，検察官と司法警察員があるが（刑訴241条1項），機動力や人員の数からいって，検察官に告訴をしても（いわゆる，直受），直ちに受理して捜査してくれるとは限らない。

　侵害の規模や内容にもよるが，司法警察員宛に告訴を行うことが通例である。

(c)　告訴状における留意点

(ア)　実行行為の特定

　告訴を行うにあたり，実行行為を特定することが必要になるが，実行行為者，実行行為の日時及び場所等を特定することは困難な場合もあるが，その場合であっても，できる限りの特定を行うよう努めるべきである。

　実行行為者を特定するのは，捜査機関の職責であるとも解されるが，後述のとおり，捜査機関が実行行為者不特定のまま告訴状を受理することは稀であるため，実行行為者の特定のため，発信者情報開示請求等を告訴に先行させることもある。

(イ)　故　　意

　民事事件において不法行為責任が成立するには過失があれば足りるが，刑事事件において著作権等侵害が成立するには故意が必要である。

　もっとも，未必の故意でも足りるため，権利侵害の可能性を認識認容して行っていれば，故意ありといえる。

第2節　著作権紛争（著作権トラブル）の類型　**215**

> **16　故意認定の間接事実**
> ①　権利者による警告の有無
> ②　被侵害物の周知性
> ③　侵害の数量，範囲，方法（例えば，デッドコピーであるか否か）
> ④　裁判所による公権的な判断の有無
> ⑤　侵害者の侵害前後の言動

㈡　告訴期間

　親告罪の場合，告訴は犯人を知った日から6か月以内に行う必要がある（刑訴235条1項）。

①　「犯人を知った日」の起算点

　　「犯人を知った日」は，犯罪の終了日後の日を指すので，例えば，インターネット上で侵害物が公衆送信されている場合，当該侵害物にアクセス可能である間は，犯罪が終了していないため，その間に犯人を知ったとしても，告訴期間は進行しない（インターネット上の名誉毀損につき，大阪高判平成16年4月22日，業務上過失致死傷被告事件，判タ1169号316頁）。

②　「犯人を知った」

　　「犯人を知った」とは，氏名・住所等の詳細を知る必要はないが，少なくとも犯人を特定し得る程度に認識することを要する（最決昭和39年11月10日，強制猥褻等窃盗被告事件，判時399号54頁）。

　　この点，プログラムの複製権侵害事件における「犯人を知ったとき」について，犯罪事実の認識が「真実であると信ずるにつき相当な理由があるといえるほどの資料」を得ていなければ，「その段階で告訴をすれば，名誉毀損の責任を問われる可能性がないともいえないので，いまだ犯罪事実を認識していたともいえず，もとより告訴権を行使できる程度に犯人を知ったものといえない」と判示した裁判例がある（広島高判平成11年10月14日，公共工事設計積算システム刑事事件，判時1703号169頁）。

　なお，合理的な理由なく告訴期間満了直前に告訴を行った場合，捜査機関から，民事事件での交渉が不調であるため，刑事罰の威嚇のもとで交渉を有利に進めようとしているのではないかと処罰意思の存在に疑念を抱かれることもあるため，刑事告訴を行うのであれば，その時期についても慎重に判断する必要がある。

㈡　告訴権者

犯罪により害を被った者であるが（刑訴230条），最判平成7年4月4日（海賊版ビデオ販売事件，判時1527号152頁）は，独占的ビデオ化権者も親告罪の告訴権を有するとしている。

(d)　捜査機関（警察）に対する対応

権利者が，侵害者に対して刑事告訴を行う場合，真に刑事処罰を求める目的であることが大半であろうが，刑事告訴により圧力をかけ，和解交渉を有利に進める目的を有している場合が存在することは否定できない。

このような事情を察知してか，司法警察員は，犯罪捜査規範63条に告訴の受理義務が規定されているにもかかわらず，告訴状を正式に受理することは稀である。

具体的には，司法警察員は，以下のとおり主張して，刑事告訴の受理を拒むことが多い。

①　形式面の不備

形式面に不備があれば，当然，受理を拒まれる。

②　写しのみの受領

司法警察員に対する告訴においては，告訴の相談があったものとして，告訴状の写しのみを受領し，原本を受領しないという対応を取られることがある。

司法警察員は，写しのみを受領する理由として，起訴できる事案か否かが判然としないこと等を挙げることが多いが，起訴するか否かは検察官が判断することであるから（刑訴247条），司法警察員が起訴可能であるか否かを判断して，告訴を受理するか否かを選別するのは不当である。

なお，犯罪事実が非親告罪であれば，告訴状の写しの受領のみであったとしても，写しの提出をもって捜査を開始するとの確約が得られるのであれば，必ずしも告訴状の受理にこだわらないという判断もあり得よう。

③　被害届で代用する

司法警察員に対する告発においては，告訴状ではなく，被害届で十分ではないかと説得されることがある。

しかしながら，被害届は，犯罪事実の申告にとどまるのに対し，刑事告訴は，犯罪事実の申告にとどまらず，犯人の処罰を求める意思表示も含む

ため，告訴状と被害届の法的効果は明らかに異なり，告訴状を被害届で代用することはできないと反論する必要がある。

なお，犯罪事実が非親告罪であれば，被害届のみであったとしても，捜査が開始されるのであれば，必ずしも告訴状の受理にこだわらないという判断もあり得よう。

このように，捜査機関への対応に相当の時間を要する可能性がある一方，前述のとおり，告訴期間が限定されていることを勘案すると，告訴を行うのであれば，すみやかに告訴の準備に着手し，捜査機関からの要請があれば，すみやかに対応する必要がある。

Ⅲ　発信者情報開示請求

(1)　侵害者の特定

権利者は，自己の著作物がインターネット上に無断でアップロードされた場合，侵害者に対し，複製権，公衆送信権等の侵害を主張して差止請求及び損害賠償請求を行うことができる。

しかし，そのためには侵害者を特定する必要がある。

この点，インターネットの匿名性から侵害者の住所氏名を直ちに特定することは困難であり，加えて通信ログが通常3か月（携帯の場合）から6か月（固定回線の場合）程度しか保存されないことからも，侵害者を特定する手続をとっている最中に通信ログが抹消されてしまうおそれもあり，侵害者を特定するハードルは高い。

また，刑事告訴をして捜査機関の力を利用する方法もあるが，告訴人が実行行為者を特定していないときに捜査機関が告訴状を受理することは稀である。

なお，プロバイダに侵害者情報の任意開示を求めても，発信者からの責任追及を受けるおそれがあるからという理由で，ほとんどのプロバイダは開示に応じないのが現状である。

(2)　要　　件

そこで，侵害者を特定するため，特定電気通信役務提供者の損害賠償責任の制限及び発信者情報の開示に関する法律（いわゆる，プロバイダ責任制限法）4条所定の発信者情報開示請求を行うことになる。

その要件は，以下のとおりである。

①　開示関係役務提供者該当性（相手方が開示関係役務提供者であること）

218　第1部　著作権紛争（著作権トラブル）に巻き込まれたときの有事対応

② 発信情報者該当性（相手方が発信者情報を保有していること）

③ 権利侵害の明白性（侵害情報の流通によって開示請求者の権利が侵害されたことが明らかであること）

④ 正当な理由の存在（発信者情報が開示請求者の損害賠償請求権の行使のために必要である場合，その他発信者情報の開示を受けるべき正当な理由があるとき）

(3) 事前の検討事項

プロバイダに保存された通信ログが通常は3か月から6か月程度しか保存されないこと，(4)で後述する**1st Step**の発信者情報開示の仮処分決定を得るまでにおおよそ1か月の期間を要することからいえば，インターネット上の無断アップロードから2か月を経過している場合には，手続が時間的に間に合わないおそれがある。

また，そもそも著作物性に関し疑義があるときは，権利侵害の明白性の要件を充たさないおそれもあるから，その点の十分な検討も必要になる。

(4) 手　　順

開示請求を行えば，一度の請求で発信者が特定される訳ではない。

なぜなら，侵害者は，まずはインターネット業者経由でインターネットに接続し，その後サイト運営者のサーバに接続するという2段階の手順を踏んでいるからである。

したがって，侵害者の特定においては，その流れを遡ることになるから，まずは①サイト運営者に対する仮処分によりIPアドレスとタイムスタンプの開示を受け，次いで②インターネット業者に対する仮処分により通信ログの消去を止め，最後に③インターネット業者に対する訴訟により住所氏名等の発信者情報の開示を受けるという3段階の手続が，それぞれ必要になる。

以下に詳述する。

▷1st Step

サイト運営者（コンテンツプロバイダ・ホスティングプロバイダ）に対する発信者情報開示の仮処分の申立て

この仮処分により，以下の情報が得られる。

① 侵害情報にかかるIPアドレス及び当該IPアドレスと組み合わされたポート番号

② 携帯電話端末等からのインターネット接続サービス利用者識別符号

③　SIMカード識別番号のうち携帯電話端末等からのインターネット接続
　　サービスにより送信されたもの

④　①～③にかかる発信時間（タイムスタンプ）

　プロバイダに保存された通信ログは，通常３か月から６か月程度しか保存されないため，インターネット業者のログが削除されないよう，サイト運営者からすみやかに発信者情報の開示を受ける必要がある。

　この仮処分は，仮の地位を定める仮処分であり，被保全権利の存在と保全の必要性が要件になるが，著作権侵害事件においては，被保全権利の存在に関連して，著作物性の有無が争われることが多い。

▷2nd Step

インターネット業者（インターネットサービスプロバイダ・経由プロバイダ）に対する発信者情報消去禁止の仮処分の申立て

　1st Stepの仮処分により開示を受けたIPアドレスとタイムスタンプを基に，Whois検索によりインターネット業者を特定し，これに対し発信者情報開示請求訴訟（3rd Step）を提起することになる。

　しかしながら，通信ログは自動的に消去されていくため，3rd Stepの訴訟で目的を達するまでの間，その消去を止める必要がある。

　そこで，通信ログの保存のため，インターネット業者に対し，任意の交渉又は発信者情報消去禁止の仮処分の申立てを検討することになる。

　1st Stepの仮処分により，公権的な判断が示されているため，任意の交渉により，インターネット業者が発信者情報の保存に応じる可能性があるが，インターネット業者が任意の交渉に応じない場合や通信ログの調査と照合に時間がかかる場合には，発信者情報消去禁止の仮処分を申し立てる必要がある。

▷3rd Step

インターネット業者（インターネットサービスプロバイダ・経由プロバイダ）に対する発信者情報開示請求訴訟の提起

　2nd Stepで特定されたインターネット業者に対し，発信者情報開示請求訴訟を提起することになる。

　この訴訟により，以下の情報が得られる。

①　発信者等の氏名

②　発信者等の住所

220　第1部　著作権紛争（著作権トラブル）に巻き込まれたときの有事対応

③　発信者の電子メールアドレス

　仮処分ではなく，訴訟によって，発信者情報の開示を請求する理由は，イン
ターネット業者は，発信者情報を保有しているので，通信ログの保存さえでき
れば，開示を受けることができなくなるおそれはないため，緊急の必要性がな
く，よって保全の必要性も認められないからである。

　以上の3段階の手続を経て，ようやく発信者が特定されるので，これにより
権利者は，侵害者に対し，警告を含む法的手段（差止請求及び損害賠償請求）の行
使が可能となる。

Ⅳ　他の知的財産権等との抵触（衝突）

(1)　特許，実用新案，意匠，商標，不正競争防止法

(a)　特許，実用新案，意匠の「実施」とは何か（詳説93頁以下）

　特許，実用新案，意匠の「実施」とは，物の生産，使用，譲渡等をいうから
（特許2条3項1号他），例えば，ビジュアル系著作物に特許等の対象製品が現れ
ていても，「実施」をしているわけではないから，特許権等の侵害にはならな
い。

(b)　商標の「使用」とは何か

　商標の「使用」とは，商品又は商品の包装に標章を付する行為や商品又は商
品の包装に標章を付したものを譲渡，引渡し，展示，輸出，輸入する行為をい
うから（商標2条3項1号・2号），例えば，ビジュアル系著作物に文字等の文字
商標，ロゴ等の図形商標が現われていても，それは商品又は商品の包装に標章
を付している訳ではなく，またそれらを譲渡等している訳でもないから，商標
権の侵害にはならない。

(c)　書籍題号に商標を使用した場合，商標権の侵害になるか（三山裕三「商標
権と著作権の関係」小野昌延＝小松陽一郎＝三山峻司編『商標の法律相談Ⅰ』93頁以
下）

　他人の商標を書籍の題号に使用しても商品の品質を普通に用いられる方法で
表示しているにすぎないときは商標権の効力は及ばない（商標26条1項2号）。

　東京地判平成6年4月27日（気功術事件，判時1510号150頁）は，気功術は，中
国古来の健康法，治療法，鍛錬法である気功のしかた，方法を表す普通名称で
あり，気功術の基礎知識，基本姿勢，内功術等を説明した被告商品の内容を端
的に表すものとして付された書籍の題号と認められるから，商品の品質を普通

に用いられる方法で表示しているに過ぎず，商標権の効力は及ばないと判示している。

また，出所表示機能を有する態様で使用されていない（商標的使用でない）場合も，商標権の侵害にはならない（商標26条1項6号）。

東京地判昭和63年9月16日（POS事件，判時1292号142頁）は，出所表示機能を有しない商標の使用若しくは出所表示機能を有しない態様での商標の使用は登録商標の使用とはいえないとしたうえで，被告標章は単に書籍の内容を示す題号として被告書籍に表示されており，出所表示機能を有しない態様で被告書籍に表示されているから，商標権の侵害にはならないと判示している。

ただし，雑誌や定期刊行物の題号（雑誌等の定期刊行物では題号の商標登録ができる。なぜなら，雑誌等は毎回内容が異なるので，雑誌の題号が直ちに雑誌の内容を表すものとはいえず，（自他商品の）識別力があるからである）のように，題号それ自体に出所表示機能が認められる場合には，他人の商標を題号に使用すると商標権侵害となる。

(d)　商標出願前に存在する著作権は商標登録により利用ができなくなるか

商標法29条の要件を充たせば，商標登録出願前に存在する他人の著作権等は商標登録によっても影響を受けないから，引き続き利用ができる。

逆に，先行の著作権者は，依拠等を立証できれば，商標権者に対して，著作権に基づく差止請求を行うことができる（最判平成2年7月20日，ポパイマフラー事件，判時1356号132頁）。

(e)　キャラクターを装飾的・意匠的に使用した場合のキャラクターの著作権者との衝突

商標的使用ではなく装飾的・意匠的使用の場合には，そもそも商標法29条の適用がない。

なぜなら，商標の機能である出所表示（自他商品識別）機能を侵害しない商標の使用だからである。例えば，「POPEYE」及び「ポパイ」の文字と漫画を子供用アンダーシャツの胸部のほとんど全面にわたって大きく使用したような場合がこれに当たる（大阪地判昭和51年2月24日，ポパイアンダーシャツ事件，判時828号69頁）。

これに対し，ワンポイントマークとしての標章の使用（大阪地判昭和59年2月28日，ポパイマフラー事件，判タ536号418頁）や，えり吊りネーム，吊り札，包装袋，

織りネーム等への標章の使用（前記大阪地判昭和51年2月24日）は，取引慣行上本来的に出所表示（自他商品識別）機能を発揮することを目的としての使用であり，商標的使用といえる。

よって，これらの場合には，商標法29条の適用の有無を検討することになる。

(f) 不正競争防止法違反の有無

例えば，ビジュアル系著作物にマーク，著名表示等が現れていても，商品やその主体等に関し，利用者の間で誤認混同は起こり得ないから，一般に不正競争防止法違反にはならない。ただし，商標と同様に，インターネットを通じた商品・サービスの提供や広告において他人のマークや著名表示が使用され，誤認混同が起こっていれば不正競争防止法違反になることはあり得る。

不正競争防止法は，他の知的財産権とは違い，権利付与法ではなく，行為規制法であるが，商品等表示の使用等による誤認混同行為等，いくつかの不正競争行為の類型に当たらなければ同法違反にはならない。

(2) 肖 像 権

(a) どのような場合に，肖像権の侵害が成立するか

肖像権は，プライバシー権（私生活をみだりに公開されない法的保障ないし権利）の一内容として認められている権利であり，自己の姿態等をみだりに撮影されたり公表されたりしない自由を保護する権利である。

東京地判昭和39年9月28日（宴のあと事件，判時385号12頁）は，プライバシー権侵害の3要件を示している。

① 一般人に未だ知られていないことがらであること
② 私生活上の事実又は私生活上の事実らしく受け取られるおそれのあることがらであること
③ 一般人の感受性を基準にして，当該私人の立場に立った場合，公開を欲しないであろうと認められることがらであること

したがって，一般人を写真等で撮影する場合は，原則として，被写体となる人から撮影及び公表について承諾を得る必要がある（東京地判平成17年9月27日，銀座歩行者天国事件，判時1917号101頁他）。

(b) 肖像権の侵害が成立しないのは，どのような場合か

公道のように一般に公開され多数人が往来する公の場所での撮影で，しかもその人だけをことさらクローズアップして写したのではなく，多くの人の中に

紛れ込んで写っているにすぎないような場合には，その限りで肖像権を一部放棄したか，あるいは黙示の承諾があったと評価し得る場合がある。

前記東京地判平成17年9月27日は，ファッション紹介サイトでの無断掲載を肖像権の侵害と認め35万円の慰謝料を認容しているが，その事案は，全身像に焦点を絞り込み容貌を含めて大写しに撮影しているケースであって，写真の一部にたまたま写り込んだ場合や不特定多数人の姿を全体的に撮影した場合ではなかった。

(c)　芸能人や有名人にも肖像権侵害が成立するか

芸能人やプロスポーツ選手等の有名人についても，認められる範囲は狭くなるが，プライバシー権の侵害はあり得る。

例えば，一般人が公道等を歩いている場合に，それを無断で撮影することはプライバシー権の侵害になることはあっても，芸能人等の場合には，通常，プライバシー権の侵害にはならないであろう。

とはいえ，有名人が家庭内でくつろいでいる時に，その姿態等を何らかの形で撮影すれば，プライバシー権の侵害が成立する。

東京地判平成17年10月27日（週刊文春事件，判時1927号68頁）は，某新聞社の社主がガウン姿で自宅マンション5階の自室でくつろいでいる姿が写真週刊誌に掲載された事案であるが，自宅の室内においては，他人の視線から遮断され，社会的緊張から開放された無防備な状態にあるから，かかる状態の容貌・姿態は，誰しも他人に公開されることを欲しない事項であって，これを撮影され公表されないことは，個人の人格的利益として最大限尊重され，プライバシーとして法的保護を受けるというべきであるとして200万円の慰謝料を認容している。

知財高判平成27年8月5日（胸部イラスト合成事件，裁判所ウェブサイト）も，著名芸能人に関し，受忍限度を超えた氏名及び肖像の使用に当たるとして原告1名（原告は総数8名）につき75万円の損害賠償を認めている。

(d)　プライバシー権に基づく差止請求

最判平成14年9月24日（石に泳ぐ魚事件，判時1802号60頁）は，侵害行為の対象となった人物の社会的地位や侵害行為によって受ける被害者側の不利益と侵害行為を差し止めることによって受ける侵害者側の不利益との比較衡量によって判断している。

224 第1部 著作権紛争（著作権トラブル）に巻き込まれたときの有事対応

そして，被上告人が大学院生にすぎず公的立場にある者ではない，本件小説で問題とされている表現内容は公共の利害に関する事項でもない，本件小説の出版等がされれば被上告人の精神的苦痛が倍加され被上告人が平穏な日常生活や社会生活を送ることが困難となるおそれがある，本件小説を読む者が新たに加わるごとに被上告人の精神的苦痛が増加し被上告人の平穏な日常生活が害される可能性も増大する，ことから出版の差止めを認めている（もちろん損害賠償の請求も認容している。ただし，この判例は，プライバシー権の他，名誉や名誉感情も侵害されたとしている）。

(3) 不法行為

(a) 著作権侵害が成立しない場合の不法行為の成否

著作権として保護されないものは誰でも自由に利用できるのが原則である。著作権の侵害が成立しないのに不法行為の成立が安易に認定されるようでは，著作権の侵害が否定された意味がなくなってしまう。

知財高判平成23年5月10日（廃墟写真事件，判タ1372号222頁）は，廃墟が既存の建築物である以上，撮影することが自由な廃墟を撮影する写真に対する法的保護は，著作権及び著作者人格権を超えて認めることは原則としてできないとして，不法行為の成立を否定している。

他の裁判例を見ても，不法行為の成立が認められるためには，以下のとおり，何らかの事情の存在が必要である。

① ことさらに相手方に損害を与えることのみを目的としている場合（東京地判平成15年1月28日，スケジュール管理ソフト事件，判時1828号121頁）

② 利用行為が社会的相当性を欠くものと評価される場合（知財高判平成20年12月24日，朝鮮中央テレビ事件，裁判所ウェブサイト）

③ 利用行為が社会的に許容される限度を超えている場合（知財高判平成17年10月6日，YOL事件，裁判所ウェブサイト）

④ 利用行為が公正な競争として社会的に許容される限度を超えている場合（知財高判平成18年3月15日，通勤大学法律コース事件，裁判所ウェブサイト，知財高判平成23年5月26日，データSOS事件，判時2136号116頁）

⑤ 利用行為が自由競争の範囲を逸脱している場合（東京地判平成24年2月23日，携帯電話機用釣りゲーム事件，裁判所ウェブサイト）

⑥ 模倣廉価製造販売など，額の汗に対するフリーライドが認められる場合

（東京高判平成 3 年12月17日，木目化粧紙原画事件，判時1418号120頁）

(b)　**最判平成23年12月 8 日が示した「特段の事情」という基準**

　こうした状況下，最判平成23年12月 8 日（朝鮮中央テレビ事件，判時2142号79頁）は，著作権法により保護されない著作物の利用行為は，著作権法が規律の対象とする著作物の利用による利益とは異なる法的に保護された利益を侵害するなどの特段の事情がない限り，不法行為を構成するものではないとしたうえで，営業上の利益に対する侵害の有無を検討し，不法行為責任の成立を否定した。

　この判決により，著作物の利用による利益とは異なる法的に保護された利益を侵害するなどの「特段の事情」という基準が示され，以降の下級審裁判例では，著作権侵害が成立しないときに不法行為が成立するためには，上記にいう特段の事情が必要になると判示するものが見られるようになった（知財高判平成24年 8 月 8 日，携帯電話機用釣りゲーム事件，判時2165号42頁他）。

　このような判例の流れに照らすと，権利者側としては，著作権侵害が成立しない場合の予備的請求として不法行為責任を主張する場合には，「特段の事情」を主張立証することが不可欠となる。

(c)　**「特段の事情」とは何か**

　そうすると，どのような事情（著作物の利用による利益とは異なる法的に保護された利益の侵害）を特段の事情として主張立証すべきであるのかが問題となる。

　以下の①及び②が考えられる。

①　営業上の利益

　　前記最判平成23年12月 8 日では，不法行為の成否について，自由競争の範囲を逸脱し，営業を妨害するものであるか否かが検討されている。

　　これに先立つ，東京地判平成13年 5 月25日（翼システム事件中間判決，判時1774号132頁）でも，データベースの著作物性は否定されたものの，公正かつ自由な競争原理によって成り立つ取引社会において，著しく不公正な手段を用いて他人の法的保護に値する営業活動上の利益を侵害したとして，不法行為による損害賠償請求を認めている。

　　これらの判例に鑑みると，自由競争の範囲を逸脱した営業妨害や公正な競争として社会的に許容される限度を超えた営業妨害は，著作物の利用による利益とは異なる法的に保護された利益を侵害したものとして，不法行為となる場合があろう。

そうすると営業妨害の主張立証においては，結果面（法的保護に値する営業活動上の利益）と行為面（自由（公正）競争を逸脱した手段の不公正性）の両面から，主張立証を展開するのが有効であるといえよう。

まず結果面についていえば，開発にあたり投入した労力・時間・費用が膨大であればあるほど，情報の経済的価値は大きくなり，法的保護に値する営業活動上の利益も大きくなろう。

この観点からは，支出した開発費やその後の維持管理費等の明細と具体的金額を主張立証することが有効である。

次に行為面についていえば，相手方による情報の利用目的・入手過程・利用態様が重要な要素になる。

例えば，相手方は権利者の競業者であるのか，営利目的での入手か，どのように入手したのか，自己の情報への組み込み（デッドコピーに近いか）や利用態様はどのようなものかなどを，詳細に主張立証することになろう。

そして全般的な主張としては，侵害者は，権利者が苦労して開発した情報に便乗する，いわゆるフリーライダーであって，これを不問に付したのでは開発に関するインセンティブが大きく阻害されるから，もはや自由競争の範囲内であるとか，社会的に許容される限度内であるとは，到底いえないことを強調することになろう。

② 人格的利益

最判平成17年7月14日（船橋市西図書館事件，判時1910号94頁）は，著作者が著作物によってその思想，意見等を公衆に伝達する利益は，法的保護に値する人格的利益であると判示している。

(d) 著作物の利用による利益とは異なる法的に保護された利益

既述のとおり，「著作物の利用による利益とは異なる法的に保護された利益」であることが求められることに留意する必要がある。

例えば，著作権の成立しない見出し（知財高判平成17年10月6日，YOL事件，裁判所ウェブサイト）や著作権の成立しない自らの執筆にかかる文献の発行・頒布による経済的利益（知財高判平成18年3月15日，通勤大学法律コース事件，裁判所ウェブサイト）については，著作物の利用による利益と同一の利益であると解され，不法行為責任が認められない可能性が高い。

(e)　不正競争防止法違反への応用

　なお，前記最判平成23年12月8日は，不正競争防止法違反事件にも応用され，不正競争防止法違反が成立しない場合に不法行為責任が成立するためには，不正競争防止法が規律の対象とする利益とは異なる法的に保護された利益が侵害されるといえる特段の事情がある場合に限られるとされている（知財高判平成30年12月6日，SAPIX事件，裁判所ウェブサイト他）。

　このように，前記最判平成23年12月8日以後は，著作権侵害や不正競争防止法違反が認められないときに不法行為責任が認められる場合は極めて限定されているので，主位的請求である著作権侵害や不正競争防止法違反の主張立証に遺漏がないように留意する必要がある。

(4)　パブリシティ権　（■図表1－28）（詳説87頁以下）

(a)　いかなる場合にパブリシティ権の侵害は成立するか

　まず，芸能人やプロスポーツ選手等の有名人には，パブリシティ権（経済的価値，財産的利益）が判例により認められている。

　なぜなら，固有の名声，社会的評価，知名度等を獲得した有名人の肖像等を商品に付した場合には，商品の販売促進に有益な効果，すなわち顧客吸引力があるからである。

　とはいえ，有名人の活動や関連する事項は大衆の関心事であり，雑誌，新聞，テレビ等のマスメディアによって批判，論評，紹介等の対象となることや，そのような紹介記事等の一部として自らの写真が掲載されること自体は容認せざるを得ない。

　以上より，その折衷点的解決としては，有名人等が有する顧客吸引力を「専ら」利用しているか否かによって，パブリシティ権の侵害があったか否かを判断すべきである。

　つまり，メルクマールは，「専ら」利用しているか否かであり，それを使用する目的，方法及び態様を，全体的かつ客観的に考察して判断することになる。

　最判平成24年2月2日（ピンク・レディー事件，判時2143号72頁）は，専ら肖像等の有する顧客吸引力の利用を目的とするといえる場合にパブリシティ権の侵害（不法行為法上違法）を認めている。

　以下の3つの場合は，パブリシティ権を侵害するものとして，不法行為法上違法になるとしている。

【ポイント㉕】
ピンク・レディー最判が示したパブリシティ権侵害の類型
① 肖像等それ自体を独立して鑑賞の対象となる商品等として使用すること
② 商品等の差別化を図る目的で肖像等を商品等に付すこと
③ 肖像等を商品等の広告として使用すること
(①の例：写真集，フィギュア，シール，②の例：カレンダー，文具，キーホルダー，③の例：コマーシャル，看板，パッケージ)

(b) 一般人であってもパブリシティ権の侵害は成立するか

一般人と芸能人等を顧客吸引力で分類するとすれば，顧客吸引力がないのが一般人であるから，理論的には一般人にパブリシティ権の侵害は成立しないことになる。

とはいえ，分類といっても明確に線引きはできない。なぜなら，売れない芸能人等もいるし，逆にフォトジェニックな一般人もいるのであり，仮に後者の一般人の写真等を販促グッズに掲載し一定の効果が得られるのであれば，パブリシティ権で保護しても何ら差し支えない。

よって，認められる範囲は低いにせよ，一般人にもパブリシティ権の侵害は成立しよう。その場合，一般人の従前の活動態様（例えば，SNS上での活動状況，フォロワー数等）を提示するのは有効であると解される。

■図表1-28　パブリシティ権と肖像権

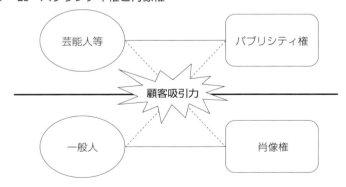

(c) パブリシティ権侵害の効果

効果としては，損害賠償の他，差止請求や書籍等の廃棄請求（知財高判平成25年10月16日，嵐KAT－TUN事件，裁判所ウェブサイト）も認められる。

損害額の算定においては，販売部数に使用料率を乗じて算出した損害額のみならず，パブリシティ権を毀損したこと自体による損害も認められる（東京地判平成25年4月26日，ENJOY MAX事件，判タ1416号276頁）。

(d) パブリシティ権の譲渡性・相続性

パブリシティ権の譲渡性・相続性については，一方で，パブリシティ権が人格権に由来する権利である点を重視すれば，その一身専属性から譲渡・相続は認められないことになるが，他方で，その実質は顧客吸引力という経済的利益，財産的価値を有する点を重視すれば，譲渡・相続を否定する理由はない。

パブリシティ権の主体が死亡した後も，依然としてその顧客吸引力が残存しているにもかかわらず，その死亡を境にパブリシティ権が即消滅するのはバランスを欠くから，その経済的利益，財産的価値の点を重視してパブリシティ権の相続性を認めるべきであろう（ただし，どの程度の期間保護すべきかという問題がある）。

しかし，大阪高判平成29年11月16日（フィットネストレーナー画像事件，判時2409号99頁）は，パブリシティ権の独占的利用許諾を受けた者が現実に市場を独占しているような場合，無断で肖像等を利用する第三者に対し，警告等をしてもなお第三者の利用が継続するときは不法行為が成立するとしたが，他方で，パブリシティ権は，人格権に由来する権利の一内容を構成するもので一身に専属し，譲渡や相続の対象とならないとも判示している。

(e) 物のパブリシティ権も認められるか

法令等の根拠がないこと，違法とされる行為の範囲・態様等が法令等により明確になっていないことから，現時点では否定されている（最判平成16年2月13日，ギャロップレーサー事件，判時1863号25頁）。

よって，他人所有の動植物や車，建物，立派なかえでの木などを撮影し掲載しても違法とはならない（東京地判平成14年7月3日，かえでの木事件，判時1793号128頁）。とはいえ，事案によっては，一般的な不法行為責任が成立する場合はあり得よう。

230　第1部　著作権紛争（著作権トラブル）に巻き込まれたときの有事対応

(5)　名誉毀損（不法行為）

(a)　名誉毀損（不法行為）成立の要件

(ア)　民事事件における名誉毀損は，民法709条，710条，723条により，不法行為責任として位置付けられる。

よって，名誉毀損が権利侵害行為に該当し得るかという点が問題となるのであって，刑法上の名誉毀損（刑230条1項）のように，①「公然と」（不特定又は多数人の認識し得る状態）や②「事実を摘示して」（人の社会的評価を低下させるに足りる具体的事実の告知。ただし，事実の摘示がなかったとしても，侮辱罪（刑231条）の成否は問題になり得る）は，それだけでは直ちに要件とはならない。

また，刑法上の名誉毀損罪は故意があった場合のみ成立するが，民事事件における名誉毀損は不法行為責任であるので，故意があった場合のみならず，過失があった場合にも成立する。

(イ)　名誉とは，「人が品性，徳行，名声，信用等の人格的価値について社会から受ける客観的な評価，社会的名誉であり，人が自己自身の人格的価値について有する主観的な評価，名誉感情を含まない」（最判昭和45年12月18日，委嘱状送付事件，判時619号53頁）。

また，法人にも名誉は認められる（最判昭和39年1月28日，代々木診療所事件，判時363号10頁）。

(ウ)　判例は，事実の摘示による名誉毀損と意見・論評による名誉毀損とを区別して判断している。

①　事実の摘示による名誉毀損

事実の摘示による名誉毀損においては，事実の摘示によって社会的評価が低下すれば，名誉毀損が成立する。

社会的評価が低下したか否かは，一般読者の普通の注意と読み方（新聞記事につき，最判昭和31年7月20日，東京新聞社事件，裁判所ウェブサイト）や一般の視聴者の普通の注意と視聴の仕方（テレビ放送につき，最判平成15年10月16日，テレビ朝日ダイオキシン報道事件，判時1845号26頁）を基準に判断される。

もっとも，以下のいずれかに該当する場合は，不法行為は成立しない（最判昭和41年6月23日，署名狂やら殺人前科事件，判時453号29頁）。

(ⅰ)　その行為が①公共の利害に関する事実に係り，②専ら公益を図る目的に出た場合で，③摘示された事実が真実であることが証明されたとき

⇒　行為には違法性がなく，不法行為は成立しない。

(ⅱ)　その行為が①公共の利害に関する事実に係り，②専ら公益を図る目的に出た場合であるときは，③摘示された事実が真実であることが証明されなくても，その行為者においてその事実を真実と信ずるについて相当の理由があるとき

⇒　行為には故意若しくは過失がなく，不法行為は成立しない。

なお，真実性については，事実審の口頭弁論終結時が判断の基準時になるのに対し，相当性については，行為時の資料に基づいて判断される（最判平成14年 1 月29日，ロス疑惑北海道新聞社事件，判時1778号49頁）。

②　意見・論評による名誉毀損

これに対し，意見・論評による名誉毀損の成立は極めて限定されている。すなわち，ある事実を基礎としての意見ないし論評の表明による名誉毀損にあっては，以下のいずれかに該当する場合は，不法行為は成立しない（最判平成 9 年 9 月 9 日，ロス疑惑訴訟夕刊フジ事件，判時1618号52頁）。

(ⅰ)　その行為が①公共の利害に関する事実に係り，②その目的が専ら公益を図ることにあり，③右意見ないし論評の前提としている事実が重要な部分について真実であることの証明があったとき

⇒　人身攻撃に及ぶなど意見ないし論評としての域を逸脱したものでない限り，違法性を欠き，不法行為は成立しない。

(ⅱ)　その行為が①公共の利害に関する事実に係り，②その目的が専ら公益を図ることにあるときは，③右意見ないし論評の前提としている事実が重要な部分について真実であることが証明されなくても，その行為者においてその事実を真実と信ずるについて相当の理由があるとき

⇒　行為には故意若しくは過失がなく，不法行為は成立しない。

以上からすれば，事実の摘示か論評かにより，不法行為責任の要件が異なることになる。

事実の摘示と論評の区別につき，最判平成16年 7 月15日（新・ゴーマニズム宣言事件，判時1870号15頁）は，表現が証拠等をもってその存否を決することが可能な他人に関する特定の事項を明示的又は黙示的に主張するものと理解されるときは事実の摘示であり，証拠等による証明になじまない物事の価値，善悪，優劣についての批評や論議などは，意見ないし論評の表明に属すると判示して

いる。

そのうえで，著作権侵害などの法的な見解の表明は，意見ないし論評の表明に当たると判断している。

(b) プライバシー権と名誉権の違い

主に次の3点で異なる。

① 社会的評価の低下が必要か否か

② 公表された事実の真実性が不法行為の成立を阻却するか否か

③ 救済方法として謝罪広告による原状回復が可能か否か

(c) 名誉毀損の効果

名誉毀損の効果としては，以下の3つが挙げられる。

① 損害賠償請求（民709条・710条）

② 謝罪広告その他の回復処分（民723条）

③ 名誉権（人格権）に基づく差止請求

最判昭和61年6月11日（北方ジャーナル事件，判時1194号3頁）は，名誉権に基づく出版物の頒布等に関する事前差止めを認めている。

本判決は，差止めは原則として許されないとしたが，例外的に，表現内容が真実でないか，又は専ら公益を図る目的のものでないことが明白であって，かつ被害者が重大にして著しく回復困難な損害を被るおそれがあるときに限り，事前差止めを認めている。

札幌高判平成30年5月22日（旭川電気軌道事件，判時2388号42頁）は，抗告人が業務上横領という犯罪を犯したという印象を与える記載が掲載された雑誌が出回ることにより，抗告人の社会的信用は著しく低下し，抗告人は重大にして著しい回復困難な損害を被ったものといえるとし，雑誌の販売等禁止を認めている（ただし，この事案は事後の差止めである）。

【三山裕三＝佐原祥太】

第 2 部

平時における免疫力の向上

著作権紛争（著作権トラブル）が発生する前に，紛争の芽を摘んでおくことが費用対効果の観点からは効率がよい。いわゆる，平時における免疫力の向上である。塚原卜伝は，頭上から落ちてくる木枕を避けた次男や空中で木枕を切った三男ではなく，木枕に気付きこれを取り除いた長男に家督を譲ったといわれているが，現代に当てはめれば，長男の行動こそ予防法務の極致といえる（もっとも逸話では，常在戦場の心で先を見越し不測の事態に心を動かさなかったことが評価されたようである）。以下では，著作権処理の手順や書面（契約書・覚書等）中の具体的文例等を示しつつ解説する。

1 法務の3ステージとその留意点

I 法務の3ステージ

(1) 法務の3ステージとは

法務には，臨床法務，予防法務，戦略法務の3ステージがある（■図表2－1）。

臨床法務とは，現実に発生したトラブルを解決することをいう。

予防法務とは，将来トラブルに発展する可能性のある紛争の芽を事前に摘み取り，トラブルを回避することをいう。

戦略法務とは，体質の改善やスキーム作成段階からの関与をいう。

風邪をひいた場合に例えれば，病院に行って注射を打ってもらい薬をもらうのが臨床法務であり，うがいや手洗いを励行しマスクをするのが予防法務であり，日頃から十分な運動・食事・睡眠を心掛けるのが戦略法務である。

(2) 予防法務のコスト削減効果

最近，ウェルネスプログラムに力を入れる地方自治体が増えているが，その目的の1つには医療（関連）費の削減がある。健常者が増えれば，それだけ医療費が抑制できるからである。

企業においても然りで，紛争の芽を事前に摘み取りトラブルを未然に回避で

■図表2－1 法務の3ステージ

臨床法務	⇒	予防法務	⇒	戦略法務
（トラブルの解決）		（トラブルの回避）		（体質の改善）

きれば，明らかにコストを抑制できる。

(3)　戦略法務の一例

戦略法務も，臨床法務や予防法務に勝るとも劣らないほど重要である。

一例を挙げれば，著作権を取得する場合でも，資産として取得する方法（asset purchase）の他，著作権を保有する会社の株式を取得して子会社にする方法（stock purchase）も考えられる。

これは著作権に限らず，他の有形資産・無形資産の取得の場合でも同じであり，いわゆるM&Aでは常に問題となる論点であるが，著作権を永続的に使用し得るという点では，いずれの方法であれ目的を達する。

しかし，いずれの方法であるかにより，取得資金の多寡及び（グループ外への）キャッシュアウトの有無，今後の収入の費目（ロイヤリティか配当か），取得後のバランスシートの記載，（子会社）債務の承継の有無が異なってくる。

もしも取得するのが海外の著作権であれば，さらに外為法上の問題や租税条約上の源泉徴収税率なども関係してくるので，いずれの方法を選択するかは，スキーム作成段階から弁護士が関与する重要性を示す好個の例といえる。

一般にTaxが絡む案件では，法的スキームよりも，まずは支払うべき税金の合法的圧縮が先決問題であって，それに応じて法的スキームが後から決まることが多い。

企業法務担当者としては，日々の自らの業務が，どのステージの法務を行おうとしているのかを常に意識して仕事をすることが重要である。

これにより，目的や目標が明確となり，より効果的なアクションや適切な手段の行使が可能となる。

(4)　複製権侵害事案における3つの法務

もう少し典型的な著作権事例として，複製権の侵害事案を例にあげれば，生起してしまった侵害事実を過去の判例や学説の観点から検討し，いわゆる落とし所を探り，裁判外の交渉，調停，訴訟，裁判上の和解などで解決をはかるのが臨床法務である。

これに対し，契約書や覚書，はたまた公正証書などをあらかじめ作成し，権利義務関係を明確化してトラブルを未然に回避しようとするのが予防法務である。

そしてコンテンツの作成・利用段階から類書も検討しつつ実務家にも相談の

うえ，侵害自体の発生を迂回することや平時からセミナーなどで社員の法務能力を底上げするのが戦略法務である。

(5) 戦略法務の重要性

コンテンツ作成の外注は，コスト削減の観点からは有益であるが，何らの書面も締結しないで外注すると著作権は取得できない。また，仮に書面で著作権の譲渡等を規定していても，訴訟リスクが完全に除去できる保証はない。

よって，コンテンツの重要度によっては，法人著作の要件充足を睨みつつ，社内での内製化あるいはコントロールが可能なグループ会社への外注なども検討されてよく，これらもスキーム作成段階からの関与であって戦略法務といえる。

Ⅱ 各ステージにおける留意点

(1) 費用対効果と相対的価値の極大化

いずれのステージの法務であれ，費用対効果と相対的価値の極大化がポイントである。

人間のすべての行動には，労力，時間及び費用の制約が伴う。

よってそれらの制約の中で最大の効果を目指すには，いかに行動すべきかを考えなければならない。

臨床法務では，紛争が発生し利害の対立する相手方が既に存在している以上，適時かつ適切に譲歩妥協する必要があるから，常にコスト計算をしつつも，絶対的な価値の実現は諦めなければならない。

予防法務及び戦略法務においても，いくら平時から免疫力を向上させておくことが有益であるといっても，知財はあくまで脇役であって，本業は利益を生み出す営業部門や研究開発部門であるから，いくらコストをかけてもよいという訳にはいかず，起こり得るリスクの確率を睨みつつ，費用対効果を意識して，最悪の事態にならないよう相対的価値の極大化で妥協しなければならないときもある。

(2) リーガル（マター）とビジネス（マター）の峻別

加えて，小さいリスクを過大視しブレーキをかけ過ぎるのも，企業経営にとってはマイナスである。

ここでも起こり得るリスクの確率を睨みつつ，費用対効果を意識して，最悪の事態にならないよう相対的価値の極大化で妥協しなければならないこともあ

る。

　要は，ビジネスあってのリーガルであり，リーガル（マター）が独り歩きしてはいけないということである。

2　著作物の創作段階における留意点

I　依拠の必要性

依拠とは，他人の著作物に現実にアクセスし，これを参考にして別の著作物を作成することをいうが（大阪地判平成21年3月26日，マンション読本事件，判時2076号119頁），著作権侵害では依拠が要件になっている（■図表2－2）。

よって，依拠がなければ，仮に有形的再製であっても複製権侵害には（ましてや翻案権侵害にも）ならない。

■図表2－2　著作権侵害と依拠

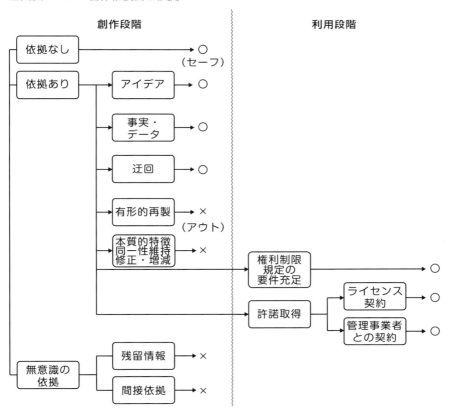

その結果，同一の著作物であっても併存することになり，これが特許法など
の産業財産権法と比べた場合の著作権法の特色の１つになっている（最判昭和
53年９月７日，ワン・レイニー・ナイト・イン・トーキョー事件，判時906号38頁，著作権
独立の原則・独自著作の抗弁・偶然の暗合）。

ポイント㉖

著作権侵害で依拠が必要とされる理由

① 著作権法は，模倣を禁止する法律である。

② 著作権の発生には登録が不要（公示制度がない）なため，依拠を要求し
ないと後発創作者に不測の損害を与えるおそれがある。

③ 経験則上，依拠なしに酷似するケースは稀であるから，依拠がない場合
を非侵害としても，権利者に与える影響は軽微である。

④ 依拠がない著作物の併存を認めることは，多様な文化的創作を保護する
著作権法の趣旨に合致する。

ポイント㉗

産業財産権（特許権等）侵害で依拠が必要とされていない理由

① 特許等では権利の存在が公示されるので，後発発明者は特許の内容を知
る機会がある。

② 産業政策上特許の排他性を維持する必要があるが，そのためには依拠の
有無を問わず早い者勝ちとする必要がある。

Ⅱ　依拠していない場合

■図表２－３に示すとおり，複製権侵害であれ，翻案権侵害であれ，依拠が
なければそもそも侵害にはならない。

よって，有形的再製該当性等を検討する前に，依拠該当性を検討することが
理論的には正しい。

しかし，実務的観点からは，依拠があろうがなかろうが，そもそも有形的再
製に該当しなければ侵害にはならないから，原告の主張を退けるという観点か
らは，どちらを先に判断しても構わない（複数の争点がある事案の場合，いずれかの
争点を先に判断し，その結果，その余の判断はするまでもないという型の裁判例は少なくな
い）。

ところで，依拠の主張立証責任は権利者側にあるから，侵害者側には依拠し
ていないことを立証する責任はない。加えて，ないこと（不作為）の証明は古

■図表 2 − 3　複製権侵害と翻案権侵害の要件事実

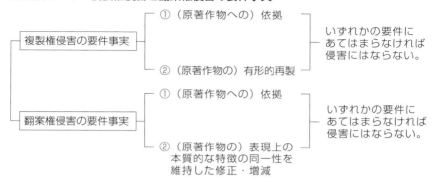

来から悪魔の証明ともいわれ，ないことを証明することはできない。

とはいえ，有形的再製の度合いがあまりにも強いと依拠が推認されることがあり（東京地判平成 4 年11月25日，暖簾事件，判時1467号116頁），また接する機会があったことで依拠が推認される場合もあるので（東京地判平成19年 8 月30日，営業成績増進セミナー事件，裁判所ウェブサイト），侵害者側としては，適切に反証し得るよう，少なくとも作成日時を確定し，その証拠は確保しておくことが望ましい。

なお，有形的再製でもないようにできればベターだが，そもそも依拠していない場合には先行著作物自体の中身もわからないので，有形的再製でもないようにすることは事実上不可能である。

Ⅲ　依拠していても非侵害になる場合

依拠していても非侵害（セーフ）になるのは，次の 5 つの場合である。

(1)　アイデア

仮に依拠があっても，アイデアの依拠は著作権侵害にはならない（東京地判平成24年12月18日，ディスクパブリッシャー制御ソフト事件，裁判所ウェブサイト他）。なぜなら，著作権法は表現を保護する法律であり，アイデアを保護する法律ではないからである。

(2)　事実・データ

これらは万人の共有財産であるし，創作的表現でもないから，依拠があっても著作権侵害にはならない（知財高判平成17年 5 月25日，京都大学博士論文事件，裁判所ウェブサイト他）。ただし，事実やデータの集合物が編集著作物やデータベー

スの著作物に該当する場合は別である。

(3) 迂回（東京地判平成13年3月26日，大地の子事件，判時1743号3頁のいわゆる「換骨奪胎」）（詳説256頁）

(a) 仮に依拠があっても，有形的再製でなければ侵害にはならないから，適切に迂回すれば有形的再製から回避したことになる（この場合は「依拠した」のではなく，「参考にした」ことになる）。

すなわち，内容が同じであっても表現が違えば，著作権侵害にはならない。なぜなら，既に述べたとおり，著作権法は表現を保護する法律だからである。なお，表現の再製といってもジャンルによりその程度は異なる。例えば，自然科学（実学）と社会科学を比べれば，事実やデータに依存する程度が高い前者の方が，著作権の保護範囲は必然的に狭くなる（詳説121頁）。

(b) ところで，アイデアを具現化する表現が1つしかない場合には，その表現をとるしか他に方法はなく，そこで迂回を強制すれば，憲法で保障された表現（学問）の自由を侵すことになる（■図表2－4）。

つまり，迂回できない表現を保護すると，アイデアを保護するのと同じ結果となり，その表現の創作者にアイデアの独占を許すことになるとともに，表現を保護しアイデアは保護しないという著作権法の基本原則にも反することにな

■図表2－4　迂回の可否によるアイデアと表現の対応関係

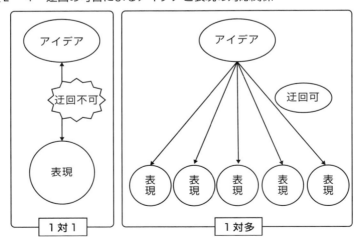

る。

そこで，アイデアと表現が不可分の関係にあるときは，たとえ表現であってもアイデアに融合（マージ）したと考えて保護すべきではないとするのが，マージャー理論（merger doctrine）や不可避的表現の理論である（東京地判平成6年4月25日，日本の城事件，判時1509号130頁）。

(c)　表現の選択の幅が狭いときもありふれた表現になりやすく，創作性が認められない。例えば，プログラムソフトは，要求される機能や利用者の利便性の観点から表現の選択の幅が著しく狭く，誰が作っても同じになりやすいから高い創作性が要求され，その分著作権侵害が成立しにくくなるというのも同様の趣旨である（東京地判平成14年9月5日，サイボウズオフィス2.0事件，判時1811号127頁他）。

(d)　過去の曲や音源の一部を利用して新たな曲を製作するサンプリングにおいても，創作性のある部分が利用されていれば複製権の侵害になるから，利用する部分を短くしそれだけでは創作性が認められない部分にすれば侵害を回避できる。

ちなみに，著作隣接権では音源の創作性が要求されていないので，元の音源をそのまま利用すれば，仮に利用された部分が短くても，基本的にはレコード製作者の複製権の侵害となる（とはいえ，この場合でも元のレコードが識別できないときは侵害にはならない）。

(e)　有形的再製でなくても，原著作物の本質的な特徴の同一性を維持した修正・増減であれば，翻案権の侵害になり得る（最判平成13年6月28日，江差追分事件，判時1754号144頁他）。

つまり，翻案権侵害のクレームにも対応するためには，表現内容を迂回するのみならず，表現の順序を変え，既存の表現を一部削除し，新規の表現を追加することも検討すべきである。

なぜなら，翻案権侵害の判断に際しては，基本的に共通点と相違点の重なりがどの程度あるのかが，ある程度まとまりをもった全体としての両著作物の対比の中で吟味検討されるからである（知財高判平成18年9月26日，江戸考古学研究事典1事件，裁判所ウェブサイト，三山裕三「二次的著作物の成否」著作権判例百選〔第5版〕54頁）。

(4) 権利制限規定の要件充足

利用段階の問題であるが，権利制限規定の要件が充足されれば，著作権侵害にはならない。

これについては**3**で後述する。

(5) 許諾取得

利用段階の問題であるが，許諾取得があれば，著作権侵害にはならない。

ライセンス契約の場合と管理事業者との契約の場合とがあるが，これらについては**5**及び**6**で後述する。

Ⅳ　無意識の依拠

(1) 残留情報

依拠しているつもりがなくても，結果的に依拠している場合がある。

記憶に残留した，いわゆる残留情報（residual information）に基づく場合である。

秘密保持契約書（NDA：Non-Disclosure Agreement）においても，残留情報を秘密情報から除外するか否かで争いになることがあるが，残留情報に基づく場合も依拠したことになるのか。

創作者本人が先行著作物に依拠したと明確に認識していないのであれば，依拠していないというしかない。

しかしながら，裁判例では有形的再製の度合いが余りにも強い場合には依拠が推認される場合があるので（東京地判昭和53年6月21日，日照権─あすの都市と太陽─事件，判タ366号343頁他），その場合には侵害者の方で反証をしなければ，推認の結果，侵害になってしまうことに留意する必要がある。

音楽のジャンルではよく似たフレーズを聴くことが多いが，その場合でも後発の創作者としては，おそらく依拠したつもりはないのだろう。

東京高判平成14年9月6日（どこまでも行こう1事件，判時1794号3頁）は，①顕著な類似性，②接したであろう可能性，③的確な反証がないことから依拠を推認している。

いわく，「甲曲は，昭和40年代から乙曲の作曲された当時（平成4年）にかけての時代を我が国で生活した大多数の者によく知られた著名な楽曲であって，甲曲と乙曲の旋律の間には乙曲が甲曲に依拠したと考えるほか合理的な説明ができないほどの上記のような顕著な類似性があるほか，被控訴人が乙曲の作曲

以前に甲曲に接したであろう可能性が極めて高いことを示す客観的事情があり，これを否定すべき事情として被控訴人の主張するところはいずれも理由がなく，他に的確な反証もないことを併せ考えると，乙曲は，甲曲に依拠して作曲されたものと推認するのが相当である」。

残留情報は，畢竟，人の頭の中の認識の問題ゆえ，そもそもその中身は不明であるし，生起数としては少なくレアケースともいえるから，反証できないのであれば，間接事実（状況証拠）によって依拠が推認されてしまうのもやむを得ないと解される。

無意識であるがゆえに，現実問題として迂回のしようもない。

⑵　間接依拠

間接依拠とは，二次的著作物（翻案物）を参考にし，その中に現れた原著作物の創作的表現を参考にしたときは，原著作物の表現にも依拠したことになるとの考え方である。

仮に原著作物自体を認識していなくても，二次的著作物（翻案物）は認識しており，二次的著作物（翻案物）を通じて原著作物に依拠しているのであれば，間接依拠を認めて差し支えない（大阪地判平成11年7月8日，パンシロントリム事件，判時1731号116頁）。

これも二次的著作物（翻案物）のみに依拠したという意味では，無意識の依拠といえるかもしれない。

しかし，⑴の残留情報の場合とは違い，ここでは少なくとも二次的著作物（翻案物）は認識しているのであるから，それに依拠していることを認識している以上，迂回はできたのであり，もし迂回していれば侵害は回避できた訳だから，依拠を認定されてもやむを得ないと解される（詳説247頁）。

Ⅴ　（非依拠の反証になる）創作日時の立証

侵害著作物の完成が原著作物の完成より早いことは，依拠の推認を妨げる重要な間接事実になる（東京地判平成3年2月27日，サンジェルマン殺人狂騒曲事件，判時1452号113頁）。

その点で，非依拠の反証にもなる創作日時の立証は，極めて重要な問題である。

⑴　公証人の確定日付

⒜　確定日付は，公証人が，私文書に日付のある印章（確定日付印）を押捺す

るものであり，押捺された確定日付の時点で当該私文書が存在していたことが証明される。

例えば，書籍の原稿であれば，プリントアウトした原稿を製本テープなどで製本し，契印を施したうえ，表紙に確定日付印を押捺すれば，ひとまとまりの原稿が押捺日時点で存在していたことが証明される。

将来，当該原稿に対し複製権侵害が主張されたときは，確定日付印の日が原著作物の発行日より前であれば，非依拠の反証になる。

(b) 確定日付は，私文書にあたらない物品自体について求めることはできないが，例えば，写真の余白や写真を綴り込んだ冊子の表紙に説明文を記載したうえ，署名若しくは捺印して私文書の形態にし，あるいはCD-ROM等を封筒に入れて封印し，封筒の表や張り紙に説明文を記載したうえ，署名（ないし記名捺印）することにより，確定日付を得ることができる。いずれにせよ，作成名義人の記載は必須である。

(2) タイムスタンプ

タイムスタンプは，ある時刻にある電子データが存在していたこと及び当該電子データがそれ以降に改ざんされていないことを証明する技術であり，認定されたタイムスタンプサービス事業者により発行される電子的時刻証明書である。

例えば，書籍の原稿を内容とする電子データについて，タイムスタンプを取得しておくことにより，書籍の原稿がタイムスタンプの日付時点において存在していたこと及びそれ以降に加筆や修正がされていないことを証明することができる。

(3) 事実実験公正証書

公証人は，五感の作用により直接体験（事実実験）した事実に基づき公正証書を作成することができる。

例えば，先使用の事実を明らかにするため，製造指示書や製品を公証人の面前で収納封印すれば，公証人はそれを目撃するから，その事実を録取して証書を作成すれば，それが事実実験公正証書であり，当該製造指示書や製品が公正証書作成時点において存在していたことを証明することができる。

(4) 宣誓認証

私署証書（作成者の署名，署名押印又は記名押印のある私文書のこと）について，当

事者が公証人の面前で，その記載が真実であることを宣誓したうえ，証書に署名若しくは押印し，又は証書の署名若しくは押印を自認したとき，その旨を記載して認証する制度である。

例えば，書籍の原稿に関し宣誓認証を受けることにより，書籍の原稿が宣誓認証の日付時点で存在していたことを証明することができる。

Ⅵ　（権利者側による）依拠の立証

依拠の主張立証責任は権利者側にあるが，依拠は内心の問題であるから，侵害者が否認したときは，その立証は案外困難である。

地道に間接事実を積み重ねていくことになる。

⑴　実質的類似性

既述のとおり，有形的再製の度合いがあまりにも強いと依拠が推認されるとの判例（前記東京地判平成4年11月25日）を前提に，まずは両著作物の実質的類似性を主張立証することになる。

> **17　実質的類似性の間接事実**
> ①　同じ誤記の存在
> ②　無意味な表現（プログラムでは不必要な機能しないルーチン）の再製

⑵　アクセス可能性

両著作物の実質的類似性に続いては，接する機会があったこと（アクセス可能性）を主張立証することになる。

> **18　アクセス可能性の間接事実**
> ①　侵害著作物中の権利者若しくは原著作物への言及
> ②　原著作物の知名度
> ③　原著作物の市場入手容易性
> ④　侵害者と権利者との面識の有無・程度（同じ業界人・学会人，先輩・後輩，元従業員等）

248　第2部　平時における免疫力の向上

3　著作物の利用段階における留意点

I　権利制限規定の要件充足

仮に依拠があっても，30条以下の権利制限規定のいずれかにあたれば，著作権侵害にはならない。

例えば，32条の引用のように，明らかに依拠していることを前提に，他人の著作物であることを明らかにして（48条の出所の明示），同条の要件（基本的には①明瞭区別性と②主従関係）を充足して利用する場合には，著作権法自体が認めている権利制限規定に則った利用であるから，侵害にはならない。

権利制限規定の要件を充足するときは，原則として，無許諾かつ無償にて著作物を利用することができるから，その要件該当性の検討は重要である。

II　許諾取得

権利制限規定の要件を充足しないときは，許諾を得るしかない。

次の2つの場合が考えられる。

① ライセンス契約

　　これについては，**5** で後述する。

② 管理事業者との契約

　　これについては，**6** で後述する。

III　恒常的に著作物を取扱う事業者（利用者）の注意義務

(1)　著作物利用者の注意義務（詳説526頁以下）

出版社，レコード会社，放送事業者，広告制作会社，広告代理店などは，他人（本人）の著作物を利用している者であるが，利益を得て恒常的に著作物を取り扱っているプロ集団であるため，著作権侵害物を利用してはならないという一般的注意義務を負っている。

よって，これに違反したときは，過失責任として損害賠償の責任を負う（これに対し，侵害者本人については，依拠が認定されれば，侵害についての故意が認められる）。

(2)　過失責任を否定する裁判例

基本的に過失責任を肯定する判例が多いが（東京地判平成20年4月18日，スターぼねえちゃん事件，裁判所ウェブサイト，三山裕三「広告代理店の著作権処理義務」NBL884号4頁），以下のとおり，過失責任を否定する判例もある。

（a）　広告主（大阪地判平成17年 1 月17日，セキスイハイム広告写真事件，判時1913号154頁）や宣伝広告主（大阪地判平成17年12月 8 日，ドトールコーヒー事件，裁判所ウェブサイト）も広い意味では利用者であるが，依頼する側の顧客であるから，また放送事業者から委託を受けた電気通信事業者（知財高判平成21年10月28日，苦菜花事件，判時2061号75頁）も同様に広い意味では利用者であるが，内容に関与しない受託者であるから，いずれも過失責任が否定されている。

（b）　JASRACについてであるが，本件では著作権侵害が明白であったとはいい難く，侵害の可能性についての判断が困難な状況にあったことを前提に，JASRACが使用料分配保留措置をとりつつ利用許諾を続けた行為は，措置としてはやむを得ないとし，JASRACの不法行為責任等を否定した裁判例がある（東京高判平成17年 2 月17日，どこまでも行こうJASRAC事件，裁判所ウェブサイト）。

（c）　本件雑誌が出版された当時，制定法の根拠を欠くパブリシティ権を認めることの可否について議論があり，これを認めた裁判例は，すべて芸能人の氏名や肖像を広告又はカレンダー等の商品に付して利用したというもので，本件のように芸能人の私生活を取り上げる記事の中でどの程度写真を利用するとパブリシティ権侵害となるかが正面から争われ，パブリシティ権侵害が認定された事例はなかったとして，一部の被告のパブリシティ権侵害につき，違法性の認識可能性がなく有責性を欠くとした裁判例がある（東京地判平成16年 7 月14日，ブブカスペシャル 7 事件，判時1879号71頁）。

（d）　プログラムの著作権法による保護をめぐる裁判例，学説，審議会の報告，関係官庁の立法作業の状況にも言及しつつ，当時プログラムが著作物として保護されるのか否か，特にプログラムが収納されたROMが装置に装着され，一体の製品として取引される場合はどのように法律上扱われるのかについて，法律専門家であっても確実な意見を述べることができない状況にあったとし，一部被告につき著作権侵害についての過失を否定した裁判例がある（東京地判平成 7 年10月30日，システムサイエンス事件，判時1560号24頁）。

(3)　公的見解・有力な学説・裁判例の存在

　仮に侵害者が弁護士や学者等の肯定的意見書に準拠したとしても，それだけで侵害者の過失が否定されることにはならない。

　なぜなら，司法判断は裁判所の専権事項であるし，同種の問題は著作権に限られないからである。

しかし，公的見解，有力な学説，裁判例があった場合には，過失が否定されるとの含みを残している判例もある（最判平成24年1月17日，暁の脱走DVD事件，判時2144号115頁）。

したがって，公的見解，有力な学説，裁判例の点で微妙な事案では，過失が否定されることもあり得るから，事案によっては事前に弁護士や学者等から肯定的意見書を徴求しておくことも検討されてよい（三山裕三「著作権法解釈の誤信と過失」著作権判例百選〔第6版〕182頁）。

(4) 侵害物でないことの確認・調査等

もとより利用者としては，企画の段階で，以下のとおり侵害物でないこと等の一応の調査をすべきである。

① 本人自身から他人の著作物を利用していないかをヒヤリングする。

② 原稿の中に他人の著作物を利用したと疑われる不審な点（例えば，他の部分の記載と明らかに論調が異なる部分，コピーの添付）がないかを確認する。

③ 類書と比較し他人の著作物を利用したと疑われる記載がないかを調査する。

④ 将来，注意義務を尽くしたことを反証し得るよう，上記のヒヤリング・確認・調査の記録（例えば，報告書，業務日誌，メールなど）を残す。

(5) 表明保証及び補償

そのうえで，利用する著作物が他人の著作権を侵害するものでないことを本人に保証してもらい，万一侵害物であったときは，蒙った損害を補償してもらう必要がある（条項例については **5** で後述する）。

Ⅳ ネットユーザ等個人利用者の留意点

(1) ウェブサイトでの公開

サーバへのアップロードは複製に，ウェブサイトでの公開は自動公衆送信に，それぞれ該当するから，許諾なしに他人の著作物をウェブサイトで公開すれば明らかに著作権侵害になる。

ウェブサイトでの公開は，個人的又は家庭内等における私的使用（30条）とはいえず，また非営利目的での利用であるから侵害にならないということにはならない。

しかし，リンクを張るだけではその情報を自ら複製したり公衆送信したりするわけではないので著作権侵害にはならない。また，Eメール送信も送信先が

不特定多数人でなければ，公衆送信権侵害にはならない。

(2) 私的使用上の改変

量の多少にかかわらず，改変すれば同一性保持権（改変禁止権）の侵害となり，これは個人的又は家庭内等における私的使用の場合（30条）であっても例外は認められない。

なぜなら私的使用に関する30条は，あくまで著作財産権についての制限規定であり，著作者人格権については適用がないからである。

(3) 非営利目的の利用

ファンクラブや私的なサークルなどで使うといった非営利目的であっても，そのことから直ちに著作権の侵害が否定されるわけではない。

つまり，目的や商業的価値は著作権とは直接の関係はなく，侵害を阻却する理由にはならない。

V ビジネスソフト利用上の留意点（個人及び法人）

(1) ソフトの購入

ソフトの購入とは，①媒体とマニュアルの所有権取得＋②非独占的・譲渡不能使用権の許諾取得（ライセンス契約）を意味する。

したがって，購入対価とは主にソフトの使用料のことであり，購入した1本のソフトは1台のパソコンで使用するのが原則であるから，複数台にインストールすると複製権の侵害になる。

(2) フリーウェア

フリーウェアは，無償で利用できるソフトウェアのことであるが，著作権はあくまで著作権者に残り，決して放棄されている訳ではないから，許諾の条件に反したときは複製権等の侵害になる。

ネット上で提供される写真やイラストのフリー素材についても，条件付きの無償利用許諾と考えるべきで，許諾の条件に反すれば複製権等の侵害になる。

(3) オーバーライドの有効性

シュリンクラップ（開封）契約（ソフトの入っているCD-ROMなどの封を切った時点で，使用条件に同意したものとみなされる類型の契約）であれ，クリックオン契約（画面に使用条件が表示され，それをクリックすれば同意したものとみなされる類型の契約）であれ，ユーザの許諾の同意が擬制される契約類型において，権利制限規定により認められる著作物の利用を禁止又は制限する内容の許諾の条件は有効かとい

う問題が，オーバーライドの有効性の問題である。

　例えば，会社で購入したOSやアプリを自宅のパソコンにインストールしたときを考えると，バックアップのためであれば一部のコピーは許される（47条の3）。

　しかし，オーバーライドが有効だとすると，許諾の条件で事前バックアップが禁止されているときはコピーできないことになる。つまり，著作権法ではセーフでも，契約でアウトであれば，結果としてはアウト（侵害）になるのがオーバーライド有効説である。

　上述した事前バックアップの禁止の他に，私的使用の複製の禁止やリバースエンジニアリングの禁止などが許諾条件として考えられる。

　著作権法の規定を強行規定と解し，権利制限規定を禁止又は制限する契約を締結しても無効と考えるオーバーライド無効説もあるが，基本的には契約自由の原則により，権利制限規定に違反する契約であっても，そのように合意した以上は有効であると考えてよいと解される。

　とはいえ，あらゆるオーバーライドが有効というわけではなく，最終的には規定の趣旨，ビジネス上の合理性，ユーザに及ぶ不利益の程度，公益性の観点からの総合判断により決せられよう。

　ただし，第三者との関係では，法的安定性の観点から，当該第三者が制限規定に反する契約であることを知っていた場合を除き，無効とすべきものと解される。

4 契約書，覚書，メールなどの書面の作成　253

4 　契約書，覚書，メールなどの書面の作成

Ⅰ　書面の重要性

　予防法務の観点からは，契約書や覚書等の書面を作成し，当事者間の権利義務，特に著作財産権の帰属や著作者人格権の不行使等についてあらかじめ定めておくことが肝要である。

　なぜなら，将来の訴訟において，権利義務を記した書面は直接証拠となり，証拠価値が最も高いからである。

　もし書面がないときは，間接証拠（状況証拠）と経験則等による立証若しくは反証となるが，それには困難が伴う。

　なお，ここでいう書面の中で最も証拠価値が高いのは，両当事者が署名捺印した契約書であるが，それ以外の書面（メモ，手紙，電子メール）であっても，作成名義人が明らかになっているものは，十分に証拠価値があるといってよい。

　いずれにせよ，口頭では，言った言わないの水掛け論となり，また勘違いや歪曲のおそれもあるから，証拠価値は極めて低い。

Ⅱ　誰と合意するか

　著作物の利用であれば，権利者と利用者との間で，著作物の譲渡であれば，譲渡人と譲受人との間で，それぞれ合意しなければ意味がない。

　メインのコンテンツ（例えば，書籍本体）の他，周辺のコンテンツ（例えば，書籍の場合であれば，表紙デザイン，イラスト，図版，写真，絵等）も存在する場合には，これらの権利者との間でも，利用許諾につき合意しなければならないことは当然である。

　なお，代理人が間に介在する場合には，原則として本人からの正当な委任権限を証する書面（例えば，委任状）が必要である。

　出版許諾や出版権設定の場合で，出版社が著作権者代表と契約を締結する場合も，基本的には各執筆者から著作権者代表への委任状が必要であるが，例えば，契約書の内容が明記された執筆要綱を承諾する旨の署名押印のある書面を各執筆者から出版社が受領しているのであれば，委任状の代用として取り扱ってもよいであろう。

Ⅲ　何を合意するか

　何を合意するかについては，契約類型（■図表2−5）ごとに，具体的には①

■図表2－5　契約類型

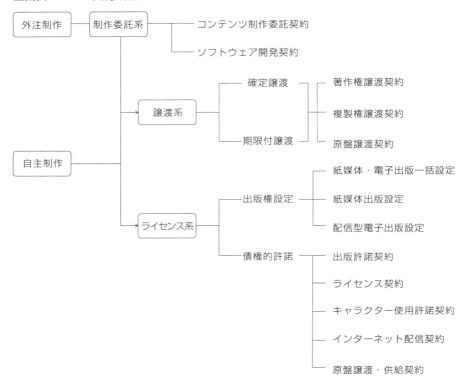

譲渡系，②制作委託系，③ライセンス系の順に，それぞれⒶ**中核条項**を示し，その後，すべての契約に共通するⒷ**一般（ボイラープレート）条項**を示すことにする。

　時系列的には，利用に先立ちはじめに著作物ありきであるから，創作過程の時点で，自主制作と外注制作とに分類できる。

　自主制作については，依拠がある場合と依拠がない場合とに分類でき，それぞれの場合における利用に関しては，既に **2** で述べた。

　外注制作については，ここで述べる上記②の制作委託系になる訳だが，その内容は，基本的には①の譲渡系と同じである部分が多く，創作過程としては外注制作の他に自主制作もあることから，ここでは①譲渡系⇒②制作委託系⇒③

ライセンス系の順に論じ，それぞれ条項例を示しつつ解説する。

　なお，これらはあくまで条項例に過ぎず，当該条項例を推奨している訳では決してない。

　契約は，基本的に利害が対立する当事者間で締結されるものであるから，自らがいずれの立場になるのかによって，利害は当然に変わってくる。

　基本的に契約内容を決するものは，契約当事者間のパワーバランス以外には考えられない。

256　第 2 部　平時における免疫力の向上

5　契約類型毎の留意点

Ⓐ　中核条項

Ⅰ　譲渡系契約（著作権譲渡契約，複製権譲渡契約，原盤譲渡契約）

(1)　譲渡かライセンスかの区別

　明確な取決めがなければ，ライセンス（利用許諾）となる（東京地判平成20年 4 月18日，スターボねえちゃん事件，裁判所ウェブサイト）。

　なぜなら，著作権の譲渡は著作者に重大な影響を及ぼすものゆえ，明確な取決めもないのに軽々に譲渡を認定することは，経験則に反する（利用させるのであれば，譲渡までしなくてもライセンスで十分に事足りる）からである（東京地判平成17年12月22日，静岡放送事件，判時1930号133頁）。

(2)　出版等の利用目的による譲渡やレコードの原盤譲渡

　出版等の利用目的で著作権や複製権の譲渡が期限付きで行われることも，特に医学系の書籍出版では多く見られる。

　著者と出版社との間に強固な信頼関係があるのであれば，出版利用の目的であっても，譲渡という法形式を用いてもリスクは小さいし，侵害者に対しても，出版社が自ら著作権者として対応できるというメリットもある。

　レコードの原盤譲渡契約においても，ロイヤリティに相当する原盤印税が継続的に支払われるにもかかわらず，譲渡の法形式が使われることがある。

(3)　譲渡文言と対価の合理性

　著作物を利用するためには，必ずしも著作権の譲渡による必要はなく，通常はライセンス（利用許諾）で事足りるのが経験則であるから，契約書等の書面において，「著作権を譲渡する」旨の文言が明確に規定されていない限り，著作権譲渡を推認し得る間接事実（状況証拠）がなければ（例えば，著作権譲渡に見合った合理的な額の対価が支払われたのでなければ），著作権譲渡が認められる可能性は低い。

　したがって，著作権を譲り受ける場合は，まず契約書等の書面において「著作権を譲渡する」と明確に規定しておくことが重要であり，いずれにせよ原稿の買取りといった曖昧な表現は使うべきではない（東京地判昭和50年 2 月24日，秘録大東亜戦史事件，判タ324号317頁）。

次に，「著作権を譲渡する」旨の文言が明確に規定されているだけでは十分とはいえず，その対価も合理的な額であることを要する。

その対価が余りにも低額で，著作権譲渡に見合った合理的な額でないときは，当事者の合理的意思解釈の名のもとに，著作権譲渡が否定される可能性もなくはないので，その点には注意を要する（著作権者が僅少な金額で虎の子である著作権を譲渡することは経験則に反するからである）。

著作権譲渡を推認し得る間接事実（状況証拠）には，以下のものがある（東京高判平成元年6月20日，原色動物大図鑑事件，判時1321号151頁，大阪地判平成19年7月26日，グラブ浚渫施工管理プログラム事件，裁判所ウェブサイト）。

> **19　著作権譲渡を推認し得る間接事実**
> ①　対価額の合理性
> ②　契約締結の目的・経緯
> ③　著作物の制作過程・内容・利用目的
> ④　契約締結後の著作物の利用状況
> ⑤　契約前後の当事者の言動
> ⑥　業界の慣習

(4)　譲渡対象の特定と明確化

著作財産権の譲渡条項では，次のとおり，譲渡の対象等を十分に特定かつ明確にする必要がある。

①　譲渡の対象となる著作物の名称等（タイトル及び著作者名）
②　著作財産権全体（すべての支分権）の譲渡か
③　著作財産権の中の一部の支分権の譲渡か
④　一部譲渡の場合は，いずれの支分権の譲渡か

なお，支分権の中で権利をさらに細分化し，そのうちの一部だけを譲渡することは，法的安定性を著しく害するうえ（加えて登録もできない），第三者との法的関係も複雑にするから認められない（もっとも当事者間ではそれなりの合意として扱い，全部無効とするまでのことはない）。

付言するに，契約当時の著作権法にはなかった支分権が，その後の法改正により認められた場合の帰属の問題がある。そこでは，当事者が譲渡契約を締結した目的，譲渡契約締結当時の状況，譲渡契約の対象，譲渡契約の対価等を総合考慮して，当該支分権の譲渡の有無が認定されている（東京高判平成15年8月

258　第2部　平時における免疫力の向上

7日，ライオン丸事件，裁判所ウェブサイト，東京地判平成19年1月19日，THE BOOM事件，判時2003号111頁，東京地判平成19年4月27日，HEAT WAVE事件，裁判所ウェブサイト）。

　将来を予測することは困難であるから，契約書には，契約の目的を詳細に書き込む他，「将来立法により認められる権利を含む」，「将来生ずるであろう，あらゆる利用方法を含む」等の条項を規定しておくべきであろう（とはいえ，対価が不相当な場合等特段の事情がある場合には，その条項が無効と判断される可能性はある）。

(5)　著作財産権（翻案権を含む）の譲渡及び対価の支払

◆文例1　著作財産権（翻案権を含む）の譲渡及び対価の支払条項

1　甲は，乙に対し，本著作物に係る著作権（著作権法第27条及び第28条に定める権利を含む）を譲渡する。

2　乙は，甲に対し，第1項の著作権及び翻案権等の譲渡に対する一切の対価として，平成○年○月○日までに，金○円（消費税を含み源泉税を含まない）を，甲が別途指定する口座宛て振込送金の方法により支払う。ただし，送金手数料は乙の負担とする。

3　甲は，第1項の著作権及び翻案権等の譲渡に関し，名目のいかんを問わず，第2項の金員のほかは，乙に対して一切の金員の支払を請求しないものとする。

◆文例1－2　翻案権等の特掲条項

　本著作物についての翻訳権，編曲権，変形権，映画化権その他の翻案権及び二次的著作物に関する原著作者の権利は，著作権の譲渡と同時に乙に譲渡されたものとする。

　(a)　著作権の譲受人としては，著作物の将来の改変に備え，翻案権等の二次的利用権の譲渡も受けておいた方が妥当であるが，27条及び28条に定められている二次的利用権は，譲渡の対象として特掲されていないときは，譲渡していないものと推定される（61条2項）。

この場合，「著作権等一切の権利を譲渡する」というような包括的な記載では足りず，譲渡対象権利として，27条や28条の権利を具体的に明記する必要がある（大阪高決平成23年3月31日，ひこにゃん事件，判時2167号81頁）。

実務では，通常は，「著作権（著作権法第27条及び第28条に定める権利を含む）を譲渡する」程度の記載でとどめているものが多いが，心配であれば◆文例1－2のように，具体的にすべてを明記することである。

(b) 翻案権等を特掲していなかったとしても，翻案権等が譲渡人に留保されていると推定されるだけであり，この推定を覆すことは可能である（推定の覆滅が認められた裁判例として，知財高判平成18年8月31日，振動制御システムソフト事件，判時2022号144頁，大阪高決平成23年3月31日，ひこにゃん事件，判時2167号81頁）。

したがって，何らかの事情により特掲ができなかった場合であっても，次善の策として，61条2項の推定の覆滅や利用許諾の認定が得られるよう，著作権者に対する電子メールや覚書等によって，著作物の利用に際し，翻案利用を行うことが当然に想定されていたことを明確にしておくべきである。

---

20 推定覆滅の間接事実

① 著作物の内容・利用目的
② 譲渡に関する交渉過程
③ 対価の額
④ 譲受人による想定利用態様（翻案利用が想定されていたか）
⑤ 譲受人による実際の利用態様（翻案利用がされているか）
⑥ ④に対する譲渡人の認識
⑦ ⑤に対する譲渡人の反応
⑧ 契約書・仕様書等の文言

(c) 譲渡の対価に関しては，その額，支払期日（1回払い，分割払い），支払方法（銀行振込，手数料の負担）等を規定する。

著作権譲渡により，著作権者は著作財産権を喪失するから，通常はそれに見合うだけの対価が支払われるのが経験則である。

後日，著作財産権の譲渡の有無や範囲等が争われる可能性がなくはなく，その際は対価が重要な判断材料となるため，対価は合理的に説明できる金額としておくのが無難である。

(6) 著作者人格権の不行使特約と第三者効

◆文例 2　著作者人格権の不行使特約と第三者効条項

> 1　甲は，乙に対し，甲の名誉声望を害さないかぎり，本著作物の改変につい
> て著作者人格権を行使しないことをあらかじめ承諾する。
> 2　前項の承諾は，反対の意思表示がないかぎり，乙からさらに許諾を得た者，
> 乙の権利承継人にも及ぶものとする。

　(a)　著作財産権が譲渡されても，著作者人格権はその一身専属性から譲渡人
に残るので（59条），将来の改変に備え，著作者人格権の不行使特約もあわせて
規定しておくべきである。

　(b)　譲受人が将来，第三者に利用許諾したり，著作権を譲渡する可能性もあ
るので，当初の譲受人以降の第三者に対しても不行使特約の効果を及ぼすこと
が必要となる。その有効性についての判例はないが，契約自由の原則からいっ
て否定する理由はない。

　(c)　著作者人格権の不行使は，改変のみならず氏名表示の省略についても特
約しておくべきである。なぜなら，19条 3 項では氏名表示を省略できる場合が
規定されているものの，これらに該当するか否かで争いになることもあり得る
からである。

　(d)　翻案物は二次的著作物であるから，翻案の許諾を得ている場合には，二
次的著作物を創作することを原著作者が認めているのであり，二次的著作物の
創作は必然的に著作物の変更をもたらすから，翻案権を許諾している以上は，
同一性保持権の不行使をも合意していることになる。とはいえ，この場合でも
念のため，不行使特約と第三者効を約定しておくべきであろう。

(7) 他人の著作権等非侵害の表明保証と補償

◆文例 3　他人の著作権等非侵害の表明保証と補償条項

> 1　甲は，乙に対し，甲が本著作物の著作権者であって，本契約を有効に締結
> する権限を有していることを表明し，かつ保証する。
> 2　甲は，乙に対し，本著作物が第三者の著作権，著作者人格権，名誉権，肖
> 像権，プライバシー権，パブリシティ権その他いかなる権利をも侵害しない

こと及び本著作物につき第三者に対して出版権，質権を設定していないこと
を保証する。
3　本著作物に関し，第三者から権利の主張，異議，対価の請求，損害賠償の
請求等がなされ，その結果乙又は第三者に対して損害を与えたときは，甲は，
その責任と費用負担においてこれに対処するものとし，乙又は第三者に対し
て一切の迷惑をかけないものとする。

　著作権の帰属について調査，確認しても，後に真の著作者が登場し，トラブ
ルに発展する可能性がある以上，上記のような条項も入れておく必要がある。
　第1項は契約締結権限についての，第2項は他人の著作権等非侵害について
の各表明保証であり，第3項は第2項の表明保証に違反したときの損害の補償
規定である。

Ⅱ　制作委託系契約（コンテンツ制作委託契約，ソフトウェア開発契約）

⑴　譲渡系と同じ内容の条項

　①著作財産権（翻案権を含む）の譲渡及び対価の支払条項，②著作者人格権の
不行使特約と第三者効条項及び③他人の著作権等非侵害の表明保証と補償条項
については，Ⅰの譲渡系で述べたのと基本的に同内容であるから，◆文例1～
3を参照されたい。

⑵　受託者による外注若しくは下請

　制作委託の場合で，受託者（外注先や下請先）が制作の一部若しくは全部を外
注若しくは下請（再外注先や再下請先）に出す場合には，委託者は，受託者との
間で，次の①～⑦について約定しておくべきである。
　①　再委託に関し委託者の事前の承諾を要すること
　②　受託者の契約上の義務と同等の義務を再委託先にも課すこと
　③　再委託先の一切の行為について受託者が責任を負うこと
　④　著作財産権を受託者は委託者に譲渡すること
　⑤　著作者人格権を受託者は行使しないこと
　⑥　第三者の著作権を受託者は侵害していないこと
　⑦　第三者の著作権を侵害したことにより委託者が損害をこうむったときは，
　　受託者は補償すること
　◆文例4は，上記①～③の確約文言であり，もし受託者自らに制作させたい

262　第2部　平時における免疫力の向上

のであれば，◆文例4－2のように，受託者の再委託自体を禁止しておくことである。

　なお，上記④〜⑦については，受託者のみならず，再外注先や再下請先にも確約させるべきであるが，その条項については，◆文例1〜3を参照されたい。

◆文例4　事前承諾＋同等義務負担＋受託者連帯責任の条項

　乙は，甲の書面による事前の承諾なしに，本業務の全部又は一部を第三者に再委託してはならない。ただし，乙は，甲の承諾を得て，本業務の全部又は一部を第三者に再委託するときは，本契約により自己が負担するのと同等の義務を当該第三者に負担させ，当該義務の違反に関し，当該第三者と連帯してその責任を負うものとする。

◆文例4－2　再委託の禁止条項

　乙は，本業務の全部又は一部を第三者に再委託してはならない。

（3）　検収（引渡し及び審査）
◆文例5　検収（引渡し及び審査）条項

　1　乙は，実施期間の末日までに，甲及び乙が別途合意したデータ形式により，本コンテンツを甲に引渡す。

　2　甲は，本コンテンツの引渡しを受けた日から○営業日以内（以下「審査期間」という）に，本コンテンツを審査する。

　3　甲は，審査期間内に，乙に対し，前項の審査の結果を通知しなければならない。審査期間が経過しても乙に対して合否の通知がないときは，本コンテンツは，審査期間が経過したときに，甲の審査に合格したものとみなす。

　4　本コンテンツが甲の審査に合格したときをもって，本業務は完了したものとする。

　5　審査の結果，本コンテンツが本業務の委託の趣旨に合致しないと客観的に認められる場合には，甲は，乙に対し，本コンテンツの修正を依頼することができる。この場合，甲は，修正後の本コンテンツにつき，本条に基づいて審査を行うものとし，以降も同様とする。

（a）　どういうときに不合格になるのかの客観的基準を明確にしておかないと，いつまで経っても合格できないおそれがある。

（b）　また，期間経過による合格擬制条項がない場合も，いつまで経っても合格の時期が決まらず，法的関係は余りにも不安定になる。

このような，いわゆる検収条項は，何も著作物（権）に限ったことではなく，有体物である商品の場合も同様に問題となるし，委託契約に限られるものではなく，売買契約でも同様に問題となる。

（c）　加えて，その効果としても，基本的には，返品，修補，代替品の納入，損害賠償などが考えられるが，ここでは対象がコンテンツなので，修補（修正）を規定した。

Ⅲ　ライセンス系契約（出版権設定契約，債権的許諾契約）

(1)　2種類のライセンス系契約

ライセンス系契約にも2種類ある。

1つは，出版権設定契約である。

設定出版権は，著作権法の79条以下に1章が設けられ，設定出版権者には112条で差止請求権まで付与されているから準物権といえる（複製権等の期限付き譲渡に近い）。

もう1つは，債権的許諾契約であり，仮にそれが独占的なものであったとしても，あくまで債権であるから，それが侵害された場合，ライセンシーは自己の固有の地位に基づき損害賠償は請求できるが（東京地判平成27年3月25日，MANGA RAK事件，裁判所ウェブサイト），第三者に対し差止めを求める権利まではない（詳説404頁）。

以下，順に論じる。

(2)　出版権設定契約

(a)　平成26年の法改正による出版権の拡大

平成26年の法改正により出版権が拡大され，（80条1項）1号出版権により，CD-ROM等の電子書籍にも出版権が及ぶこととなり，さらに（80条1項）2号出版権により，電子書籍の公衆送信にも出版権が及ぶことになった（■図表2－6）。

■図表2−6　平成26年改正法による出版権の拡大

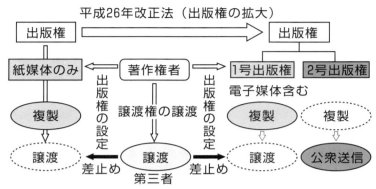

＊著作権者から譲渡権の譲渡を受けた第三者から差止請求権を行使されれば，設定出版権者であっても譲渡利用ができない。

(b)　1号出版権と2号出版権の各限界

1号出版権は「複製する権利」の専有であり，「頒布する権利」は含まれない。

よって，仮に出版権設定契約書の中に「頒布する権利を専有する」との規定があったとしても，それは譲渡（貸与）利用の黙示による独占的許諾と解されるにとどまる（もちろん，「譲渡（貸与）して独占的に利用することを許諾する」と規定することも可能である）。

2号出版権は「公衆送信を行う権利」の専有であり，公衆送信の前段階である複製段階における「複製する権利」は含まれない。

よって，仮に出版権設定契約書の中に「複製する権利を専有する」との規定があったとしても，それは複製利用の黙示による独占的許諾と解されるにとどまる（もちろん，「複製して独占的に利用することを許諾する」と規定することも可能である）。

いずれにせよ，出版権ではカバーできない利用の部分については，出版権設定契約書の中にその旨の規定を盛り込んでおく必要がある。

(c)　書協のヒナ型

(ｱ)　一般社団法人日本書籍出版協会（書協）では，平成26年の法改正に準拠すべく，次の3種類の出版権設定契約書ヒナ型を用意している。

① 出版権設定契約書ヒナ型1（紙媒体・電子出版一括設定用）2017年版「出版契約書」

② 出版権設定契約書ヒナ型2（紙媒体出版設定用）2017年版「出版契約書（紙媒体）」

③ 出版権設定契約書ヒナ型3（配信型電子出版設定用）2015年版「出版契約書（電子配信）」

（イ）　出版権の設定は，登録しなければ第三者に対抗することができない（88条1項）。

書協の出版権設定契約書ヒナ型1ないし3では，いずれも1条3項において，「甲は，乙が本著作物の出版権の設定を登録することを承諾する」と規定し，出版権者が単独で登録申請できるようにしている（◆文例6を参照されたい）。

「対抗することができない」とは，出版権が二重に設定された場合には，先に登録した者が優先するということである。

したがって，出版権の設定を受けた出版社としては，直ちに出版権の登録を行う必要はなく，例えば，二次利用したい旨の申出が二次出版社から一次出版社にあった場合に，出版権の登録を直ちに行い，対抗要件を具備した上で，二次出版社からの申出を断るということで足りる。

いずれにせよ，当初から完全な排他性を求めるのであれば，出版権設定契約を締結のうえ，その旨の登録までしておくことである。

◆文例6　出版権の設定条項

1　甲は，本著作物の出版権を乙に対して設定する。

2　乙は，本著作物に関し，日本を含むすべての国と地域において，第○条に記載の行為を行う権利を専有する。

3　甲は，乙が本著作物の出版権の設定を登録することを承諾する。

(d)　上映等利用対応

端末等の画面を同一構内の内と外とで公衆に見せるような利用形態も生起しているところ，上映利用や公衆伝達利用は2号出版権には含まれないので，そのような利用形態も増えている昨今，出版社としては，これらの利用についての独占的許諾も，契約書に明記しておくのが望ましい（◆文例7を参照されたい）。

266　第2部　平時における免疫力の向上

◆文例7　上映等利用条項

> 甲は，乙に対し，乙が甲の著作物である○○を上映もしくは公衆伝達して（独占的に）利用することを許諾する。

(e)　出版権の拡大に伴う出版社としての対応

　出版社としては，著作物の全体的・総合的利用の見地からも，有効な海賊版対策の観点からも，1号出版権と2号出版権を一体のものとしてあわせて著作者から設定を受けておくことが望ましい。

　しかし，条文上の規定振り（80条1項柱書が，出版権者は次に掲げる権利の全部又は一部を専有すると規定していること）からいえば，著者は別々の出版者（例えば，1号出版権は紙媒体出版者，2号出版権は配信事業者）に分別して付与することが禁止されている訳ではない。

　出版社としては，出版が著作者の発掘・育成に始まり，企画・編集・校正・宣伝・伝達（販売）という一連の活動であり，著作権者との信頼関係に基づいていることを強調し，1号出版権のみならず2号出版権をも包含した出版権設定契約を当初から締結しておくことが望ましい。

(3)　債権的許諾契約

(a)　5種類の債権的許諾契約

　債権的許諾契約には，①出版許諾契約，②ライセンス契約，③キャラクター使用許諾契約，④インターネット配信契約，⑤原盤譲渡・供給契約があるが，すべてライセンス（利用許諾）契約という意味では同じである。

　そこで，以下では，まず，譲渡系契約との違いに触れ，次に，債権的許諾契約のすべてに共通する条項について説明し，最後に，①〜⑤の各契約に固有の注意点について，それぞれ解説する。

(b)　ライセンス系契約と譲渡系契約との違い

おおむね次のとおりである。

① 譲渡系契約での著作財産権（翻案権を含む）の譲渡は，ライセンス系契約では利用の許諾（ライセンス）に変わる。

② 譲渡系契約での他人の著作権等非侵害の表明保証と補償は，ライセンス系契約でも同様である。

③　譲渡系契約での著作者人格権の不行使特約は，ライセンス系契約ではクリエイティブコントロールに変わる。

(c)　債権的許諾契約のすべてに共通する条項

(ア)　利用許諾（ライセンス）

(i)　真正なライセンサーであることの確認

　著作物を利用するのに，権利の譲渡を受けないのであれば，権利者（ライセンサー）から利用許諾（ライセンス）を得るしかない。

　ここで重要なことは，真正なライセンサーから利用許諾を得ることである。

　そのためには，ライセンサーの取得原因事実である，創作又は前主からの譲受を確認しなければならない場合もある。

　なお，ライセンスの対象が，①アイデアであれ，②創作性のない表現であれ，③翻案物性の要件を充足していない翻案物であれ，ライセンス契約としては有効である。

　将来，訴訟を含む侵害クレームを完全に遮断したいという強い意向が利用者側にある場合には，訴訟に発展する事自体が問題であるから，対象が著作物であろうとなかろうと，その見返りとして一定の金員を支払うことには，十分な経済的合理性が認められる。

(ii)　ライセンス対象の特定と明確化

　何をライセンスするのか，その対象等を十分に特定かつ明確にする必要がある。

①　ライセンスの対象となる著作物の名称等（タイトル及び著作者名）
②　著作財産権全体（すべての支分権）のライセンスか
③　著作財産権の中の一部の支分権のライセンスか
④　一部ライセンスの場合は，いずれの支分権のライセンスか

　なお，支分権の中で権利をさらに細分化し，そのうちの一部だけをライセンスすることは，法的安定性を著しく害するうえ（利用許諾については，そもそも対抗要件制度がない），第三者との法的関係も複雑にするから認められない（もっとも当事者間ではそれなりの合意として扱い，全部無効とするまでのことはない）。

◆文例8　支分権毎のライセンス条項

（複製権のライセンスの場合）

甲（ライセンサー）は，乙（ライセンシー）に対し，乙が甲の著作物である
○○を複製して（独占的に）利用することを許諾する。
（譲渡権のライセンスの場合）
　　甲は，乙に対し，乙が甲の著作物である○○を譲渡して（独占的に）利用す
ることを許諾する。
（公衆送信権のライセンスの場合）
　　甲は，乙に対し，乙が甲の著作物である○○を公衆送信して（独占的に）利
用することを許諾する。

　　(iii)　独占的か非独占的か

　譲渡と違い利用許諾（ライセンス）である以上，その許諾が独占的な許諾であ
るのか，非独占的な許諾であるのかを選択しなければならない。

　権利と義務は契約上において相互に対価的に均衡するから，付与される権限
が独占か非独占かに応じ，契約上のライセンシーの義務の強弱も変わることに
なる（例えば，契約期間の長短，最低購入（利用）義務，宣伝広告等）。

　契約上独占的と明示されていないときは，ロイヤリティ（許諾料）の額が高
い等，独占権を付与し得る特段の事情が認められない限り，非独占的な利用許
諾と解釈される。

　非独占的なライセンスであれば，ライセンサーは別の第三者へもライセンス
（利用許諾）可能であるが，念のため◆文例10のように，その旨明記する場合が
ある。

　また，ライセンシーが再許諾できるというサブライセンスについても，規定
がなければ不可となるので，◆文例11のように，サブライセンスを認める旨明
記する場合もある。

◆文例9　独占的利用等の許諾条項

　　1　甲は，乙に対し，○及び○（以下「販売地域」という）において，書籍又
　　は電子書籍（以下これらを総称して「本出版物」という）により，本著作物
　　を複製して独占的に利用することを許諾する。
　　2　本出版物の内容，販売価格，著作権表示等については，別紙に記載のとお
　　りとする。但し，電子書籍の詳細については，甲乙協議の上別途合意する。

3　乙は，甲の個別の同意を得た場合に限り，劇場用映画メディア及び乙の流
　通メディア等に対し，○における本出版物の複製及び譲渡を許諾することが
　できる。

◆文例10　第三者へのライセンス可能条項

　甲は，第三者に対し，本契約において乙に与えた許諾と同一又は類似の許諾
をすることができる。この場合において，乙は，甲に対し，当該許諾について
何らの異議を申し立てないものとする。

◆文例11　サブライセンス可能条項

　甲は，○の利用に関し，乙が第三者に対し，再許諾することを承諾する。

　(iv)　使用料の定め方
　譲渡系と違い，ランニングロイヤリティ（算定期間中の売上×料率）ベースの支
払の方が多いようである。もちろん，前払金（アドバンス）を組み合わせること
もある。
　いったん支払われた前払金は，理由の如何を問わず，返還されないと規定さ
れることが多いようである。

◆文例12　ロイヤリティ（許諾料）の支払条項

1　乙は，毎年○月○日から○月○日を前期，○月○日から○月○日を後期と
　して，各期ごとに本出版物の実売部数を集計し，甲に対し，実売部数1部に
　つき本体価格の○％の割合により計算した著作権使用料から源泉税を差し引
　いた金額を，各期の末日の翌月末日（その日が金融機関の休業日に当たる場
　合は翌営業日）限り，甲の指定する銀行口座宛て振込送金の方法により支払
　う。なお，振込手数料は乙の負担とする。
2　前項の規定にかかわらず，本出版物の最低初版部数○部の対価については，
　乙は，ミニマムギャランティとして，甲に対し，1部につき本体価格の○％
　の割合により計算した著作権使用料から源泉税を差し引いた金額を，本契約

270 第2部 平時における免疫力の向上

　　締結日の属する月の末日に，甲の指定する銀行口座宛て振込送金の方法によ
　　り支払う。なお，振込手数料は乙の負担とする。
　3　販売促進のために頒布される見本，展示品，その他乙が収入を得ないもの
　　は，著作権使用料の計算対象にはならないものとする。

　　(v)　周辺のコンテンツの権利処理

　メインのコンテンツ（例えば，書籍本体）について利用許諾を受けたとしても，
周辺のコンテンツ（例えば，書籍の場合，表紙デザイン，イラスト，図版，写真，絵等）
について，ライセンサーが利用許諾する権利を有していない場合，ライセン
シーは，真の権利者から使用の差止め又は損害賠償を求められる可能性がある。

　そこで，周辺の権利についてもライセンス契約の対象になるよう，権利関係
を確認のうえ，適切な書面を適切な権利者から徴求しておく必要がある。

　メインはライセンスでも周辺のコンテンツについては，譲渡を受けるという
方法も考えられる。

　　(vi)　会計報告と会計帳簿の閲覧・謄写

　ロイヤリティ額の正しい算定のため，売上等について，ライセンシーに定期
的な報告義務を課すことが多い。

　そのうえでロイヤリティの額が正しいことを確認するためには，会計帳簿の
閲覧・謄写権が必要であるが，ライセンシーの業務への影響に鑑み，通常はロ
イヤリティの額に疑義が生じた場合で，しかもライセンシーの営業時間中に限
り，閲覧・謄写を認める旨規定されることが多いようである。

◆文例13　会計報告，会計帳簿の閲覧・謄写条項

　1　乙は，毎年○月○日から○月○日を前期，○月○日から○月○日を後期と
　　して，各期ごとの本コンテンツの販売数量，販売価格及び使用料率等を記載
　　した使用料報告書を，各期の末日の翌月末日までに，甲に送付する。
　2　乙は，甲から求められたときは，使用料報告書の内訳明細書及び原資料等
　　を直ちに開示し，またその写しを交付しなければならない。
　3　甲は，使用料の算定に疑義が生じたときは，7日前の事前予告により，乙
　　の事業所内において，乙の営業時間中に限り，使用料に関する乙の会計帳簿
　　の閲覧又は謄写を求めることができる。

(イ)　他人の著作権等非侵害の表明保証と補償

譲渡系の場合と基本的に同様である（◆文例3を参照されたい）。

(ウ)　クリエイティブコントロール

ライセンサーのイメージ，信用性を維持するための文言である。

ライセンサーの意図しない方法又は態様での利用やイメージの毀損・低下を防止するため，製作物を事前に開示させ，それに対してライセンサーが指示，承認及び監修できる旨の規定を設ける場合もある。

◆文例14　クリエイティブコントロール条項

1　乙は，○の使用に関し，甲のイメージ，信用性等を損なうことがないよう適正に使用するとともに，○の安全性，品質についても十分に配慮するものとする。

2　甲は，乙の○の使用方法及び物品が甲のイメージ，信用性を損なうおそれがあるときは，乙に対し，是正を求めることができる。

3　甲が，乙に対し，前項の是正を求めたにもかかわらず，乙がこれを受け入れないときは，甲は本契約を解除することができる。

(エ)　その他の条項

◆文例15　知的財産権の帰属（不争義務）条項

乙は，○に対してだけでなく，○についても著作権を主張せず，甲がその著作権者であることを確認する。

◆文例16　権利侵害行為対処条項

1　甲及び乙は，第三者による○の著作権の侵害行為を知ったときは，相互に相手方に通知するとともに，甲乙協力して侵害行為に対処する。

2　甲又は乙は，第三者から著作権を侵害している旨の警告を受けたときは，相互に相手方に通知するとともに，甲乙協力してこれに対処する。

---

272 第2部 平時における免疫力の向上

◆文例16の第1項は，第三者による侵害の場合であり，第2項は，第三者から侵害である旨の警告を受けた場合である。

いずれの場合も，役割・費用分担や上限額についても事細かに規定される場合がある。

なお，第2項の場合には，通知を怠ると相手方が免責される旨の規定が入っている場合があるので，注意が必要である。

(d) 出版許諾契約に固有の注意点

　(ア)　出版権設定契約との差異

出版権設定契約のように，排他性がない点については（仮に出版権設定契約であったとしても，出版権の登録があってはじめて排他性を有することになる点についても），既に述べた。

したがって，出版を自社で独占したいのであれば，著作権又は複製権の譲渡契約を締結するか，少なくとも出版権設定契約を締結（状況に応じて登録の具備）しておく必要がある。

　(イ)　79条以下の出版許諾契約への類推適用

　(i)　81条の6か月以内の出版義務及び継続出版義務は，設定出版権という強い権利が付与されることの見返りとして課される強い義務であるから，債権的な非独占的出版許諾契約には類推適用されるべきではない。

他方で，債権的とはいえ，強い権利が付与される独占的出版許諾契約の場合には，出版権の設定に係る条文が類推適用されてよい。

　(ii)　82条2項の通知義務は，人格的利益を保護する趣旨の条項であるから，非独占的出版許諾契約であっても，特段の事情がない限り類推適用を認めてよい（東京地判昭和48年10月31日，日本のユートピア事件，無体裁集5巻2号429頁）。

(e) ライセンス契約に固有の注意点

利用許諾に反した場合の契約責任と（著作権侵害という）不法行為責任を区別する実益は，差止請求権の有無にある（前者であれば，差止請求権は認められない）。

まず，利用許諾の条件に反した場合，契約違反（債務不履行）になることは当然である。そして，許諾契約が解除されればライセンシーは以降の利用権限を喪失するから，以降の利用が著作権の侵害になることも当然である。

問題は，契約の解除がないときにも契約違反に加え，著作権の侵害も成立するかである。

この点については，利用の態様が著作権の本質的内容に係わり，しかも利用許諾の対象に関するライセンサーの認識に大きな齟齬がある場合は，著作権の侵害となり，そうでない場合は単なる契約違反（債務不履行）にとどまると考えるべきである。

なぜなら，契約当事者であるライセンシーによる侵害の場合を，何の関連もない第三者による侵害の場合と全く同様に律するのは，契約の存在を無視することになるが，とはいえ利用の態様が著作権の本質的内容に係わる場合には，もはや契約関係を大きく逸脱しているから，ライセンサーには著作権者に与えられるのと同等の効果が付与されて然るべきだからである。

よって，複製しか許諾していないのに公衆送信までされれば著作権の侵害になるが，数量制限を超えて複製されたような場合やライセンス料不払いのような場合は，直ちに著作権の侵害にはならないと解される（詳説245頁）。

利用方法の質的相違については，知財高判平成28年6月23日（ARCH事件，裁判所ウェブサイト）が参考になる。

この判例は，配布と電子データ化とでは，紙媒体か電子媒体かの点で表現形式が異なり，加えて発行部数が限られるか誰でも自由にアクセスできネットワーク上で無限に拡散するかの点でも相違があることを理由に，有体物としての冊子を作成及び配布することと，これを電子データ化してインターネット上のホームページに掲載することとの間には，著作物の利用方法として明らかに質的な相違があると判示している。

これを前提にすれば，ましてや複製と公衆送信とでは，その利用方法（態様）に関し，さらなる質的相違があるといえよう。

（f）キャラクター使用許諾契約に固有の注意点

（ア）美術の著作物に該当する漫画キャラクターを使用して商品を製作する場合には，著作権者との間で，キャラクター使用許諾契約を締結する必要がある。キャラクター使用許諾契約もライセンス契約であるので，基本的な内容はライセンス契約と同様である。

（イ）キャラクターが商標登録されることを防止するため，ライセンサーの事前承諾のない限り，キャラクターについての商標・意匠登録を禁止する条項を設けておくべきである。

また，改変と改変物（二次的著作物）の取扱いや著作権者表示についても，あ

274 第2部 平時における免疫力の向上

わせて規定しておく必要がある。

◆文例17 商標・意匠登録禁止条項

> 乙は，甲の書面による事前の承諾なしに，本キャラクターについて商標登録，意匠登録を行わないものとする。

◆文例18 改変と改変物（二次的著作物）取扱条項

> 乙は，甲の事前の承諾を得て〇の一部を改変した場合においても，改変部分に関し，甲に対し，著作権等の権利主張を行わないものとする。

◆文例19 著作権者表示条項

> 乙は，〇を第〇条に基づいて使用する場合には，下記表示を付するものとする。但し，技術上，デザイン上又は文字数の制限上かかる表示が困難な場合はこの限りではなく，甲乙誠意をもってその対応について協議するものとする。
>
> © 〇（氏名）〇（最初の発行年）

(8) インターネット配信契約に固有の注意点

　(ア) 権利者の特定及び権利処理

　コンテンツをインターネットで配信する場合は，複製権と公衆送信権の両方について権利者から利用許諾を受ける必要がある（**◆文例8**を参照されたい）。ここでいう，公衆送信の利用許諾としては，単なる許諾（債権的ライセンス）を受ける方法の他，前述のとおり，2号出版権の設定（準物権）を受けるという方法もある。

　映画など製作に複数の関係者が関わるコンテンツについては，権利者の特定を特に慎重に行う必要がある。通常，次の事項が規定される。

　① 利用目的の特定（e.g. 販促，携帯配信，特定ウェブサイト配信）

　② 利用範囲の明示と限定（e.g. 頁数，図版・写真の除外）

　③ 利用形態の明記（e.g. 配信サイトの特定）

　④ 許諾形態（e.g. 独占か非独占か）

⑤　許諾期間（e.g. 自動更新とするか）

⑥　許諾地域（e.g. テリトリー制限）

⑦　改変禁止（e.g. 二次的著作物との関係）

⑧　解除後の処置（e.g. 廃棄・削除と違約金）

　（イ）　必要な加工及び改変

　配信可能な状態にするために必要な加工及び改変を施すことがあり得るので，著作者人格権の不行使特約は必須であり，第三者の権利非侵害保証等も必要であろう（◆文例２及び３を参照されたい）。

(h)　原盤譲渡契約・原盤供給契約に固有の注意点

　（ア）　レコード会社が原盤を利用するときは，レコード製作者（レコードに固定されている音を最初に固定した者（２条１項６号），すなわちレコード盤の製作者ではなく，マスターテープの製作者である）から原盤の譲渡を受ける方法と利用許諾を受ける方法とがある。

　原盤の譲渡を受ける場合は，原盤譲渡契約を締結し，利用許諾の場合は原盤供給契約を締結する（この中間に共同原盤制作契約もあるが，そのいずれを選択するかは，制作費用のリスクをいずれの当事者がどれだけ負担するかによって決まる）。

　なお，原盤譲渡契約には，新たに原盤を製作し発生する原盤権を譲渡する契約と，既に存在する原盤に係る原盤権を譲渡する契約の２種類がある。

　（イ）　原盤譲渡契約と原盤供給契約の違いは，次のとおりである。

　（i）　原盤譲渡契約では，原盤に関する権利がレコード会社に移転してしまうから，譲渡人はいったん譲渡すれば権利を引き揚げることができない（もっとも期限付きの譲渡の場合もあり，この場合は期間が経過すればレコード会社は原盤権を失い，原盤権は譲渡人に復帰する）。

　これに対し，原盤供給契約は単なるライセンスなので，原盤に関する権利は原盤供給者に留保され，ライセンスが期間満了（通常は著作隣接権の存続期間満了）で終了すれば，原盤を引き揚げ再利用できる。

　（ii）　原盤譲渡契約では，権利譲渡の対価としての原盤印税が支払われるが，原盤供給契約では，ライセンス（利用許諾）の対価としての原盤印税が支払われる。

　（iii）　アーティストの移籍に際し，原盤供給契約では原盤譲渡契約と違い原盤そのものも随伴しての移転が可能である（その分アーティストの財産価値が高く

276　第2部　平時における免疫力の向上

なり，より良い条件での移籍が可能になる）。

　㈦　原盤権の譲渡条項

　（ⅰ）「原盤権」は，著作権法上の用語ではなく，狭義にはレコード製作者の複製権（96条）を意味するが，音楽ビジネスにおいては，レコード製作者の複製権に加え，送信可能化権（96条の2），譲渡権（97条の2），貸与権（97条の3第1項），商業用レコードの二次使用料を受ける権利（97条1項），期間経過商業用レコードの貸与に係る報酬請求権（97条の3第3項），私的録音補償金請求権（102条1項・30条2項）のほか，実演家との契約により，実演家から譲渡を受けた実演家の著作隣接権が含まれるものとして用いられている。

　このように原盤権の内容は一義的に明確ではないので，原盤権の譲渡条項においては，譲渡の対象となる権利を特定しておく必要がある。

　（ⅱ）このほか，法律改正等により将来新たに発生する支分権の取扱いについて定める場合もある。

　㈢　譲渡の対価に関する条項

　（ⅰ）新たに原盤を製作する原盤譲渡契約においては，どの程度の売上が見込めるのかが確定的ではないため，レコードの売上枚数に一定の料率を乗じて譲渡の対価を算定することが多く，これと前払金（アドバンス）を組み合わせることもある。

　（ⅱ）他方で，原盤の製作資金をレコード会社が立て替えることがあり，この場合は原盤権譲渡の対価との相殺を規定するのが一般的である。

◆文例20　原盤印税支払条項

　1　乙は，甲に対し，本件原盤に係る権利の譲受対価として，本件原盤を使用して複製・頒布されたレコード及びビデオに関し，下記により算出された原盤印税を支払うものとする。

　　（税抜小売価格−容器代）×〇％×計算対象数量

　2　乙は，甲に対し，本件原盤に係る権利の譲受対価として，本件原盤の音楽配信によるダウンロード販売に関し，下記により算出された原盤印税を支払うものとする。

　　税抜配信価格×〇％×ダウンロード数

　㈨　原盤の所有権に関する条項

原盤譲渡契約においては，原盤の所有権についても譲渡人から譲受人に譲渡されることを規定しておくべきである。

　㈍　原盤の適法な製作に関する条項

　レコード製作者において，原盤が適法に製作され，第三者の権利を侵害していない旨（実演家の著作隣接権の権利処理を含む）を保証する条項及びそれに反した場合にレコード会社等の損害を補償する旨の条項を，それぞれ規定しておくべきである（◆**文例3**を参照されたい）。

　㈎　実演家に関する条項

　レコード会社としては，原盤に収録された実演家の実演を独占的に供給することができるよう，実演家の実演を一定の範囲で制限する条項を，規定しておくべきである。

◆文例21　実演制限条項

> 　本契約期間中及び本契約終了後○年間は，甲は，アーティストをして，本件原盤に収録された著作物と同一の著作物について，乙以外の第三者が行うレコーディングのための実演をさせないものとする。

Ⓑ　一般（ボイラープレート）条項

◆文例22　解除

> 1　甲及び乙は，相手方が本契約に定める義務に違反し，書面による催告後2週間が経過しても当該違反が是正されないときは，直ちに本契約を解除し，相手方に対して損害の賠償を請求することができる。
>
> 2　前項の規定にかかわらず，甲及び乙は，相手方が次の各号の1つに該当したときは，何らの催告をすることなく直ちに本契約を解除し，加えて相手方に対して損害の賠償を請求することができる。
>
> 　①　仮差押え，仮処分，差押え，競売及び租税滞納処分等の公権力による処分をうけたとき
>
> 　②　破産手続開始，民事再生手続開始，会社更生手続開始又は特別清算の申立てがあったとき

278　第2部　平時における免疫力の向上

③　手形小切手の不渡りを出し又は支払を停止したとき
④　解散又は営業の全部もしくは重要な一部を第三者に譲渡したとき
⑤　監督官庁から営業停止又は営業許可の取消し等の行政処分を受けたとき
⑥　その他著しく名誉又は信用を害する事情が発生したとき
⑦　前記各号に準ずる事由が生じたとき

◆文例23　損害賠償

　甲及び乙は，相手方が本契約に違反したときは，相手方に対し，これによって被った損害（合理的な弁護士費用を含む）の賠償を請求することができる。

◆文例24　期間（自動更新条項）

1　本契約の有効期間は，本契約締結日から○年間とする。
2　本契約の有効期間満了の○か月前までに，甲乙いずれかから書面をもって終了する旨の通知がないときは，本契約は同一の条件でさらに○年間自動的に更新されるものとし，以降も同様とする。

◆文例25　契約終了後の取決め（在庫品の処分，資料の返還・破棄）

1　乙は，本契約の期間満了による終了後も，著作物利用料の支払いを条件として，本出版物の在庫（書籍として出版されたものに限る）に限り販売することができる。但し，本契約が乙の責に帰すべき事由により解除され終了した場合，乙は，直ちに甲の指示に従い乙の費用と責任で当該在庫全てを甲に引き渡すか廃棄し，かつ，上記販売行為を一切行ってはならない。
2　本契約有効期間中に第○条の読者に対する送信がなされたものについて，乙（第○条の再許諾を受けた第三者を含む）は，当該読者に対するサポートのために本契約期間満了後も，送信を行うことができる。
3　甲又は乙は，本契約が終了した場合又は相手方の要求があった場合には，直ちに相手方から交付された資料（その複製物を含む）を返還し，又は相手方立ち会いのもとで破棄しなければならない。

5 契約類型毎の留意点　279

◆文例26　権利義務の譲渡禁止

甲及び乙は，相手方からの書面による事前の承諾なしに，本契約に基づく地位，権利又は義務の全部もしくは一部を，第三者に譲渡し，又は担保に供してはならない。

◆文例27　通知義務

甲又は乙は，次の各号のいずれかに該当する事由が生じたとき，又はそのおそれのあるときは，速やかに相手方に通知しなければならない。
①　法人の名称又は商号の変更
②　振込先指定口座の変更
③　代表者の変更
④　本店，主たる事務所の所在地又は住所の変更

◆文例28　秘密保持

1　甲及び乙は，本契約期間中及び本契約終了後〇年間は，本契約に関連して知り得た相手方の業務上の機密及び本契約の内容（以下，これらを「秘密情報」といい，秘密情報を開示した当事者を「開示者」，開示者より秘密情報の開示を受けた当事者を「受領者」という）を，相手方の書面による事前の承諾なしに，本契約の履行以外の目的に使用してはならず，第三者に開示又は漏洩してはならない。
2　次の各号のいずれかに該当する情報は，秘密情報に含まれないものとする。
①　開示された時点で，既に公知であった情報
②　開示された後に，受領者の責によらず公知となった情報
③　開示された時点で，受領者が既に保有していた情報
④　開示者に対し秘密保持義務を負わない正当な権限を有する第三者から，受領者が秘密保持義務を負うことなく適法に取得した情報
⑤　秘密情報を利用又は参照することなく，受領者が独自に開発した情報

280　第２部　平時における免疫力の向上

◆文例29　暴排（反社会的勢力の排除）条項

1　甲及び乙は，現在及び将来にわたり，次の各号のいずれにも該当しないことを，表明し保証する。
　①　暴力団，暴力団員，暴力団員でなくなったときから５年を経過しない者，暴力団準構成員，暴力団関係企業，総会屋等，社会運動標ぼうゴロ又は特殊知能暴力集団等その他これらに準ずる者（以下，これらを「反社会的勢力」という）に該当すること
　②　反社会的勢力が自らの経営を支配していると認められる関係を有すること
　③　反社会的勢力が自らの経営に実質的に関与していると認められる関係を有すること
　④　自己もしくは第三者の不正の利益を図る目的又は第三者に損害を加える目的をもってするなど，不当に反社会的勢力を利用していると認められる関係を有すること
　⑤　反社会的勢力に対して資金等を提供し，又は便宜を供与するなどの関与をしていると認められる関係を有すること
　⑥　役員又は経営に実質的に関与している者が，反社会的勢力と社会的に非難されるべき関係を有すること
　⑦　自己もしくは第三者をして，暴力的要求，脅迫的言動，法的責任を超えた不当な要求，風説の流布，偽計もしくは威力等による他人の信用毀損又は業務妨害を行うこと
2　甲又は乙は，相手方が前項の表明保証に違反して，前項各号の一にでも該当することが判明したときは，何らの催告をせず，直ちに本契約を含む甲乙間のすべての契約を解除することができるとともに，当該違反により被った損害の賠償を請求することができる。
3　甲又は乙は，相手方が本契約及び個別契約に関連して第三者と下請又は委託契約等（以下「関連契約」という）を締結し，当該第三者が本条第１項各号の一にでも該当することが判明したときは，相手方に対して，直ちに関連契約を解除するなど必要な措置を講じるよう求めることができる。
4　甲又は乙は，前項の措置を求めたにもかかわらず，相手方がそれに従わなかったときは，本契約を含む甲乙間のすべての契約を直ちに解除することができるとともに，当該不履行により被った損害の賠償を請求することができ

5 契約類型毎の留意点　281

る。

◆文例30　契約の変更

本契約の修正及び変更は，甲乙間の書面による合意がない限り，効力を生じ
ないものとする。

◆文例31　協議（信義誠実）

甲及び乙は，本契約の定めを尊重し，各条項を誠実に履行し，本契約に定め
のない事項又は本契約の各条項に解釈上の疑義が生じたときは，信義誠実の原
則に基づき協議を行い，その解決に努力する。

◆文例32　存続条項

本契約終了後も，第○条及び第○条の規定はなお効力を有するものとする。

◆文例33　準拠法

本契約は，日本法に準拠し，同法に従って解釈および適用されるものとする。

◆文例34　裁判管轄（合意管轄）

甲及び乙は，本契約に関連して生じる一切の紛争について，東京地方裁判所
を第一審の専属的合意管轄裁判所とすることに合意する。

◆文例35　仲裁

本契約から，又は本契約に関連して，当事者間に生ずることがあるすべての
紛争，論争又は意見の相違は，甲が被申立人であるときは，日本国東京におけ
る○の仲裁規則に従った仲裁により，乙が被申立人であるときは，○国におけ

る○の仲裁規則に従った仲裁により，それぞれ最終的に解決されるものとする。

6　著作権等管理事業者との契約

I　利用者及び権利者による確認事項

(1)　権利処理の必要性

権利者から権利の管理委託を受けている集中的処理機構と契約をし，その許諾のもとに使用料を支払って使用するのであれば侵害にはならないが，当該機構の管理著作物でなければ，権利者から許諾を得たことにならない。

著作権者が日本国外に所在し，国内に受託管理団体がないときは，直接若しくはエージェントを通じて交渉するしかない。この場合，67条の裁定による著作物の利用も考えられる。

(2)　利用者側の視点

利用者としては，集中的処理機構の管理著作物であるか否かをまずは確認し，その後，管理する著作物の種類，利用方法及び使用料等が定められている使用料規程の内容を精査のうえ，いかなる著作物を，いくらで，どのように，どれだけ使用できるのかを確認する必要がある。

(3)　権利者側の視点

権利者としては，集中的処理機構の管理委託契約及び同約款（受託の範囲と使用料の分配方法等が定められている）の内容を確認し，どのような条件で利用が許諾され，いくらが徴収され，いくらが分配されるのかを確認する必要がある。

集中的処理機構は，利用者と権利者とを架橋するもので，両者にとって便利な存在である。

II　日本音楽著作権協会（JASRAC）

(1)　信託的譲渡

(a)　一般社団法人日本音楽著作権協会は，作詞家，作曲家，音楽出版社等の権利者から音楽著作物に関する権利の信託譲渡を受け，利用者に演奏，放送，出版，録音等についての許諾を与え，使用料を徴収して権利者に分配している。

通常の管理事業者は，権利の管理委託を受けているだけだが，JASRACは，音楽著作物に関し著作権者から信託的に著作権の譲渡を受け，その管理を任されているので，その名において権利者として著作権を行使できる。

(b)　著作権等管理事業法の成立後，JASRAC以外にも音楽著作物の集中管理を行う事業者が登録されているが，委託者数及び委託される楽曲数はJASRAC

284　第2部　平時における免疫力の向上

が最大であり，管理対象となる支分権の範囲もJASRACが最大である。

　(c)　加えてJASRACは，外国の著作権管理団体との間でも相互管理の管理契約を締結しているため，同団体の管理する外国の音楽著作物を日本でも利用することができ，反対にJASRACが管理する音楽著作物を外国で利用する場合は，当該外国の管理団体が著作権管理の窓口となる。

(2)　管理委託契約

　JASRACへの管理委託契約は信託契約であるため，JASRACは，侵害者に対し，自らの名で訴訟を提起することができる等のメリットがある。

　その反面，権利者は，自らの判断で第三者に利用許諾や使用料の設定をすることができなくなるうえ，音楽著作物を自ら演奏等する場合も，一部の例外を除き，事前に所定の手続を経た上でJASRACに使用料を支払わなければならず，JASRACと契約のある音楽出版者等への譲渡を除き，第三者に著作権を譲渡することもできなくなる。

(3)　編 曲 権

　作詞家，作曲家等の音楽著作物の権利者は，通常，音楽出版社を通じてJASRACに著作権を信託的に譲渡しているが，譲渡の対象に編曲権は含まれていない。

　なぜなら，JASRACの信託契約約款には27条の権利が特掲されていないからである。また，翻案は改変を伴うため著作者人格権に関わるが，著作者人格権には譲渡性がないため，JASRACは著作者人格権を信託的に譲り受けることもできない。

　したがって，JASRACが信託譲渡を受けている著作物に関しては，演奏の許諾はJASRACに，編曲（翻案）の許諾は権利者に，それぞれ求める必要があるが，どこまでが演奏で，どこからが翻案になるのかの判定は容易ではない。

(4)　著作隣接権の処理

　JASRACが管理しているのは，作詞家，作曲家，音楽出版社等の権利のみであり，レコード製作者や歌手，演奏家等の実演家の権利（著作隣接権）は管理していないため，第三者の製作したCD等の音源を利用する場合は，著作隣接権について，レコード会社等の権利者から許諾を得る必要がある。

(5)　グランドライツ

　(a)　外国の音楽著作物にはグランドライツという権利がある。

グランドライツとは，オペラ，ミュージカル，バレエ作品の歌詞や楽曲を上演する場合に，音楽を「演劇的」に演奏する権利のことをいい，欧米では，音楽出版社，作詞家，作曲家又は専門の団体（オリジナル・パブリッシャー）に帰属するとされている。

したがって，外国の音楽作品を日本で演劇的に上演する場合には，JASRACに許諾権限はなく，外国の権利者等と直接に契約をして許諾を得なければならない。

(b)　東京地判昭和54年 8 月31日（ビートル・フィーバー事件，判時956号83頁）は，公演における楽曲演奏の差止めを認めた事案であるが，本件公演はまさに「ビートルズ」そのものを描くところの音楽劇であって，その中で本件楽曲が使用すなわち演奏されているものと解すべきところ，このような態様における本件楽曲の演奏について許諾を与える権利を有しているのは債権者であって協会でないとし，JASRACには許諾権限がないことを認めている。なお，スモールライツとは，グランドライツ以外の形態で演奏する権利のことをいう。

(6)　著作者人格権への配慮

(a)　特定の企業や商品の宣伝広告目的で，業務音源ではない楽曲を使用するときは，著作者人格権に対する配慮（113条 6 項）から，著作者の承諾が必要になる。

なぜなら，JASRACはCM使用許可の権限までは受けておらず，著作者人格権には譲渡性がないため，著作者人格権を信託的に譲り受けることもできないからである。

(b)　通常は，著作権の譲渡を受けている音楽出版社を通じ，著作者の承諾を得て，その後JASRACに録音使用料と放送使用料を支払うという手順になる。

(c)　なお，レコード音源の楽曲を使用するときは，レコード会社に原盤使用料を別途支払わなければならない。

(7)　シンクロナイゼーション・ライツ

音楽を映像（映画や映像ソフト）と同期させる場合，映像によって音楽の印象が大きく変わることがある。そのため，事前に著作者の承諾を得る必要があると考えるべきであり，かかる承諾を付与し得る前提としてシンクロナイゼーション・ライツなる権利が観念される。

シンクロナイゼーション・ライツは，著作権法上の権利ではないが，国内の

楽曲についてはJASRACが，外国の楽曲については音楽出版社が，それぞれ保有していることが多い。

(8)　音楽のテレビ放送における使用

(a)　音楽のテレビ放送での使用については，使用曲数が膨大で1曲ごとにいちいち使用許可をとって使用料を支払うのは煩雑である。

　そこで一定範囲の利用に対し，後に使用報告をして契約期間中の使用料を一定額あるいは一定率で支払うという，包括的一括使用許諾契約（いわゆるブランケット契約）が民放各社とJASRACとの間で締結されている。

　具体的には，放送事業者は，JASRACに放送事業収入の1.5％を支払えば，JASRACの全管理楽曲を自由に使えることになっている。

(b)　このため，放送事業者がJASRAC以外の管理事業者の管理楽曲を使用する場合，JASRACに支払う使用料のほか，その管理事業者との利用許諾契約に従い別途使用料を支払わなくてはならないため，放送事業者はJASRAC以外の事業者の管理楽曲の使用を回避する傾向があった。

　かかる新規参入阻害問題について，公正取引委員会は，当初は独占禁止法に基づく排除措置命令を出したが，その後この命令を覆す審決をしたため，他の管理事業者がその取消しを裁判所に求めたところ，東京高判平成25年11月1日（JASRAC公取審決取消請求事件，判時2206号37頁）は，独占禁止法に違反しないとした公正取引委員会の審決を取り消し，他の管理事業者を排除する効果があると認定した。

　その上告審である最判平成27年4月28日（判時2261号122頁）も，他の管理事業者の本件市場への参入を著しく困難にする効果を有するものというべきであると判示している。

Ⅲ　日本複製権センター（JRRC）

(1)　概　　要

(a)　公益社団法人日本複製権センターは，文献複写の集中管理を行う公益社団法人であり，平成24年4月1日に前身の旧社団法人日本複写権センターが移行したものである。

(b)　JRRCには会員3団体（①著作者団体連合，②学術著作権協会及び③新聞著作権協議会）とその関連団体とが参加しており，JRRCは，これらの団体から一括して著作物に関する権利委託を受け，利用者に複写についての許諾を与え，使用

料を徴収し，権利委託者に分配している。

(c)　会員3団体とその関連団体は，権利者から複写に係る権利の管理委託を受ける際，同団体がJRRCに再委託し得るよう，その旨の承諾を権利者から得ることにしている。

(2)　許諾契約

JRRCが利用者と結ぶ許諾契約には，下記の3種類がある。

なお，下記3種類は，「譲渡を目的としない複写」についての契約方式及びその使用料算出方式であり，この他に「譲渡を目的とする複写及びその複製物の譲渡」及び「ファクシミリ送信」について，それぞれ契約方式及び使用料算出方式がある（詳しくはJRRCの使用料規程を参照されたい）。

① 　個別許諾方式

複写利用する出版物を特定した個別の申請に基づき算出した使用料を支払う方式

② 　包括許諾実額方式

1年間，一定の条件で，出版物を特定せずに複写利用することに対して一定の範囲内で包括的に許諾する方式で，期間内に行われた複写の実態に基づいて使用料を算出する方式

③ 　包括許諾簡易方式

1年間，一定の条件で，出版物を特定せずに複写利用することに対して一定の範囲内で包括的に許諾する方式で，複写の利用状況，業態等を勘案して推定する出版物からの複写の量に基づいて使用料を算出する方式

(3)　外国著作物

JRRCでは外国著作物の取扱いはしておらず，外国著作物はJRRCの管理対象著作物ではない。

(4)　企業内コピー

企業内コピーは，「個人的に又は家庭内」に該当しないから，30条の枠外である（東京地判昭和52年7月22日，舞台装置設計図事件，判タ369号268頁）。

よって，コンプライアンスの観点からは，企業が文献複写をする場合，出版社を通じて個々の著作権者から許諾を得るか，JRRC若しくは後述するJCOPYと複写利用契約を締結する必要がある。

288 第2部 平時における免疫力の向上

Ⅳ 出版者著作権管理機構（JCOPY）

(1) 概　　要

一般社団法人出版者著作権管理機構は，文献複写の集中管理を行う一般社団法人であり，権利者から著作物に関する権利委託を受け，利用者に複写についての許諾を与え，使用料を徴収して権利委託者に分配している。

(2) JCOPYの沿革

(a) 当初，JRRCへの委託出版物である旨の表示には2種類あった。1つは，包括許諾契約の対象となる一般委託出版物を表わす$\boxed{R}$で，もう1つは，包括許諾の対象にならず，個別に許諾を求めてもらう特別委託出版物を表わす$\blacksquare$（いわゆるシロヌキアール）である。

特別委託出版物は，換言すれば，1頁2円（当時）でのコピーができない出版物のことであり，小部数，高定価の学術書や専門書で複写の影響が特に大きいものに配慮して設けられたものであって，個別の複写申込みがあった場合に個別に複写使用料の額を設定することができた。

(b) このように1頁2円でコピーできる図書と1頁2円ではコピーできない図書の2種類の図書があったところ，JRRCは，平成12年12月に業務として特別委託出版物を取り扱わない旨を決定した。

そこで，自然科学書協会と日本医書出版協会の協力・支援のもと，著作権等権利管理事業者として株式会社日本著作出版権管理システム（JCLS）が設立された。

(c) JCLSは，平成22年10月1日，複写権受託業務のすべてをJCOPYに移行し，平成23年2月10日に解散した。JCOPYでは，現在，電子化許諾にも対応している。

(3) 許諾契約

JCOPYが利用者と結ぶ許諾契約には，下記の3種類がある（詳しくはJCOPYの使用料規程を参照されたい）。

① 個別許諾方式（スポット方式，主に個人向け）

複製利用のたびに申請し，申請（タイトル，部数等）に応じた使用料を支払う方式

管理著作物リストを検索し，利用料などの許諾条件を確認のうえ，検索結果の申込みから申請すると，JCOPYから許可書（兼）請求書と許諾済

シールが届くので，指定の口座に複写利用料を振り込み，コピー１部毎に許諾済シール１枚を貼って利用する方式

② 年間報告許諾方式（法人・団体向け）

　１か月又は３か月ごとに複製の履歴を報告し，報告に応じた利用料を支払う方式

③ 年間包括許諾方式（法人・団体向け）

　複製の報告は不要で，利用調査により算出される年間利用料を前払いすることにより，当該年度分の複製利用が前もって許諾されていることになる方式

　この方式では，年間利用料算出のため，２年に１度複製実態調査を実施する必要がある。なお，電子媒体複製利用の場合には，包括許諾方式は設定されていない。

Ⅴ　学術著作権協会（JAC）

⑴　概　　要

一般社団法人学術著作権協会は，主に学術団体の著作物の集中管理を行う一般社団法人である。

①日本工学会，②日本歯科医学会，③日本農学会，④日本薬学会，⑤日本医学会の５つの社員団体から構成される学協会，大学・研究機関及び企業から権利委託を受け，利用者に複製等についての許諾を与え，使用料を徴収して権利者に分配している。加えて，JRRCに対しては権利の再委託を行い，使用料の分配を受け，国外の集中管理団体との間では相互に権利の再委託を行い，使用料を支払い，分配している。

⑵　許諾契約

JACが利用者と結ぶ文献複製に係る許諾契約には，下記の３種類がある（詳しくはJACの使用料規程を参照されたい）。

① 個別利用許諾

　許諾の対象となる著作物を特定し，利用の都度，JACに許諾を申請する方式で，複製頁数に応じて使用料を算出する方式

② 包括利用許諾（全量報告型）

　許諾の対象となる著作物を特定せず包括的に許諾する方式で，一定期間又は１年間に行われた複製頁数に基づいて使用料を算出する方式

③　包括利用許諾（実態調査型）

　　許諾の対象となる著作物を特定せず包括的に許諾する方式で，JACの指定する5週間に行われた著作物の複製について実態調査を行い，当該期間中の複製頁数の10倍に所定の使用料を乗じて使用料を算出する方式

Ⅵ　実演家著作隣接権センター（CPRA）

(1)　概　　要

　公益社団法人日本芸能実演家団体協議会実演家著作隣接権センターは，主に歌手，演奏家等の実演家の著作隣接権の集中管理を行っており，①日本音楽事業者協会，②日本音楽制作者連盟，③演奏家権利処理合同機構，④映像実演権利者合同機構の4つの団体で構成される実演家著作隣接権センター委員会（運営委員会）及び同4団体の代表者を委員とする権利者団体会議により運営されている。

(2)　許諾と分配等

　CPRAは，実演家等の権利者から委託を受けた団体から再委託を受け，利用者に対し，録音，録画，送信可能化，譲渡等の利用態様に応じて許諾を与え，使用料を徴収し，権利者に分配している。

　また，商業用レコードの二次使用料請求権及び商業用レコードの貸与に係る報酬請求権を実演家等の権利者に代わり行使することのできる唯一の団体として文化庁長官から指定を受けている他，IPマルチキャスト放送における同時再送信に係る補償金や私的録音補償金の徴収及び分配も行っている。このほか，海外実演家権利管理団体と双務協定を締結し，日本国内で発生した海外実演家の使用料等をこれらの権利管理団体を通じて分配するとともに，これらの団体から，日本の実演家に分配されるべき海外で発生した使用料等を受領し，権利者に分配している。

　なお，実演が実演家の許諾を得て映画に収録された場合は，ワンチャンス主義により，サウンドトラック等を作成する場合を除き，著作隣接権は働かない。

Ⅶ　映像コンテンツ権利処理機構（aRma）

(1)　概　　要

　一般社団法人映像コンテンツ権利処理機構は，主に映像コンテンツの二次利用に係る集中管理を行っており，①日本音楽事業者協会，②日本芸能実演家団体協議会，③日本音楽制作者連盟，④映像実演権利者合同機構，⑤演奏家権利

処理合同機構の5つの社員団体から構成されている。

(2) 許諾と分配等

aRmaは，放送のために行われた実演を録音又は録画したテレビ放送用番組（実演家の録音又は録画の許諾を得ないで製作され放送されたものに限る）に係る次の利用方法のうち，実演に係る権利を有する者又は権利者団体との委任契約において指定されたものについて，使用料に関する交渉及び利用許諾契約の締結，使用料の収受及び分配等を行っている。

なお，いずれもテレビ番組に変更を加えない形での利用を前提としている。

① 国内における二次利用

（i） 二次利用としての放送，有線放送，自社放送

（ii） 市販用又はレンタル用ビデオグラムの増製及び頒布

（iii） インターネット利用（送信可能化）

② 外国における二次利用

（i） 二次利用としての放送，有線放送，自社放送

（ii） 市販用又はレンタル用ビデオグラムの増製及び頒布

（iii） インターネット利用（送信可能化）

③ 航空機その他の交通機関内における上映等

(3) 使用料の算出

使用料は，放送の態様等に応じて，おおむね次の計算式により算出される（詳しくはaRmaの使用料規程を参照されたい）。

【算式】

使用料＝提供価格×使用料率×寄与率

提供価格：利用者からテレビ番組の提供者に支払われる提供の対価
使用料率：使用料規程で定められた料率（例えばドラマであれば10%）
寄 与 率：実演家の出演料が当該テレビ番組の出演料総額に占める割合

Ⅷ 日本レコード協会（RIAJ）

(1) 概　　要

一般社団法人日本レコード協会は，レコード製作会社等を会員として，レコードや音楽用CD等の普及促進及び需要拡大に係る事業を行う団体であり，レコード及びレコードに録音された実演の利用に係る集中管理を行っている。

292 第2部 平時における免疫力の向上

(2) 許諾と分配等

　具体的には，レコードに係る次の利用方法（一例にすぎない）等について，利用許諾契約に関する交渉及び契約の締結，使用料の収受及び分配等を行っている（詳しくは，RIAJの管理委託契約約款及び使用料規程を参照されたい）。

① レコードを放送及び有線放送のために録音すること

② レコードを録音した放送番組及び有線放送番組（放送前及び有線放送前の番組を除く）を保存すること

③ レコードを録音した放送番組等を所定の放送等に関連する業務の範囲内で利用すること

④ 地上放送を行う放送事業者（日本放送協会，放送大学学園及びコミュニティ放送事業者を除く）又は放送衛星（BS）により衛星放送を行う放送事業者（日本放送協会，放送大学学園及び他人の委託により放送する者を除く）が自らの番組制作用音源サーバにレコードを複製し，蓄積すること

(3) 請求権の代位行使

　RIAJは，商業用レコードの二次使用料請求権及び商業用レコードの貸与に係る報酬請求権をレコード製作者等の権利者に代わり行使することのできる唯一の団体として文化庁長官から指定を受けているほか，私的録音補償金の徴収及び分配も行っている。

Ⅸ 出版物貸与権管理センター（RRAC）

(1) 概　　要

　一般社団法人出版物貸与権管理センターは，主に出版物の貸与権の集中管理を行う一般社団法人であり，①日本文藝家協会，②日本漫画家協会，③日本写真著作権協会，④日本書籍出版協会，⑤日本雑誌協会等（全13団体）が社員として運営している。

(2) 許諾と分配等

　RRACは，出版物の権利者から委託を受け，出版物の複製物のレンタルを業として行う者に貸与の許諾を与え，使用料を徴収し，権利者に分配している（出版物の貸与に係る使用料については，RRACの使用料規程を参照されたい）。

　具体的には，レンタル事業者が出版物の複製物のレンタル事業を行う際は，RRAC（CDVJ（日本コンパクトディスク・ビデオレンタル商業組合）加盟店の場合は，CDVJを通じて）に申請し，レンタルブック店としての登録を受けたうえ，

RRACの指定する代行店を通じて貸与の許諾を受けた商品を仕入れて使用料を支払う。

RRACにおいてレンタルブック店としての登録を受けると，レンタルブック登録店であることを証するステッカーが配付され，利用客の見やすいところへ貼り付ける。代行店から仕入れる商品には，貸与の許諾を受けたレンタル本であることを示すシールが貼付してある。

対象となる出版物は，新本が原則とされ，重版未定その他これに準ずる理由により新本を入手することができないときは，新本以外の本も対象となる。新刊の場合は，刊行後1か月の準備期間を経た後，レンタルが可能となる。RRACは，雑誌及び外国の著作者の出版物の取扱いは行っていない。

7 著作権者不明等の場合の裁定制度の利用

Ⅰ 裁定制度の利用

著作権は登録主義をとっていないため，いつ，誰に著作権が発生したのかは客観的に明らかではない。

また，著作者の死後も70年間は権利が保護され，相続が生じると権利者の特定はさらに困難となる。

そこで以下のⅡ若しくはⅢの場合には，文化庁長官による裁定制度の利用が考えられる。

Ⅱ 著作権者不明等の場合（67条）

(1) 概要及び要件

公表された著作物又は相当期間にわたり公衆に提供され，若しくは提示されている事実が明らかである著作物は，著作権者の不明その他の理由により相当な努力を払ってもその著作権者と連絡することができない場合は，文化庁長官の裁定を受け，かつ通常の使用料の額に相当するものとして文化庁長官が定める額の補償金を著作権者のために供託して，その裁定に係る利用方法により利用することができる（67条1項）。加えて，担保金を供託すれば，裁定処分前でも利用ができる（67条の2）。

なお，平成30年の著作権法改正により，著作権者と連絡がとれた場合に補償金等の支払を確実に行うことが期待できる国や地方公共団体などについては，事前の供託を求めないものとされた（67条2項）。著作権者不明等著作物の利用を円滑化するためである。

(2) 相当な努力を払ってもその著作権者と連絡することができない場合

著作権者の氏名又は名称，住所又は居所，その他著作権者と連絡するために必要な情報（以下「権利者情報」という）を取得するために次のすべての措置をとり，かつ当該措置により取得した権利者情報その他その保有するすべての権利者情報に基づき著作権者と連絡するための措置をとったにもかかわらず，著作権者と連絡することができなかった場合である（施令7条の5第1項）。

① 広く権利者情報を掲載していると認められるものとして文化庁長官が定める刊行物その他の資料を閲覧すること

② 著作権等管理事業者その他の広く権利者情報を保有していると認められ

る者として文化庁長官が定める者に対し照会すること

③　時事に関する事項を掲載する日刊新聞紙への掲載その他これに準ずるものとして文化庁長官が定める方法により，公衆に広く権利者情報の提供を求めること

(3)　刊行物その他の資料の閲覧

次のいずれか適切な方法を選択し，行えばよいとされている（平成26年文化庁告示38号）。

①　著作物等の種類に応じて作成された名簿その他これに準ずるものの閲覧（告示1条1号）

②　広くウェブサイトの情報を検索する機能を有するウェブサイトでの検索（告示1条2号）

③　過去になされた裁定に係る著作物等について，再度裁定を受けようとする場合にあっては，文化庁のウェブサイトに掲載された過去に裁定を受けた著作物等のデータベースでの検索（告示1条3号）

(4)　文化庁長官が定める者に対しての照会

対象となる著作物が過去に裁定を受けたことがある場合は，次の①及び②，過去に裁定を受けたことがない場合は，次の①ないし③のうちのいずれか適切な方法を選択し，行えばよいとされている（前記文化庁告示38号）。

①　著作権等管理事業者その他の著作権又は著作隣接権の管理を業として行う者であって，裁定申請に係る著作物，実演，レコード，放送又は有線放送と同じ種類のもの（以下「同種著作物等」という）を取り扱う者への照会（告示2条1号）

②　同種著作物等について識見を有する者を主たる構成員とする法人その他の団体への照会（告示2条2号）

③　文化庁長官への照会（告示2条3号）

(5)　裁定の手引き

裁定制度を利用して著作物を利用する場合，著作物の複製物には，裁定に係る複製物である旨及び裁定のあった年月日を表示しなければならない（67条4項）。

なお，裁定制度の利用手続等の詳細については，文化庁著作権課が公表している平成31年1月版「裁定の手引き——権利者が不明な著作物等の利用につい

296　第2部　平時における免疫力の向上

て」を参照されたい。

Ⅲ　放送及び商業用レコードの場合 (68条・69条)

(1)　放　　送

　公表された著作物を放送しようとする放送事業者は，著作権者に対し，放送の許諾につき協議を求めたが，その協議が成立せず，又はその協議をすることができないときは，文化庁長官の裁定を受け，かつ通常の使用料の額に相当するものとして文化庁長官が定める額の補償金を著作権者に支払って，その著作物を放送することができる (68条1項)。

　これにより放送される著作物は，有線放送し，専ら当該放送に係る放送対象地域において受信されることを目的として自動公衆送信を行い，又は受信装置を用いて公に伝達することができる。

　この場合において，当該有線放送，自動公衆送信又は伝達を行う者は，原則として，通常の使用料の額に相当する額の補償金を著作権者に支払わなければならない (68条2項)。

(2)　商業用レコード

　商業用レコードが最初に国内において販売され，かつその最初の販売の日から3年を経過した場合においてであるが，当該商業用レコードに著作権者の許諾を得て録音されている音楽の著作物を録音して他の商業用レコードを製作しようとする者は，その著作権者に対し録音又は譲渡による公衆への提供の許諾につき協議を求めたが，その協議が成立せず，又はその協議をすることができないときは，文化庁長官の裁定を受け，かつ通常の使用料の額に相当するものとして文化庁長官が定める額の補償金を著作権者に支払って，当該録音又は譲渡による公衆への提供をすることができる (69条)。

8 著作者表示（推定規定）と登録の活用

Ⅰ 著作者の推定

(1) 通常の方法による表示

著作物に著作者として通常の方法により表示されている者がその著作物の著作者と推定される（14条）。

通常の方法とは，書籍であれば表紙，奥付，レコードであればラベル，ジャケット，放送であればアナウンス，テロップ，映画であればタイトル，演奏会であればプログラムなど，一般に社会慣行として行われている表示場所であり，かつ一般人に著作者として認識させ得る表示名である場合をいう。

(2) 著作者としての表示

著作者としては，著作物において自己を著作者として表示しておくことにより，将来万が一紛争となったときに，著作者であることの立証の負担を軽減することができる。

著作者表示としては，書籍の場合は，一般に，奥付に「著作者（氏名）」，「著者（氏名）」と表示されることが多いが，ⓒ表示が併記されていることが多い。

この点，ⓒ表示（「ⓒ（氏名）（発行年）」，「ⓒ（発行年）（氏名）」等）は，万国著作権条約3条1項に由来する表示であり，本来はcopyrightすなわち著作権の所在を示す表示である。

しかし，ⓒ表示を行う者としては，著作権者＝著作者と考えているのが一般的であるし，受け手としてもⓒ表示に表示されている者を著作者と認識するのが一般的であるため，ⓒ表示は，氏名又は名称を著作者名として通常の方法により表示するものであるとも解される。

上記のほか，「Printed in Japan」や「All rights reserved.」という表示もみられるが，これらの表示に関しては，著作権法上の推定規定は存在しないから，著作者であることや著作権の帰属とは無関係である。

(3) 推定の覆滅

この規定は推定規定であるため，推定を争う相手方が，著作物の創作過程を具体的に主張立証して，推定を覆すことは可能である。

推定を争う相手方としては，まずは，推定主張者が真に著作者であるのかを検討することになるが，推定主張者と何らの接点を有していないのであれば，

相手方の手元には，推定主張者の著作者性を争う証拠は皆無に等しい。

そのため，相手方の基本姿勢としては，推定主張者の主張立証に不合理な点がないかを精査し，必要があれば反論していくことになる。

これに対し，推定主張者と何らかの接点を有しているのであれば，問題となっている著作物の創作過程に関し，何らかの証拠を有している可能性がある。

したがって，相手方で認識している事実関係や有している証拠，推定主張者の主張と証拠との齟齬等を総合考慮して，推定主張者の著作者性を争うことになる。

(4) 推定の覆滅主張に対する推定主張者の反論

推定主張者としては，事実関係等に照らし，相手方が推定の覆滅を主張してくる可能性があるかを検討し，万が一，推定の覆滅を主張してきた場合であっても十分に反論できるよう，推定主張者が，創作を行ったことを示す証拠を確保しておく必要がある。

この点，自ら創作に関与していたのであれば，通常，自らの手元に創作の過程を示す資料（スケッチ，デザイン，第三者との打ち合わせメモ，メール等）が残っていることが多く，相手方の覆滅主張に対して反論することも比較的容易である。

しかしながら，推定主張者が，自ら創作を行っておらず，著作権の譲渡を受けたに過ぎないなどの場合には，著作者性の立証に困難を伴う場合があり得る。そのような場合は，万が一推定の覆滅が認められたときに備えて，著作権譲渡契約等において，譲渡人が著作者であることを保証させ，譲渡人に損害を求償できるようにしておくべきである。

Ⅱ 登 録

(1) 実名登録

(a) 法律上の推定

無名又は変名で公表された著作物の著作者は，現にその著作権を有するか否かにかかわらず，その著作物についてその実名の登録を受けることができる。実名の登録がされた者は，当該登録に係る著作物の著作者と推定される（75条3項）。

これは法律上の推定規定であり，反証によって覆すことは妨げられない。

反証に成功した場合は，実名登録にかかわらず実際に創作した者が著作者となる。

(b) 著作者表示と実名登録された者が異なる場合の実名登録の推定 (75条3項) と著作者表示の推定 (14条) の優劣

双方とも推定されるということになり，それは双方とも推定されないのと同じであるとする見解がある一方，著作者表示の推定 (14条) が優先すると解する見解もある。

その根拠としては，①登録原簿を逐一確認する者は多くないこと，②14条により推定を受ける者が，真の著作者から異議を申し立てられていない場合には，より推定の信頼性が認められること，③僭称著作者でも容易に実名登録の推定 (75条3項) を受け得ること等が挙げられる。

(2) 第一発行年月日及び第一公表年月日の登録

著作権者は，その著作物について第一発行年月日の登録又は第一公表年月日の登録を受けることができる (76条1項)。

第一発行年月日又は第一公表年月日の登録がされている著作物については，これらの登録に係る年月日において，最初の発行又は最初の公表があったものと推定される (76条2項)。

これらも法律上の推定規定であり，反証によって覆すことは妨げられない。

反証に成功した場合は，実際に発行があった日が第一発行年月日，実際に公表があった日が第一公表年月日となる。

(3) 創作年月日の登録

プログラムの著作物の著作者は，著作物の創作後6か月以内であれば，当該著作物について創作年月日の登録を受けることができる (76条の2第1項)。プログラムの著作物は，未公表又は未発行のまま使用されることが多いため，第一発行年月日及び第一公表年月日の登録とは別に，創作年月日の登録及び推定規定が設けられている。登録された著作物は，登録年月日において創作があったものと推定される (76条の2第2項)。

これも法律上の推定規定であり，反証によって覆すことは妨げられない。

反証に成功した場合は，実際に創作された日が創作年月日となる。

(4) 登録の活用

著作者としては，上記の諸登録を活用することにより，紛争を予防することができ，万が一紛争となったときも，立証の負担を軽減することができる。

ただし，登録された著作物が著作物であることや登録された権利者が著作権

300　第2部　平時における免疫力の向上

者であることについてまで法律上推定されるわけではない点に留意する必要が
ある。

　なお，上記の他，登録には，著作権の移転若しくは信託による変更又は処分
の制限に関する登録（77条1号），著作権を目的とする質権の設定，移転，変更
若しくは消滅又は処分の制限に関する登録（77条2号）があり，これらの行為
を行うときは，登録をしなければ第三者に対抗することができない。

9 商標登録の要否

Ⅰ 商標登録と著作権の関係

(1) 著作権者による商標登録の要否

著作権の発生及び行使は，本来，商標登録とは無関係であるから，著作物を創作した際に商標登録を行う必要はない。

しかし，他人の著作物について商標登録ができるとすると，商標登録をした第三者が，著作者に対し，商標に基づくクレームを主張してくる可能性がある。

(2) 商標法29条による使用権の制限

この点，商標法29条は，登録商標の使用が，その商標登録出願の日前に生じた他人の著作権又は著作隣接権と抵触するときは，商標権者等は，抵触する部分について登録商標の使用をすることができないと定め，商標の使用権を制限している。

したがって，商標登録出願前に著作物が既に作成されている場合は，著作権の行使を目的として，あえて商標登録を行う必要はない。

(3) 著作権者による商標登録の効用

もっとも，その場合であっても，商標登録自体は制限されていないため，商標登録を行った他者から無用のクレームを受けるというリスクまでは排除できない。

加えて，商標登録を行った他者の商標使用を停止させることもできない。

したがって，商標登録が可能な著作物を創作したときは，他者に先立って商標登録もしておけば，かかる無用なクレームを回避することができ，かつ商標としての使用も独占できる（ただし，3年間実質的に商標不使用の状態が続けば，商標登録が取り消される可能性はある）。

なお，特許庁の商標出願実務においては，他人の著作物を取り込んだ商標が，著作権者又はその承継人によって出願されるのではなく，かつ他人の著作物であることが明らかな場合は，「公の秩序又は善良の風俗を害するおそれがある商標」（商標4条1項7号）として出願を拒絶している。

Ⅱ 絵画等の美術作品の商標登録の可否

絵画等の著作物を簡略化してワンポイントマークのようにした場合やロゴのようにした場合などは別として，絵画等の美術作品について商標登録を認めて

302 第2部 平時における免疫力の向上

しまうと，結果として絵画等（美術の著作物）そのものを半永久的に独占できることになり，著作権の保護期間を設けた趣旨が没却されてしまう。

そこで，このような場合は「公の秩序又は善良の風俗を害するおそれがある商標」（商標4条1項7号）として出願は拒絶される。

10 法人著作の活用（15条の4要件の吟味）

Ⅰ 防衛的な意義（著作財産権及び著作者人格権が法人に原始的に帰属することのメリット）

法人著作に該当すると，著作者は法人となるため（15条），著作財産権のみならず著作者人格権も法人に原始的に帰属することになる。

法人に著作者人格権を認める必要があるのかについては議論の余地があるが，実務上は，著作者人格権も法人に原始的に帰属することにより，従業員から著作者人格権侵害を主張されないという防衛的な意義が大きい。

したがって，法人の法務戦略としては，15条の4要件を充足し，法人著作に該当するように著作物を創作することが望ましい。

この点，創作者から著作者人格権の不行使特約を取り付ける方法もあるが，防衛手法としては，法人著作の方がより確実である。

Ⅱ 4要件の吟味

以下の4つの要件に該当する必要があるが，これについては第1部第2節 3 Ⅱを参照されたい。

① 法人等の発意に基づくこと
② 法人等の業務に従事する者が職務上作成すること
③ 法人等の著作名義で公表すること
④ 契約，勤務規則等に別段の定めがないこと

304 第2部 平時における免疫力の向上

11 著作権法以外のコンプライアンス

Ⅰ コンプライアンス一般

(1) ステークホルダーへの誠実な対応

コンプライアンスとは，単なる法令遵守にとどまらず，すべてのステークホルダー（株主，投資家，消費者，顧客，取引先，従業員，近隣住民等）に対して，誠実な対応をすることである。

なぜなら，企業が社会的存在である以上，そのミッションに基づきステークホルダーや社会全般の期待や要請に応え，共存共栄を図ることは当然だからである。

(2) グレーゾーンの場合の利用差控え

その意味では，法律上は著作権侵害に当たらないとしても，著作権侵害の疑いが濃厚で必ずしもそれを除去若しくは回避できない場合には，企業としての信用にも関わるので，利用を差し控えるという経営判断もあり得よう（とはいえ，いわれのないクレームに対しては，断固たる態度で臨むべきである）。

(3) 著作権法以外のコンプライアンス

加えて，著作権法には違反していなくても，他の法令や判例上の権利等に違反するということもある。

特にビジュアル系の著作物を静止画（マンガ，写真等）若しくは動画（テレビ放送，映画等）として使用する際に被写体として人が出てくる場合には，肖像権やパブリシティ権の処理も必要となるので，その点には留意する必要がある。

(4) 独占禁止法と下請法のコンプライアンス

以下では，独占禁止法と下請法（下請代金支払遅延等防止法）を詳細に取り上げるが，まず下請法には資本金規模要件があるので，それに該当しなければ下請法違反にはならない（もっとも下請法規制の潜脱防止のため，トンネル会社規制がある）。

しかし，独占禁止法では資本金規模要件はないので，下請法違反にならなくても，不公正な取引方法にあたり独占禁止法違反になる可能性はある。

また，下請法の資本金規模要件充足後，下請法の義務や禁止事項等に該当しなくても，優越的地位の濫用にあたり独占禁止法違反になる可能性もある。

(5) 指針（ガイドライン）のコンプライアンス

指針（ガイドライン）は，法令ではないものの，監督官庁等により公表され，

実務がそれに基づき動いている以上は，事実上の法的拘束力はあるといわなければならない。

いずれにせよ，上述のとおり，コンプライアンスを，法令遵守を超えたすべてのステークホルダーに対する誠実な対応と位置付けるのであれば，指針（ガイドライン）に反してよい理由は見当たらない。

Ⅱ　独占禁止法

(1)　不当な取引制限（カルテル）

業界団体が会員各社の便宜を図るために契約書のヒナ型を作成することはよくあることであり，既述のとおり，日本書籍出版協会では，平成26年の法改正に準拠すべく，出版権設定契約書ヒナ型1〜3を公表しており，日本音楽出版社協会でも8種類の著作権契約書を用意している。

これらヒナ型については，具体的な取引条件（著作物利用の額，支払時期・方法等）にまでは及んでおらず，しかも各条項の取捨選択・変更決定権が会員各社にあるのであれば（換言すれば，会員各社において同ヒナ型に従わなければならないという暗黙の了解又は共通の意思が形成されたといえるのでなければ），独占禁止法上の不当な取引制限にはあたらないと解される。

(2)　不公正な取引方法

(a)　再販売価格の拘束

(ア)　メーカーが指定した価格で販売しない小売業者等に対し，卸価格を高くしたり，出荷を停止したりして，小売業者等に指定した価格を守らせることを再販売価格の拘束というが，価格を指示し遵守させる再販売価格維持行為は，原則として不公正な取引方法に該当する。

しかしながら，著作物を発行する事業者又はその発行物を販売する事業者が，その販売の相手方たる事業者と再販売価格を決定し維持するためにする正当な行為については，独占禁止法の規定は適用されない（いわゆる，再販適用除外制度）。

なぜなら，再販制度がないと，売れ筋商品のみの品揃えとなり，多品種少量販売ではなく，少品種多量販売が主流となり，国民の幅広い知識の吸収と文化の伝播が阻害されるからである。

(イ)　再販適用除外制度の対象となる著作物の範囲は，公正取引委員会によれば，①書籍，②雑誌，③新聞，④音楽用CD，⑤音楽用テープ及び⑥レコー

ド盤とされている。

これら再販適用除外制度の対象となる著作物については，玩具，DVD，CD-ROM，化粧品等の再販適用除外制度対象外の商品と一体としてセットにして販売されることがある。

公正取引委員会は，かかるセット商品は独占禁止法の適用除外とされる「著作物」とはいえず，再販適用除外制度の対象とすることは独占禁止法に違反するおそれがあるとしている。

したがって，セット商品の場合は，再販適用除外制度と解釈される「定価」等の表示ではなく，「価格」や「メーカー希望小売価格」等，再販適用除外制度の対象ではないことを示す表示を用いる必要がある。

(ウ) 再販適用除外制度の対象は「物」であるところ，ネットワークを通じて配信される電子書籍は「物」ではなく「情報」として流通する。

そのため，公正取引委員会は，電子書籍は再販適用除外制度の対象にはならず，出版社は，電子書店に対し，その販売価格を指示できないとしている。

しかし，著作物は反復消費と代替消費がない点で通常の商品とは本質的に異なっているし，電子書店が自由に価格を決められるということで値崩れが起きれば，その影響は電子書籍と一体化した紙媒体としての書籍にも波及し，再販売価格維持制度の本来の趣旨である多様な著作物の普及は有名無実となる。また，そのため電子配信を控える著者が続出すれば，電子書籍市場の活性化は困難となる。

よって，電子書籍も再販適用除外制度の対象になると解すべきである。

(エ) ところで仮に，電子書籍が再販適用除外制度の対象にならないとしても，出版社が電子書店をエージェント（代理人）として販売委託で電子書籍を売る形態であれば（いわゆる，エージェントモデル），電子書店は代理人として介在しているだけであるから，直接の売主は出版社であって電子書店ではないことになるから，出版社には電子書籍の価格決定権があることになる。

この点につき公正取引委員会は，在庫リスクがないときは，出版社が独自の危険負担と計算において取引をしているとは言い難く，委託販売の形式をとっていても実質的には電子書店が売主であると考えられ，出版社が価格を決めるのは独占禁止法に抵触する可能性があると考えているようである。

しかしながら，公正取引委員会の「流通・取引慣行に関する独占禁止法上の

指針」では，複数の要素を総合考慮して判断しているのであって，在庫リスクの有無だけを判断基準としてはおらず，既に指摘したとおり，電子書店が自由に価格を決めて値崩れが起きれば，その影響は紙媒体としての書籍にも波及し，その結果，多様な著作物の普及という再販売価格維持制度の本来の趣旨も有名無実となり，電子配信を控える著者が続出すれば，電子書籍市場の活性化は困難となる。

以上からすれば，実質的に見てメーカーが販売（いわゆる，直販）していると認められる次のような場合には，出版社には電子書籍の価格決定権があると解される。

① 受託商品の保管，代金回収等についての善良な管理者としての注意義務の範囲を超えて商品が滅失・毀損した場合や商品が売れ残った場合の危険負担を電子書店が負わない場合

② 出版社がユーザとの間で直接価格について交渉し，納入価格が決定される（例えば，出版社とユーザとの間で直接に使用許諾契約書が締結され，使用許諾料はユーザから直接に出版社に支払われる）取引において，電子書店に対しその価格でユーザに納入するよう指示する場合であって，電子書店が物流及び代金回収の責任を負い，その履行に対する手数料分を受け取ることとなっている場合

③ ユーザから代金を回収できない場合の危険を電子書店が負わない場合

(b) 共同の取引拒絶

(ア) 競争関係にある企業が共同で特定の企業との取引を拒んだり，第三者に特定の企業との取引を断らせたりする行為も，不公正な取引方法に該当する。

東京高判平成22年1月29日（着うた事件，公正取引委員会審決集56巻第2分冊498頁）は，レコード会社5社が，共同して設立したレーベルモバイル会社のみに原盤権の利用許諾を行い，レーベルモバイル会社と競合する他の配信会社に利用許諾を拒絶していた事案において，かかる利用許諾の拒絶行為は，共同の取引拒絶に該当するとした。

同判決は，共同の取引拒絶に該当するためには，行為者相互に当該取引拒絶行為を行うことについての意思の連絡が必要であり，意思の連絡を認めるにあたっては，事業者相互間で明示的に合意することまでは必要ではなく，他の事業者の取引拒絶行為を認識ないし予測して黙示的に暗黙のうちにこれを認容し

308　第2部　平時における免疫力の向上

てこれと歩調をそろえる意思があれば足りるとしている。

　㈠　もっとも，共同の取引拒絶が行われても他に代わり得る取引先を容易に見出すことができる場合は，共同の取引拒絶には該当せず，その判断にあたっては市場シェア等が考慮される。

　着うた事件では，有力コンテンツの半分について取引拒絶が行われ，かつ取引拒絶者の出資した会社のシェアが40～50％程度であれば，市場で与える影響が軽微とはいえないとされた。

　(c)　抱き合わせ販売

　㈠　主たる商品の市場における有力な事業者が，取引の相手方に対し，当該商品の供給にあわせて，従たる商品を購入させることによって，従たる商品の市場において市場閉鎖効果が生じる場合であり，不公正な取引方法に該当する。

　㈡　まず，ある役務の供給に合わせて購入される役務が，他の役務といえることが必要である。

　ここでは，①需要者が異なるか，②内容・機能が異なるか，③需要者が単品で購入することができるか等が総合的に考慮される（前記「流通・取引慣行指針」）。

　㈢　次に，①主たる商品市場における有力な事業者が抱き合わせ販売を行ったことにより，従たる商品市場において自由競争が阻害されるか，②顧客の選択の自由を妨げるおそれのある競争手段であり，能率競争の観点から不公正であるかが，個別事案の特性を踏まえ判断される。

　人気ゲームソフトであったドラゴンクエスト4と不人気ソフトを抱き合わせて販売した藤田屋事件（公取委審判審決平成4年2月28日）においては，①抱き合わせ販売がドラゴンクエスト4の市場力を利用したものであること，②人気商品を入手し得る立場にある者が容易に実行できる行為であること，③抱き合わせ販売が組織的，計画的になされたものであること，④ゲームソフトの返品は認められておらず，不人気ソフトは流通業者が在庫として抱えることになるというゲームソフト卸売市場の実態から見て，行為の反復性，伝播性が認められることに照らし不当性を認定している。

　㈣　従たる商品市場において自由競争が阻害されなくても，主たる商品とのセット販売価格の割引率が不当に大きい場合は，事実上，顧客はセット販売を購入することを強制させられるから，抱き合わせ販売の問題になり，さらに

不当廉売も問題となる。

　平成28年12月14日公正取引委員会競争政策研究センターバンドル・ディスカウントに関する検討会「バンドル・ディスカウントに関する独占禁止法上の論点」は，それぞれ単独でも購入できる特定の２以上の商品（役務）を一括して購入する場合に適用される価格を，これらの商品（役務）をそれぞれ単独で購入する場合に適用される価格の合計額よりも低い水準に設定する行為（いわゆる，バンドル・ディスカウント）について，独占禁止法上の問題が生じるのは，少なくとも，個別の事業者単独で市場支配力を有する事業者や個別の事業者単独では市場支配力を有するにはいたらないものの，いわゆる協調的な寡占状況にある市場における寡占事業者など，競争的な価格水準よりも高い価格を設定する能力を有する事業者が，バンドル・ディスカウントによる値引きを行う場合であるとしている。

　いずれにせよ，独占禁止法違反のリスクを極小化するためには，それぞれ単独で購入する場合に適用される価格の合計額よりも，セット販売による割引率を大きくし過ぎないことが肝要である。

(d)　優越的地位の濫用

　　(ｱ)　自己の取引上の地位が相手方に優越している一方の当事者が，相手方に対し，その地位を利用して，正常な商慣習に照らし不当に不利益を与える行為であり，不公正な取引方法に該当する。

　取引上優越した地位にある委託者が，コンテンツの制作を外注若しくは下請に出す場合，次の行為は常に問題となる（「役務の委託取引における優越的地位の濫用に関する独占禁止法上の指針」）。

① 　代金の支払遅延
② 　代金の減額要請
③ 　著しく低い対価での取引の要請
④ 　やり直しの要請
⑤ 　協賛金等の負担の要請
⑥ 　商品等の購入要請
⑦ 　情報成果物に係る権利等の一方的取扱い

　　(ｲ)　上記(ｱ)⑦に関し，公正取引委員会は，前記「役務委託取引指針」において，①一方的に成果物に係る著作権等の権利を委託者に譲渡させる場合，②

310　第2部　平時における免疫力の向上

一方的に成果物の二次利用の収益配分などの取引条件を取り決める，又は二次利用を制限する場合，③成果物の作成過程で生じた成果物以外の成果物について，①及び②と同様の行為をする場合は，優越的地位の濫用に該当するおそれがあるとしている。

　これを回避するためには，対価を別途支払うか，取引条件を明確にしたうえで交渉する必要がある（前記「役務委託取引指針」）。

　　(ウ)　なお，「取引上優越した地位にある場合」とは，公正取引委員会によれば，受託者にとって委託者との取引の継続が困難になることが事業経営上大きな支障をきたすため，委託者が受託者にとって著しく不利益な要請等を行っても，受託者がこれを受け入れざるを得ないような場合をいい，その判断に当たっては，①委託者に対する取引依存度，②委託者の市場における地位，③受託者にとっての取引先変更の可能性，④その他委託者と取引することの必要性を示す具体的事実（取引当事者間の事業規模の格差，取引の対象となる役務の需給関係等）を総合的に考慮するとされている（前記「役務委託取引指針」）。

(3)　違反の効果と方針転換等

(a)　調査開始時点での方針転換

　独占禁止法に違反したときは，まずは①事情聴取，②報告命令，③立入検査等の調査が行われる（独禁47条1項各号）。

　公正取引委員会は，これらの調査を踏まえ，次に①排除措置命令，②警告，③注意又は④調査の打切りのいずれを行うかを決定する。なお，これらの処分のうち，公表されるのは，①排除措置命令と②警告に限られる。

　よって，公正取引委員会の調査が開始された時点で，従前の方針を転換するという対応も十分に可能である。

(b)　事前相談

　独占禁止法違反を指摘されるおそれが高いときは，公正取引委員会に事前相談するというのも一法である。ただし，この方法をとり公正取引委員会からも明確な回答が得られなかった場合には，その後身動きがとれなくなるおそれがある。

Ⅲ　下　請　法

(1)　情報成果物作成委託

　下請法は，物品の製造・修理委託のみならず，プログラム，映画，放送番組

等の情報成果物作成委託をもその対象としている。

情報成果物とは，具体的には次のものをいう（下請2条6項）。

① プログラム（電子計算機に対する指令であって，一の結果を得ることができるように組み合わされたものをいう）

② 映画，放送番組その他影像又は音声その他の音響により構成されるもの

③ 文字，図形若しくは記号若しくはこれらの結合又はこれらと色彩との結合により構成されるもの

④ 上記①〜③に掲げるもののほか，これらに類するもので政令で定めるもの

したがって，コンテンツの制作委託契約やソフトウェア開発契約で外注や下請に出すときの他，放送局と番組製作会社との取引や出版社と下請プロダクションとの取引も，下請法の対象となる可能性がある。

(2) 資本金規模要件

下請法の対象となるか否かは，次のとおり，資本金の額により異なる。

① 情報成果物作成委託（プログラム作成委託を除く）

〔親事業者の資本金〕 〔下請業者の資本金〕

5000万円超 ⇒ 5000万円以下（個人を含む）

1000万円超〜5000万円以下 ⇒ 1000万円以下（個人を含む）

② プログラム作成委託

〔親事業者の資本金〕 〔下請業者の資本金〕

3億円超 ⇒ 3億円以下（個人を含む）

1000万円超〜3億円以下 ⇒ 1000万円以下（個人を含む）

なお，発注者が，資本金の小さな子会社を介して，コンテンツの制作を下請発注する場合，子会社から下請先の制作会社への再発注が資本金の要件をみたさず，形式的には下請法の適用がない場合でも，一定の要件＊を充足する場合は，間に入った子会社はトンネル会社とされ，子会社から下請先の制作会社への再発注は下請法の適用対象となる（いわゆる，トンネル会社規制）。下請法規制

312　第2部　平時における免疫力の向上

の潜脱防止のためである。

- ＊　① 発注元・下請先間での資本金規模要件の充足
- ② 発注元・子会社間の支配従属関係
- ③ 子会社・下請先間での，発注元からの製造委託業務の全部又は相当部分の再委託

(3)　親事業者の義務

下請法が適用される場合，親事業者は次の義務を負う。

① 発注書面の交付義務（下請3条）

② 書類の作成・保存義務（下請5条）

③ 下請代金の支払期日を定める義務（下請2条の2）

④ 遅延利息の支払義務（下請4条の2）

(4)　親事業者の禁止行為

下請法が適用される場合，親事業者は次の行為が禁止される。

① 受領拒否（下請4条1項1号）

② 下請代金の支払遅延（同項2号）

③ 下請代金の減額（同項3号）

④ 返品（同項4号）

⑤ 買いたたき（同項5号）

⑥ 購入・利用強制（同項6号）

⑦ 報復措置（同項7号）

⑧ 有償支給原材料等の対価の早期決済（2項1号）

⑨ 割引困難な手形の交付（同項2号）

⑩ 不当な経済上の利益の提供要請（同項3号）

⑪ 不当な給付内容の変更・やり直し（同項4号）

(5)　情報成果物作成委託における下請法上の留意点（総務省「放送コンテンツの製作取引適正化に関するガイドライン〔第5版〕」（平成29年7月21日）参照）

(a)　発注書面の交付

(ア) コンテンツ業界（テレビ番組，テレビCM，ラジオ番組，映画，アニメーション，コンピュータプログラム，脚本，デザイン等の制作発注）では，口頭での発注は珍しくなく，また放送後や制作後に発注書面が送付又は交付されることもある。

しかし，下請法上発注者は，発注内容などの具体的な必要事項をすべて記載

11 著作権法以外のコンプライアンス　313

している書面を直ちに交付する義務がある。

とはいえ，発注書面とは別に，契約書の取交しまで義務付けられているわけではない。

(イ)　ところで，下請業者に原始的に発生する著作権を親事業者に譲渡する場合，制作委託の一内容として，下請業者の親事業者に対する「給付の内容」に含んで譲渡させる方法と，「給付の内容」には含めず，後日，制作委託とは別に，著作権の譲渡に関し別途対価を支払って行う方法とがある。

前者の場合には，著作権の譲渡も「給付の内容」に含まれるものとして発注書面に記載する必要がある。その際，親事業者は，本来の制作委託費部分と著作権の譲渡対価部分を明示した下請代金の額を，下請業者との十分な協議の上で設定して発注する必要がある。なぜなら，そのような協議を行うことなく，著作権の譲渡対価部分が本来の制作委託費の中に含まれているとして一方的に定め，その金額が一般的な対価を大幅に下回るときは，買いたたき（若しくは優越的地位の濫用）に該当するおそれがあるからである。

(b)　下請代金の支払遅延

下請法では，発注者は，コンテンツを受領した日から60日以内に支払をしなければならない（下請2条の2第1項及び4条1項2号）。

しかしながら，支払期日を実際の納入日ではなく，例えば「放送日起算」としていることにより，納入日と放送日の間が1か月程度空くような場合は，結果として受領日から60日を過ぎて支払が行われる事例が報告されている（前記ガイドライン）。

(c)　買いたたき若しくは不当な経済上の利益の提供要請（コンテンツの権利帰属及び二次利用）

(ア)　コンテンツ制作の現場では，発注者が代金を支払うと，完成したコンテンツの著作権等は発注者に帰属するとの慣行があるようである。

しかしながら，著作権法では著作物を創作した者に著作権が帰属するのが原則であるから，著作権を有するのは制作者になる。

よって，一律に発注者が発注代金を支払ったことをもって，著作権を当然のように有するかのような慣行は，発注者がその優越的地位を濫用して行う，いわゆる買いたたきにあたるおそれがある。

(イ)　下請法が適用されない場合であっても，発注者の交渉力が強い場合に

314 第2部 平時における免疫力の向上

は，独占禁止法で禁止されている優越的地位の濫用にあたる可能性もある。

　下請先の売上の大半が発注者からである等，下請先の発注者への取引依存度が高く取引先を変更することが実際のところ困難である場合や発注者の市場における地位が強い場合などは，優越的地位の濫用にあたる可能性がある。

　(ウ) 納入するコンテンツを制作する過程でできたコンテ，プロット，画像などの素材について，合理的な対価の支払もなく，発注者に当然に引き渡すよう求める慣行も，下請法上禁止されている，いわゆる不当な経済上の利益の提供要請に該当するおそれがある。

　(エ) コンテンツの制作現場では，コンテンツの著作権が制作会社にある場合でも，コンテンツの二次利用に関する窓口業務を発注者が優先的に行うとか，二次利用収入の配分を発注者が一方的に決定するといったケースもあるようである。

　前記ガイドラインでは，上記ケースの他，①放送番組に用いる楽曲に係る製作取引に関する問題事例と②アニメの製作発注に関する問題事例が報告されているので，以下に項を改めて述べる。

　(オ) 継続的に放送番組に使用する楽曲の製作委託を受けていた製作会社が，発注者である放送局から，取引の条件として，以下の①〜⑤の要請を受け（異議を申し述べると取引の停止を示唆され），やむを得ず要請に従ったという事例である。

① 放送局の子会社である音楽出版社への著作権管理の変更
② 楽曲の著作権の無償譲渡
③ 楽曲の著作権収入の数年間にわたる配分
④ 製作委託費の著しい低額要請
⑤ 放送番組に使用する楽曲以外の曲（カップリング曲やアルバム）の著作権収入の配分

　①は優越的地位の濫用に，②，③及び⑤は不当な経済上の利益の要請に，④は買いたたきに，それぞれ該当するおそれがある。

　(カ) アニメ番組の製作を委託した放送局（製作委員会に参加していない）が，アニメ製作会社も参加している製作委員会（アニメ番組の著作権を保有している）に対し，放送の条件として，局印税（DVD売上等アニメ番組の二次使用収益の数パーセントを向こう数年間納付すること）の支払と二次利用許諾の窓口を放送局とする

（窓口手数料も発生する）ことを求め，承諾させたという事例である。

放送事業者の優越的地位に鑑みれば，優越的地位の濫用に該当するおそれがある。

(d) 下請代金の減額

発注した内容と同種又は類似の給付の内容に対して通常支払われるべき対価に比べて著しく低い額を，下請先との協議もなく，経費削減のためといった発注側の一方的な事情で定めることは，買いたたきに該当するおそれがある。

なお，下請法の適用がない場合でも，このような買いたたき行為は，発注者が優越的地位にある場合は，優越的地位の濫用にあたるおそれがある。

(e) 不当な給付内容の変更及び不当なやり直し

発注者が，自らの一方的な都合で，当初の発注内容の範囲を超えて追加作業を要請する場合に，対価の増額がなく制作費が当初予定額と同じだとすると，業務内容だけが増加する訳で，不当な給付内容の変更にあたるおそれがある。

さらに，制作が完了し完成品として発注者に納入されたコンテンツについて，合理的な理由なく，発注者が修正作業を行わせ，その追加費用を負担しない場合も，不当な給付内容のやり直しにあたるおそれがある。

これらの場合，下請法の適用がなくても，発注者が優越的地位にある場合には，優越的地位の濫用にあたるおそれがある。

(6) 下請法違反の効果

親事業者が下請法に違反した場合は，勧告（下請7条）や公表の対象となる。

発注書面の交付義務や書類の作成・保存義務などに違反した場合は，50万円以下の罰金が規定されている（下請10条）。

Ⅳ　不法行為（民法）

第1部第2節 6 Ⅳ(3)を参照されたい。

Ⅴ　肖　像　権

第1部第2節 6 Ⅳ(2)を参照されたい。

Ⅵ　パブリシティ権

第1部第2節 6 Ⅳ(4)を参照されたい。

Ⅶ　商　標　法

第1部第2節 6 Ⅳ(1)を参照されたい。

Ⅷ 特許法，実用新案法，意匠法

第1部第2節 **6** Ⅳ(1)を参照されたい。

Ⅸ 不正競争防止法

第1部第2節 **6** Ⅳ(1)を参照されたい。

12　外国との契約（準拠法，裁判管轄，仲裁）

I　準　拠　法

(1)　デッドロックの場合のリーガルオピニオン（法律意見書）の徴求

　相手方国法を準拠法とするとその内容が不明なため，想定外の不利益を蒙る可能性がある。

　よって，その内容を把握している日本法を準拠法とした方がベターである。

　しかし，当事者が準拠法としてそれぞれ自国の法律に固執した場合（いわゆるデッドロック）には，収拾がつかなくなる。

　この場合，両国の法律の内容がほとんど同じであれば，いずれの国の法律を準拠法にしても同じことである。

　もし仮に，相手方国法の内容がわからず不安であるというのであれば，折衷案としては，相手方国法を準拠法とする条件として，相手方の費用で，相手方国の弁護士に締結しようとしている契約のレビューをさせ，各条項が相手方国法上有効である旨のリーガルオピニオン（法律意見書）を徴求し，その内容を確認したうえで，相手方国法を準拠法にするという方法がある。

　その際には，契約条項の有効性にとどまらず，契約違反に対する救済，補償，損害賠償（違約金）の額などについても，相手方国法ではどのように解釈・運用されるのかにつき，相手方国の弁護士の見解を確認しておくべきである。

(2)　法の適用に関する通則法（旧法例）

　準拠法条項が定められているときは，契約の成立，効力及び解釈等は，準拠法として指定された国の法律による（法適用通則7条）。

　他方で，①著作権の帰属及び取得原因，②差止め及び廃棄請求並びに③著作権侵害に基づく損害賠償請求については，わが国において知的財産権侵害に関する準拠法を直接に定める法律はなく，いずれも解釈により定まる。

　解釈の一応の目安としては，上記①及び②については，保護が要求される国の法律（利用行為地法，侵害行為地法）が準拠法になり（ベルヌ条約5条(2)参照），上記③については，加害行為の結果が発生した地の法律（結果発生地法）が準拠法になる（法適用通則17条）と解される（詳説576頁以下）。

　東京地判平成23年3月2日（USBフラッシュメモリ事件，裁判所ウェブサイト）は，著作権侵害に基づく損害賠償請求の性質は不法行為であるとし，通則法17条

（旧法例11条1項）により加害行為の結果が発生した地の法律が準拠法になると判示している。

Ⅱ 裁判管轄

(1) 裁判管轄条項と民事訴訟法

クロスボーダーの契約においては，契約当事者間で紛争が生じたときにどの国の裁判所が裁判を行うのかについて，裁判管轄に関する条項を設けることが一般的である。

もし裁判管轄条項を設けなかった場合は，民事訴訟法によりわが国における管轄の有無が定まる。

(2) 被告地主義（クロス式ともいう）の合理性

裁判管轄に関しては，当事者双方が相互に自国の裁判所の管轄を主張して譲らないことがある。

そのような場合には，公平の観点から，被告となる当事者の国において裁判を行うこととする被告地主義には一定の合理性がある。

被告地主義を採用した場合，原告側の当事者としては，他国での裁判のため，労力，時間及び費用において相応のコストを負担しなければならず，そのため，裁判外の任意の方法により紛争を解決しようというインセンティブが強く働き，結果的に濫訴を防ぐことが期待できる。

(3) 第三国裁判所の管轄合意

被告地主義での合意が困難なときは，第三国の裁判所の管轄で合意することもある。

なぜなら，この場合でも一定の労力，時間及び費用の壁があることは被告地主義と変わらないからである。

Ⅲ 仲 裁

(1) 意 義

紛争の解決方法として，裁判所における裁判のほかに仲裁が選択されることもある。

仲裁とは，紛争の解決を裁判官ではなく仲裁人に委ね，その判断（仲裁判断）に服する旨の合意（仲裁合意）に基づき紛争を解決する手続である。

わが国においては，仲裁人が行う仲裁判断に，訴訟における確定判決と同一の効力が与えられている（仲裁45条1項）。

(2) 仲裁のメリット

仲裁は，裁判と比較して，次のようなメリットがある。

① 上訴がなく1回の仲裁判断により迅速に解決できること

② 非公開の手続であり秘密が保たれること

③ 紛争対象について専門的な知識や経験を有する仲裁人が関与することから，より実務的な判断が期待できること

④ 強制執行が判決よりも容易であること

(3) 被告地主義の合理性

仲裁においても，当事者双方が相互に自国を仲裁地と主張して譲らないことがあり，そのような場合には，公平の観点から，被申立人となる当事者の国を仲裁地とすること（被告地主義）や，それが困難なときは，第三国を仲裁地にすることは，裁判管轄の場合と同様である。

(4) 外国判決による強制執行

外国裁判所における判決をもって，わが国で強制執行を行うことはできない。

なぜなら，わが国において外国判決を執行する場合には，わが国の裁判所において，外国裁判所の判決につき執行判決を求める必要があり（民執22条6号），かつ民事訴訟法118条の以下の4要件をすべて具備することが必要とされているからである（民執24条5項，民訴118条）。

① 法令又は条約により外国裁判所の裁判権が認められること

② 敗訴の被告が訴訟の開始に必要な呼出し若しくは命令の送達（公示送達その他これに類する送達を除く）を受けたこと又はこれを受けなかったが応訴したこと

③ 判決の内容及び訴訟手続が日本における公の秩序又は善良の風俗に反しないこと

④ 相互の保証があること

(5) 外国仲裁判断の承認及び執行に関するニューヨーク条約

これに対し，仲裁判断の効力に関しては，「外国仲裁判断の承認及び執行に関する条約」（ニューヨーク条約）があり，相手方国が当該条約の締約国である場合は，当該条約の定める形式的要件（①正当に認証された仲裁判断の原本又は謄本，②仲裁合意の原本又は謄本，③外交官又は領事官等により証明を受けた翻訳文の各提出等（ニューヨーク条約4条））を充足しさえすれば，相手方が拒否要件の存在を立証

しない限り（ニューヨーク条約5条），承認を得ることができ執行を行うことができる。

現在159か国もの国々がニューヨーク条約の締約国になっているので，相手方が締約国の企業であれば，仲裁の選択は適切であるといえる。

ちなみに，中国はニューヨーク条約の加盟国であるから，日本での仲裁判断の効力は中国でも認められるが，中国の裁判所は，執行和解等により仲裁判断の内容にも立ち入ってくることがあるので，その点には留意する必要がある。

⑹　相手方の（強制）執行可能財産が日本にある場合

力関係で相手方より当方が強く，相手方の（強制）執行可能財産が日本にもあるというのであれば，東京地裁の専属管轄による訴訟という決め方は妥当である。

よって，仲裁か訴訟かの選択については，強制執行可能財産がどこにあるのかとの兼ね合いでも検討する必要がある。

⑺　仲裁地及び仲裁機関の選定

仲裁条項を設ける場合は，仲裁国のみならず，仲裁地及び仲裁機関を定める必要がある。

上記のほかに，仲裁人の数，専門性，使用言語等について定めることもあるが，通常は選択された仲裁機関の仲裁規則によると定められる。

Ⅳ　膠着状態になった場合の優先順位

⑴　力関係で相手方より当方が強い場合

当方が強いのであれば，準拠法であれ，裁判管轄（仲裁）であれ，譲歩する必要はなく，自国法及び自国の裁判管轄（仲裁）を主張すればよい。

⑵　力関係で相手方と対等な場合

対等であれば，裁判管轄（仲裁）については，公平の観点から被告地主義を主張すべきである。

ただ，準拠法については，日本国法又は相手方国法のいずれかになるので，折衷的解決は難しい。

基本的には，最も密接な国の法律に準拠するのが適切であろうから，契約後の取引がほとんど日本で行われるというのであれば，日本法が準拠法であると主張するのには合理性がある。

準拠法及び裁判管轄（仲裁）のいずれでも膠着状態となり，いずれかを譲歩

せざるを得ない場合には，どこで紛争を解決するかという土俵の設定の方が相対的には重要であると解されるため，準拠法の方を譲り，裁判管轄（仲裁）の方を死守すべきであろう。土俵が近い方が，労力，時間及び費用をより節約できるし，自国での手続の方が，親和性が高いからである。

(3) 力関係で相手方より当方が弱い場合

当方が弱いのであれば，譲歩するしかない。

この場合，もし交渉ができるのであれば，(2)と同様に，準拠法を譲り，裁判管轄（仲裁）の方を死守すべきであろう。

【三山裕三＝田中慎一】

事 項 索 引

【あ】

アイデア………………………194, 241
IPアドレス…………………………218
アクセス可能性……………………247
粗利益…………………………………75

【い】

依拠………………………57, 137, 239
　——の主張立証責任………240, 247
意見・論評による名誉毀損………231
慰謝料…………………………………81
一時固定……………………………172
１個当たりの使用料（ロイヤリティ）
　相当額………………………………80
違約金…………………………………51
インターネットサービスプロバイダ…219
インターネット配信契約…………274
引用…………………………………160

【う】

迂回…………………………………242
写し込み……………………………157

【え】

映画製作者…………………………132
映画の著作者………………………131
映画の著作物………………………199
映像コンテンツ権利処理機構（aRma）
　……………………………188, 290
営利を目的としない上演等………167
ADR…………………………………100
演奏権………………………………139

【お】

応用美術……………………………196
公に…………………………………138
オーバーライド……………………251
音楽の著作物………………………196

【か】

会計帳簿の閲覧・謄写……………270
回収……………………………………69
蓋然性必要説…………………………76
外注先………………………………127
学術著作権協会（JAC）…………289
学校教育用番組の放送等…………164
学校その他の教育機関における複製等
　……………………………………164
カメラマン同行方式…………………39
カラオケ法理………………………133
仮処分…………………………………55
仮の地位を定める仮処分……………55
管轄……………………………………66
間接依拠……………………………245
間接強制………………………………72
間接侵害…………………………5, 133
鑑定命令………………………………83
管理支配性…………………………133

【き】

起訴命令………………………………60
キャッチフレーズ…………………207
キャラクター使用許諾契約………273
教科用図書等への掲載等…………163
享受…………………………………159

324 事項索引

行政機関情報公開法等による開示の
　ための利用……………………………… **172**
強制執行の停止……………………………**84**
共同意思…………………………………… **206**
共同著作者………………………………… **130**
共同著作物………………………………… **204**
共同の取引拒絶…………………………… **307**
共同編集著作物…………………………… **131**
協力者……………………………………… **121**
寄与度………………………………………**81**

【く】

偶然の暗合………………………………… **137**
具体的態様の明示義務……………………**60**
グランドライツ…………………………… **284**
クリエイティブコントロール………… **271**
クリックオン契約………………………… **251**

【け】

刑事告訴…………………………………… **214**
経由プロバイダ…………………………… **219**
結合著作物………………………………… **204**
限界利益……………………………… **75, 78**
言語の著作物……………………………… **195**
原作品……………………………………… **145**
検収………………………………………… **262**
検証物提示命令……………………… **40, 41**
建築の著作物……………………………… **197**
検討の過程における利用………………… **158**
原盤印税…………………………………… **275**
原盤譲渡契約……………………………… **275**
権利制限規定………………………… **154, 248**
権利濫用……………………………………**70**

【こ】

故意過失……………………………………**73**

公開の美術の著作物等の利用……… **173**
広告制作会社……………………………… **248**
広告代理店………………………………… **248**
広告主……………………………………… **249**
公衆………………………………………… **138**
公衆送信権………………………………… **140**
公衆伝達権………………………………… **144**
口述権……………………………………… **144**
公証人の確定日付………………………… **245**
公表権……………………………………… **181**
公表制限……………………………………**52**
公文書管理法等による保存等のため
　の利用…………………………………… **172**
抗弁…………………………………………**59**
顧客吸引力………………………………… **227**
告訴期間…………………………………… **215**
告訴権者…………………………………… **216**
国立国会図書館法によるインターネ
　ット資料及びオンライン資料収集
　のための複製………………………… **172**
古美術等…………………………………… **207**
コピー方式…………………………………**39**
コンテンツプロバイダ………………… **218**
コンプライアンス……………………… **304**

【さ】

再委託……………………………………… **261**
財産的損害…………………………………**74**
裁定制度…………………………………… **294**
裁判管轄…………………………………… **318**
再販適用除外制度………………………… **305**
裁判手続における複製…………………… **172**
再販売価格の拘束………………………… **305**
再放送権…………………………………… **192**
債務不存在確認訴訟………………………**61**
差止請求……………………………………**55**

SARTRAS……………………………**165**

サブライセンス……………………**268**

参加の約束…………………………**132**

残留情報……………………………**244**

【し】

試験問題としての複製等…………**166**

事実実験公正証書…………………**246**

事実・データ………………………**194**

事実の摘示による名誉毀損………**230**

時事の事件の報道のための利用……**171**

時事問題に関する論説の転載等……**170**

事情変更による取消し………………**58**

下請法………………………………**310**

視聴覚障害者等のための複製等……**167**

実演…………………………………**185**

実演家………………………………**185**

実演家人格権………………………**189**

実演家著作隣接権センター（CPRA）

………………………………**188, 290**

執行官送達……………………………**38**

執行停止………………………………**60**

実質的類似性………………………**247**

私的使用のための複製……………**155**

自動公衆送信………………………**142**

氏名表示権…………………………**181**

謝罪広告………………………………**72**

謝罪＋再発防止誓約…………………**13**

写真の著作物………………………**200**

集中的処理機構……………………**283**

主従関係……………………………**160**

出所の明示義務……………………**179**

出所表示機能………………………**221**

出版権設定契約……………………**263**

出版者著作権管理機構（JCOPY）…**288**

出版物貸与権管理センター（RRAC）

…………………………………………**292**

シュリンクラップ（開封）契約……**251**

準拠法………………………………**317**

純利益…………………………………**75**

書……………………………………**200**

使用…………………………………**136**

上映権………………………………**140**

上演権………………………………**139**

照会書…………………………………**16**

商業用レコードの貸与権（実演家）…**188**

商業用レコードの貸与権（レコード

製作者）………………………**191**

証拠調べ（検証）……………………**39**

証拠保全………………………………**36**

　　――の事由………………………**37**

消尽…………………………………**148**

肖像権………………………………**222**

肖像写真……………………………**200**

譲渡権（実演家）…………………**187**

譲渡権（著作権）…………………**149**

商標登録……………………………**301**

商標法29条…………………………**301**

書協のヒナ型………………………**264**

書類提出命令…………………**81, 83**

侵害者が受けた利益の額に基づく推

定算定…………………………**75**

侵害者の譲渡等数量に基づくみなし

算定……………………………**77**

侵害論…………………………………**66**

シンクロナイゼーション・ライツ…**285**

信託譲渡……………………………**283**

【す】

推定の覆滅……………………………**77**

枢要不可欠行為論…………………**135**

図面（設計図）の著作物…………**198**

326　事項索引

スローガン……………………………… **207**

【せ】

税関……………………………………… **109**
製作委員会方式………………………… **133**
政治上の演説等の利用………………… **171**
宣誓認証………………………………… **246**
戦略法務………………………………… **235**

【そ】

総合考慮論……………………………… **135**
創作……………………………………… **121**
送信可能化……………………………… **142**
送信可能化権（実演家）……………… **187**
送信可能化権（放送事業者）………… **192**
送信可能化権（レコード製作者）…… **190**
双方審尋…………………………………… **55**
即時抗告…………………………………… **42**
素材の選択又は配列…………………… **130**
損害論……………………………………… **66**

【た】

体系的構成……………………………… **203**
題号……………………………………… **207**
代替執行…………………………………… **73**
タイムスタンプ…………………… **218, 246**
貸与権…………………………………… **149**
抱き合わせ販売………………………… **308**
断裁・廃棄証明…………………………… **51**
担保………………………………………… **58**

【ち】

知財調停（手続）………………………… **95**
地図の著作物…………………………… **198**
中間判決…………………………………… **66**
仲裁………………………………… **100, 318**

調停……………………………………… **100**
著作権等管理事業者…………………… **283**
著作権独立の原則……………………… **137**
著作権の行使につき受けるべき金銭
　の額に相当する額に基づくみなし
　算定……………………………………… **79**
著作者…………………………………… **124**
　──の推定…………………………… **297**
著作者人格権…………………………… **180**
　──の不行使特約………………… **128, 260**
著作者又は実演家であることを確保
　するための措置………………………… **72**
著作物に表現された思想又は感情の
　享受を目的としない利用…………… **158**
著作隣接権……………………………… **185**
著作隣接権（実演家）………………… **185**
著作隣接権（放送事業者）…………… **191**
著作隣接権（有線放送事業者）……… **193**
著作隣接権（レコード製作者）……… **189**

【て】

デジタルカメラ方式……………………… **39**
デジタル消尽…………………………… **149**
データベース…………………………… **203**
テレビジョン放送の伝達権…………… **192**
電子計算機における著作物の利用に
　付随する利用等……………………… **176**
電子計算機による情報処理及びその
　結果の提供に付随する軽微利用等… **176**
展示権…………………………………… **145**

【と】

同一性保持権…………………………… **182**
登録……………………………………… **298**
独自著作の抗弁………………………… **137**
独占禁止法……………………………… **304**

図書館等における複製等……………… 159
図利性（利益帰属性）……………… 133

【な】
内部告発…………………………………… 6
内容証明郵便…………………………… 14

【に】
二次的著作物（翻案物）…………… 202
二次的著作物の利用に関する原著作
　者の権利……………………………… 150
二段階テスト…………………………… 150
日本音楽著作権協会（JASRAC）… 283
日本知的財産仲裁センター………… 100
日本複製権センター（JRRC）…… 286
日本レコード協会（RIAJ）……… 291
ニューヨーク条約…………………… 319

【ね】
ネットユーザ………………………… 250

【は】
廃棄請求……………………………… 68, 71
発信者情報開示請求………………… 217
パブリシティ権……………………… 227
　――の譲渡性・相続性…………… 229
販売することができないとする事情… 78
頒布権………………………………… 148

【ひ】
被告地主義…………………………… 318
ビジネスソフト……………………… 251
被写体の選択………………………… 200
美術の著作物………………………… 196
美術の著作物等の原作品の所有者に
　よる展示…………………………… 173

美術の著作物等の譲渡等の申出に伴
　う複製等…………………………… 175
美術の著作物等の展示に伴う複製等… 174
否認…………………………………… 59
表現上の本質的特徴の直接感得性… 150
表現の選択の幅…………………… 195, 243
表明保証……………………………… 260

【ふ】
Whois検索 …………………………… 219
不可避的表現の理論………………… 243
複製…………………………………… 139
複製権（著作権）…………………… 139
複製権（放送事業者）……………… 192
複製権（レコード製作者）………… 190
複製権の制限により作成された複製
　物の譲渡…………………………… 178
複製物の目的外使用等……………… 179
付随対象著作物の利用……………… 156
不当利得……………………………… 82
不法行為……………………………… 224
舞踊…………………………………… 196
プライバシー権……………………… 222
ブランケット契約…………………… 286
フリーウェア………………………… 251
プレスリリース……………………… 41
プログラムの著作物………………… 201
　――の複製物の所有者による複製等
　…………………………………… 175
プロバイダ…………………………… 4
紛争解決あっせん制度……………… 106

【へ】
平凡かつありふれた表現…………… 195
弁護士費用…………………………… 81
編集著作者…………………………… 130

328 事項索引

———の推定……………………………131
編集著作物……………………………202

【ほ】
報酬請求権（実演家）………………188
報酬請求権（レコード製作者）……191
法人著作……………………………125, 303
放送……………………………………191
放送権（実演家）……………………186
保護期間………………………………153
補助者…………………………………121
ホスティングプロバイダ……………218
保全異議………………………………60
保全の必要性…………………………58
翻案権…………………………………150
翻訳権…………………………………150
翻訳，翻案等による利用……………178

【ま】
マージャー理論………………………243

【み】
短い表現………………………………195
みなし侵害……………………………210
民事調停………………………………91

【む】
無形利用………………………………137

【め】
名誉……………………………………230
名誉毀損（不法行為）………………230
名誉・声望を害する方法による利用…212
名誉若しくは声望を回復するための
　措置…………………………………72
明瞭区分性……………………………160

面接（審尋）…………………………37

【も】
モダンオーサー………………………199
物のパブリシティ権…………………229

【ゆ】
有形利用………………………………136
有線放送権（実演家）………………186
有線放送権（放送事業者）…………192
輸入差止申立制度……………………109

【よ】
要約引用………………………………162
予防法務………………………………235

【ら】
ライセンス……………………………266
ランニングロイヤリティ……………269

【り】
留置命令………………………………42
利用……………………………………136
利用必要説……………………………75
利用不要説……………………………76
リンク…………………………………250
臨床法務………………………………235

【る】
類似……………………………………138
類書の抗弁……………………………195

【れ】
レコード………………………………189
レコード製作者………………………189

【ろ】

濾過テスト……………………… **151**
録音・録画権…………………… **186**

【わ】

和解………………………………… **50**
ワンチャンス主義………………… **186**

判 例 索 引

【最高裁判所】

最判昭和31年 7 月 4 日，政見発表演説放送事件，民集10巻 7 号785頁 ·························**73**

最判昭和31年 7 月20日，東京新聞社事件，裁判所ウェブサイト ·······················**230**

最判昭和39年 1 月28日，代々木診療所事件，判時363号10頁 ··························**230**

最決昭和39年11月10日，強制猥褻等窃盗被告事件，判時399号54頁 ···················**215**

最判昭和41年 6 月23日，署名狂やら殺人前科事件，判時453号29頁 ···················**230**

最判昭和45年12月18日，委嘱状送付事件，判時619号53頁 ···························**230**

最判昭和53年 9 月 7 日，ワン・レイニー・ナイト・イン・トーキョー事件，判時906号38頁

···**137, 240**

最判昭和55年 3 月28日，パロディモンタージュ写真事件，判時967号45頁 ·············**160**

最判昭和59年 1 月20日，顔真卿自書建中告身帖事件，判時1107号127頁 ···············**208**

最判昭和61年 5 月30日，パロディモンタージュ写真事件，判時1199号26頁··········**83, 183**

最判昭和61年 6 月11日，北方ジャーナル事件，判時1194号 3 頁·······················**232**

最判昭和63年 3 月15日，クラブ・キャッツアイ事件，判時1270号34頁···········**133, 140**

最判平成 2 年 7 月20日，ポパイマフラー事件，判時1356号132頁·····················**221**

最判平成 7 年 4 月 4 日，海賊版ビデオ販売事件，判時1527号152頁···················**216**

最判平成 9 年 7 月17日，ポパイネクタイ事件，民集51巻 6 号2714頁··················**202**

最判平成 9 年 9 月 9 日，ロス疑惑訴訟夕刊フジ事件，判時1618号52頁···············**231**

最判平成13年 2 月13日，ときめきメモリアル大阪事件，判時1740号78頁·············**184**

最判平成13年 6 月28日，江差追分事件，判時1754号144頁 ·········**137, 138, 150, 194, 243**

最判平成14年 1 月29日，ロス疑惑北海道新聞社事件，判時1778号49頁···············**231**

最判平成14年 4 月25日，中古ゲームソフト事件，判時1785号 3 頁·················**148, 149**

最判平成14年 9 月24日，石に泳ぐ魚事件，判時1802号60頁··························**223**

最判平成15年 4 月11日，RGBアドベンチャー事件，判時1822号133頁················**126**

最判平成15年10月16日，テレビ朝日ダイオキシン報道事件，判時1845号26頁·········**230**

最判平成16年 2 月13日，ギャロップレーサー事件，判時1863号25頁··············**208, 229**

最判平成16年 4 月 8 日，不正競争防止法許可抗告事件，民集58巻 4 号825頁 ··········**66**

最判平成16年 7 月15日，新・ゴーマニズム宣言事件，判時1870号15頁···············**231**

最判平成17年 7 月14日，船橋市西図書館事件，判時1910号94頁·····················**226**

最判平成23年 1 月18日，まねきTV事件，判時2103号124頁 ························**142, 144**

最判平成23年 1 月20日，ロクラクⅡ事件，判時2103号128頁························**135**

332　判例索引

最判平成23年12月 8 日，朝鮮中央テレビ事件，判時2142号79頁‥‥‥‥‥‥ **204, 208, 225, 227**

最判平成24年 1 月17日，暁の脱走DVD事件，判時2144号115頁 ‥‥‥‥‥‥‥‥‥ **11, 250**

最判平成24年 2 月 2 日，ピンク・レディー事件，判時2143号72頁‥‥‥‥‥‥‥‥‥‥ **227**

最判平成27年 4 月28日，JASRAC公取審決取消請求事件，判時2261号122頁 ‥‥‥‥‥ **286**

【高等裁判所】

大阪高判昭和55年 6 月26日，英訳平家物語事件，裁判所ウェブサイト‥‥‥‥‥‥‥‥ **130**

東京高判昭和58年 7 月13日，神山派出所火炎びん事件，裁判所ウェブサイト‥‥‥‥‥ **172**

東京高判平成元年 6 月20日，原色動物大図鑑事件，判時1321号151頁‥‥‥‥‥‥‥‥ **257**

東京高判平成 3 年12月17日，木目化粧紙原画事件，判時1418号120頁‥‥‥‥‥‥ **196, 225**

東京高判平成 5 年 9 月 9 日，三沢市勢映画事件，判時1477号27頁‥‥‥‥‥‥‥‥‥‥ **199**

仙台高判平成 9 年 1 月30日，石垣写真事件，判タ976号215頁‥‥‥‥‥‥‥‥**69, 70, 74**

東京高判平成 9 年 9 月25日，全米女子オープン事件，判時1631号118頁 ‥‥‥‥ **192, 199**

東京高判平成10年 7 月13日，スウィートホーム事件，知的裁集30巻 3 号427頁 ‥‥‥‥ **183**

広島高判平成11年10月14日，公共工事設計積算システム刑事事件，判時1703号169頁 ‥‥ **215**

東京高判平成13年 1 月23日，擬人化カエル事件，判時1751号122頁‥‥‥‥‥‥‥‥‥ **195**

東京高判平成13年 6 月21日，みずみずしい西瓜事件，判時1765号96頁‥‥‥‥‥‥‥‥ **200**

東京高判平成13年 8 月29日，童話絵本 2 事件控訴審，裁判所ウェブサイト‥‥‥‥‥‥ **212**

東京高判平成13年 9 月27日，解剖実習の手引き事件，判時1774号123頁‥‥‥‥‥‥‥ **195**

東京高判平成13年10月30日，交通標語事件，判時1773号127頁 ‥‥‥‥‥‥‥‥‥‥‥ **207**

東京高判平成14年 4 月11日，絶対音感事件，裁判所ウェブサイト‥‥‥‥‥‥‥‥‥‥ **161**

東京高判平成14年 7 月16日，小児歯科教科書改訂事件，裁判所ウェブサイト‥‥‥‥‥ **213**

東京高判平成14年 9 月 6 日，どこまでも行こう 1 事件，判時1794号 3 頁‥‥‥‥ **196, 244**

東京高判平成14年11月27日，古河市兵衛の生涯事件，判時1814号140頁 ‥‥‥‥‥‥‥ **212**

東京高判平成15年 8 月 7 日，ライオン丸事件，裁判所ウェブサイト‥‥‥‥‥‥‥‥‥ **257**

大阪高判平成16年 4 月22日，業務上過失致死傷被告事件，判タ1169号316頁 ‥‥‥‥‥ **215**

大阪高判平成16年 4 月23日，あいこっち事件，裁判所ウェブサイト‥‥‥‥‥‥‥‥‥ **122**

東京高判平成17年 2 月17日，どこまでも行こうJASRAC事件，裁判所ウェブサイト‥‥‥ **249**

東京高判平成17年 3 月 3 日， 2 ちゃんねる事件，判時1893号126頁 ‥‥‥‥‥‥‥‥**5, 71**

知財高判平成17年 5 月25日，京都大学博士論文事件，裁判所ウェブサイト‥‥‥ **194, 241**

大阪高判平成17年 7 月28日，チョコエッグフィギュア事件，判時1928号116頁 ‥‥‥‥ **196**

知財高判平成17年10月 6 日，YOL事件，裁判所ウェブサイト ‥‥‥‥‥‥‥‥‥ **224, 226**

知財高判平成18年 2 月27日，ジョン万次郎像事件，裁判所ウェブサイト‥‥‥‥‥‥‥ **122**

知財高判平成18年 3 月15日，通勤大学法律コース事件，裁判所ウェブサイト‥‥‥ **224, 226**

知財高判平成18年 8 月31日，振動制御システムソフト事件，判時2022号144頁 ‥‥‥‥ **259**

知財高判平成18年 9 月26日,	江戸考古学研究事典 1 事件, 裁判所ウェブサイト ……	**202, 243**
知財高判平成18年10月19日,	計装士講習資料事件, 裁判所ウェブサイト …………………	**184**
知財高判平成18年12月 6 日,	教科書準拠国語テスト 2 事件, 裁判所ウェブサイト ………	**167**
知財高判平成18年12月26日,	人工衛星プログラム事件, 判時2019号92頁………………	**125**
知財高判平成19年12月28日,	パフォーマンス・メンタリング事件, LEX/DB28140591 ····	**82**
知財高判平成20年 2 月12日,	営業成績増進セミナー事件, 裁判所ウェブサイト …………	**207**
知財高判平成20年 7 月17日,	ライブドア裁判傍聴記事件, 判時2011号137頁 …………	**194**
知財高判平成20年 9 月30日,	土地宝典事件, 判時2024号133頁 ………………………	**198**
知財高判平成20年12月24日,	朝鮮中央テレビ事件, 裁判所ウェブサイト …………………	**224**
知財高判平成21年 9 月15日,	黒澤映画事件, 裁判所ウェブサイト …………………………	**80**
知財高判平成21年10月28日,	苦菜花事件, 判時2061号75頁…………………………	**74, 249**
知財高判平成21年12月24日,	オートバイレース写真事件, 裁判所ウェブサイト …………	**127**
東京高判平成22年 1 月29日,	着うた事件, 公正取引委員会審決集56巻第 2 分冊498頁 ·····	**307**
知財高判平成22年 3 月25日,	駒込大観音事件, 判時2086号114頁 ………………………	**212**
知財高判平成22年 4 月27日,	おじゃるプログラム事件, 裁判所ウェブサイト ……………	**73**
知財高判平成22年 5 月25日,	完成予想図報道事件, 裁判所ウェブサイト …………………	**184**
知財高判平成22年10月13日,	絵画鑑定証書損害賠償請求事件, 判時2092号136頁 ·····	**160, 162**
知財高判平成23年 3 月10日,	病院経営管理読本事件, 裁判所ウェブサイト ………………	**125**
大阪高決平成23年 3 月31日,	ひこにゃん事件, 判時2167号81頁…………………………	**259**
知財高判平成23年 5 月10日,	廃墟写真事件, 判タ1372号222頁 ………………………	**200, 224**
知財高判平成23年 5 月26日,	データSOS事件, 判時2136号116頁 ………………………	**224**
知財高判平成24年 8 月 8 日,	携帯電話機用釣りゲーム事件, 判時2165号42頁………	**152, 225**
知財高判平成24年 9 月10日,	韓国書籍事件, 裁判所ウェブサイト …………………………	**210**
知財高判平成24年10月25日,	ケーズデンキテレビCM原版事件, 裁判所ウェブサイト ·····	**133**
知財高判平成25年 9 月30日,	受刑者絵画事件, 裁判所ウェブサイト ………………………	**213**
知財高判平成25年10月16日,	嵐KAT-TUN事件, 裁判所ウェブサイト …………………	**228**
東京高判平成25年11月 1 日,	JASRAC公取審決取消請求事件, 判時2206号37頁…………	**286**
知財高判平成25年12月25日,	HONDA CB750事件, 裁判所ウェブサイト ………………	**181, 184**
知財高判平成26年 8 月28日,	Forever 21事件, 判時2238号91頁 ………………………	**185**
知財高判平成26年10月22日,	自炊 1 事件, 判時2246号92頁………………………………	**155**
知財高判平成26年12月17日,	金属製棚事件, 裁判所ウェブサイト …………………………	**77**
知財高判平成27年 4 月14日,	トリップ・トラップ 2 事件, 判時2267号91頁……………	**197**
知財高判平成27年 5 月25日,	メゾン松下事件, 裁判所ウェブサイト ………………………	**198**
知財高判平成27年 8 月 5 日,	胸部イラスト合成事件, 裁判所ウェブサイト ………………	**223**
知財高判平成27年11月10日,	スピードラーニング事件, 裁判所ウェブサイト ………	**195, 207**
知財高判平成28年 6 月 1 日,	破袋機事件, 判時2322号106頁 ………………………	**75, 79**

334   判例索引

知財高判平成28年 6 月22日，毎日オークションカタログ事件，判時2318号81頁⋯⋯⋯⋯ **160**

知財高判平成28年 6 月23日，ARCH事件，裁判所ウェブサイト⋯⋯⋯⋯⋯⋯⋯⋯⋯⋯ **273**

知財高判平成28年11月11日，判例百選保全抗告事件，判時2323号23頁⋯⋯⋯⋯⋯⋯⋯ **131**

知財高判平成29年 1 月24日，東京国際映画祭記事事件，裁判所ウェブサイト⋯⋯⋯⋯ **212**

知財高判平成29年10月13日，組亀甲柄事件，裁判所ウェブサイト⋯⋯⋯⋯⋯⋯⋯⋯⋯ **197**

大阪高判平成29年11月16日，フィットネストレーナー画像事件，判時2409号99頁⋯⋯⋯ **229**

知財高判平成30年 4 月25日，リツイート事件，判時2382号24頁⋯⋯⋯⋯⋯⋯⋯⋯⋯⋯ **183**

札幌高判平成30年 5 月22日，旭川電気軌道事件，判時2388号42頁⋯⋯⋯⋯⋯⋯⋯⋯⋯ **232**

知財高判平成30年 6 月 7 日，半田フィーダ事件，裁判所ウェブサイト⋯⋯⋯⋯⋯⋯⋯ **197**

知財高判平成30年 8 月23日，沖国大ヘリ墜落事故事件，裁判所ウェブサイト⋯⋯⋯⋯ **161**

知財高判平成30年12月 6 日，SAPIX事件，裁判所ウェブサイト⋯⋯⋯⋯⋯⋯⋯⋯⋯⋯ **227**

【地方裁判所】

東京地判昭和39年 9 月28日，宴のあと事件，判時385号12頁⋯⋯⋯⋯⋯⋯⋯⋯⋯⋯⋯ **222**

東京地判昭和39年12月26日，高速道路パノラマ地図事件，判タ172号195頁⋯⋯⋯⋯⋯ **121**

東京地判昭和48年10月31日，日本のユートピア事件，無体裁集 5 巻 2 号429頁⋯⋯⋯ **272**

東京地判昭和50年 2 月24日，秘録大東亜戦史事件，判タ324号317頁⋯⋯⋯⋯⋯⋯⋯⋯ **256**

東京地判昭和50年 3 月31日，私は貝になりたい事件，判タ328号362頁⋯⋯⋯⋯⋯⋯⋯ **130**

大阪地判昭和51年 2 月24日，ポパイアンダーシャツ事件，判時828号69頁⋯⋯⋯⋯ **221, 222**

東京地判昭和52年 7 月22日，舞台装置設計図事件，判タ369号268頁⋯⋯⋯⋯⋯⋯ **155, 287**

東京地判昭和53年 6 月21日，日照権―あすの都市と太陽―事件，判タ366号343頁⋯⋯⋯**75, 244**

東京地判昭和54年 8 月31日，ビートル・フィーバー事件，判時956号83頁⋯⋯⋯⋯⋯ **285**

東京地決昭和55年 3 月26日，成田空港兇器準備集合事件，判時968号27頁⋯⋯⋯⋯⋯ **172**

東京地判昭和55年 6 月23日，歴代撃墜王列伝事件，最新著作権関係判例集Ⅲ28頁⋯⋯⋯ **202**

東京地判昭和55年 9 月17日，地のさざめごと事件，判時975号 3 頁⋯⋯⋯⋯⋯⋯⋯**70, 130**

大阪地判昭和59年 2 月28日，ポパイマフラー事件，判タ536号418頁⋯⋯⋯⋯⋯⋯⋯ **221**

東京地判昭和59年 8 月31日，藤田画伯未亡人事件，判時1127号138頁⋯⋯⋯⋯⋯⋯⋯ **160**

大阪地判昭和60年 5 月29日，Y子の症例事件，判タ567号318頁⋯⋯⋯⋯⋯⋯⋯⋯⋯ **182**

東京地判昭和61年 2 月 7 日，朝鮮・ヒロシマ・半日本人事件，判タ588号103頁⋯⋯⋯⋯ **183**

広島地決昭和61年11月21日，カルテ証拠保全事件，判時1224号76頁⋯⋯⋯⋯⋯⋯⋯⋯**37**

東京地判昭和63年 9 月16日，POS事件，判時1292号142頁⋯⋯⋯⋯⋯⋯⋯⋯⋯ **207, 221**

東京地判平成元年10月 6 日，レオナール・フジタ展カタログ事件，判時1323号140頁⋯⋯ **174**

東京地判平成 2 年 4 月27日，樹林事件，判時1364号95頁⋯⋯⋯⋯⋯⋯⋯⋯⋯⋯⋯⋯**74**

東京地判平成 2 年 6 月13日，薬学書事件，判時1366号115頁⋯⋯⋯⋯⋯⋯⋯ **70, 74, 130**

東京地判平成 3 年 2 月27日，サンジェルマン殺人狂騒曲事件，判時1452号113頁⋯⋯⋯ **245**

判例索引　　**335**

東京地判平成 3 年 5 月22日，教科書朗読テープ事件，判時1421号113頁 ……………… **130**
東京地判平成 4 年11月25日，暖簾事件，判時1467号116頁 ……………………… **241, 247**
大阪地判平成 5 年 3 月23日，山口組五代目組長継承式ビデオ放映事件，判時1464号139頁 ‥ **171**
東京地判平成 5 年 9 月29日，チーカプト事件，LEX/DB28032022 ………………… **71**
東京地判平成 6 年 1 月31日，パックマンフリーソフト事件，判時1496号111頁 ………… **80**
長野地判平成 6 年 3 月10日，白馬村イラスト事件，LEX/DB28019590 ……………… **184**
東京地判平成 6 年 4 月25日，日本の城事件，判時1509号130頁 …………… **81, 194, 243**
東京地判平成 6 年 4 月27日，気功術事件，判時1510号150頁 ……………… **207, 220**
大阪地判平成 7 年 3 月28日，三光商事事件，知的裁集27巻 1 号210頁 ……………… **127**
東京地判平成 7 年 4 月28日，多摩市立図書館事件，判時1531号129頁 ……………… **160**
東京地判平成 7 年 5 月31日，ぐうたら健康法事件，判時1533号110頁 ………………… **74**
東京地判平成 7 年10月30日，システムサイエンス事件，判時1560号24頁………… **75, 210, 249**
東京地判平成 7 年12月18日，ラストメッセージ事件，判時1567号126頁 ……………… **195**
大阪地判平成 8 年 1 月31日，エルミア・ド・ホーリィ積戻し命令事件，判タ911号207頁 … **110**
東京地判平成 8 年 2 月23日，やっぱりブスが好き事件，判時1561号123頁 …………… **184**
東京地判平成 8 年 9 月27日，四谷大塚事件，判時1645号134頁 ……………………… **210**
東京地判平成 9 年 3 月31日，在宅介護事件，判時1606号118頁 ………………… **130, 204**
東京地判平成 9 年 4 月25日，スモーキングスタンド設計図事件，判時1605号136頁 ……… **198**
東京地判平成 9 年 8 月29日，俳句添削事件，判時1616号148頁 ……………………… **184**
東京地判平成 9 年 9 月 5 日，ダリ事件，判時1621号13頁 ………………………… **174**
東京地判平成10年 2 月20日，バーンズコレクション名画利用事件，判時1643号176頁
………………………………………………………………… **160, 171, 174**
東京地判平成10年 3 月30日，ノンタン事件，LEX/DB28032940 ………………… **122**
東京地判平成10年 8 月27日，ビッグエコー事件，判時1654号34頁………………… **140**
東京地判平成10年10月26日，恐竜イラスト事件，判時1672号129頁 ……………… **183**
東京地判平成10年10月29日，スマップインタビュー記事事件，判時1658号166頁 ………… **122**
東京地判平成10年10月30日，血液型と性格の社会史事件，判時1674号132頁 ………… **162, 163**
東京地判平成10年11月27日，壁の世紀事件，判時1675号119頁 …………………… **194**
東京地判平成10年11月30日，版画事典事件，判時1679号153頁 …………………… **200**
大阪地判平成11年 7 月 8 日，パンシロントリム事件，判時1731号116頁 ……………… **245**
東京地判平成11年12月15日，みずみずしい西瓜事件，判時1699号145頁 …………… **200**
東京地判平成12年 3 月17日，タウンページデータベース事件，判時1714号128頁 ……… **204**
東京地判平成12年 4 月25日，ちぎれ雲事件，裁判所ウェブサイト……………………… **182**
東京地判平成12年 5 月16日，スターデジオ事件，判時1751号128頁 …………… **190, 211**
東京地判平成12年 9 月28日，戦後日本経済の50年事件，LEX/DB28052331 …………… **205**
名古屋地判平成12年10月18日，自動車部品生産流通調査事件，判タ1107号293頁 ……… **194**

東京地判平成12年12月26日，キャンディ・キャンディ商品化３事件，裁判所ウェブサイト…**76**

東京地判平成13年３月26日，大地の子事件，判時1743号３頁………………………**242**

東京地判平成13年５月25日，翼システム事件中間判決，判時1774号132頁…………**204, 225**

東京地判平成13年７月２日，宇宙戦艦ヤマトプレイステーション用ソフト事件，裁判所
ウェブサイト………………………………………………………………………………**185**

東京地判平成13年７月25日，はたらくじどうしゃ事件，判時1758号137頁…………**173**

大阪地判平成13年８月30日，毎日がすぷらった事件，裁判所ウェブサイト……………**184**

東京地判平成13年10月30日，魔術師三原事件，判時1772号131頁……………………**72**

東京地判平成13年11月８日，いちげんさん事件，裁判所ウェブサイト…………………**171**

東京地決平成13年12月19日，チーズはどこへ消えた？事件，裁判所ウェブサイト………**183**

東京地判平成14年１月31日，トントゥぬいぐるみ事件，判時1818号165頁……………**57**

東京地決平成14年４月11日，ファイルローグ仮処分事件，判時1780号25頁……………**58**

東京地判平成14年７月３日，かえでの木事件，判時1793号128頁………………………**229**

横浜地判小田原支部平成14年８月27日，すてイヌシェパードの涙事件，判時1824号119頁…**194**

東京地判平成14年８月28日，はだしのゲン事件，判時1816号135頁……………………**122**

東京地判平成14年９月５日，サイボウズオフィス2.0事件，判時1811号127頁…………**243**

東京地判平成15年１月20日，超時空要塞マクロス事件，判時1823号146頁…………**131, 132**

東京地判平成15年１月28日，スケジュール管理ソフト事件，判時1828号121頁………**224**

東京地判平成15年１月28日，ハートフルチャリティーコンサート事件，裁判所ウェブサ
イト………………………………………………………………………………………**169**

東京地判平成15年１月31日，電車線設計用プログラム事件，判時1820号127頁…………**201**

名古屋地判平成15年２月７日，社交ダンス教室事件，判時1840号126頁………**139, 140, 169**

大阪地判平成15年２月13日，ヒットワン事件，判時1842号120頁………………………**5**

東京地決平成15年６月11日，イサム・ノグチ事件，判時1840号106頁…………………**184**

大阪地判平成15年10月30日，モデルハウス事件，判時1861号110頁……………………**197**

東京地判平成16年２月18日，DV書籍事件，判時1863号102頁…………………………**122**

東京地判平成16年３月11日，２ちゃんねる事件，判時1893号131頁………………………**5, 71**

東京地判平成16年３月30日，ケイコとマナブ事件，裁判所ウェブサイト………………**203**

東京地判平成16年５月28日，教科書国語テスト３事件，判時1869号79頁………………**82**

東京地判平成16年７月14日，ブブカスペシャル７事件，判時1879号71頁………………**249**

大阪地判平成16年11月４日，インド人参論文事件，判時1898号117頁…………………**195**

大阪地判平成16年12月27日，アルゼ王国事件，裁判所ウェブサイト……………………**79**

大阪地判平成17年１月17日，セキスイハイム広告写真事件，判時1913号154頁………**249**

東京地判平成17年５月17日，通勤大学法律コース事件，判時1950号147頁……………**122**

東京地判平成17年９月27日，銀座歩行者天国事件，判時1917号101頁……………**222, 223**

東京地判平成17年10月27日，週刊文春事件，判時1927号68頁…………………………**223**

大阪地判平成17年12月8日，ドトールコーヒー事件，裁判所ウェブサイト	…………	**249**
東京地判平成17年12月22日，静岡放送事件，判時1930号133頁	………………	**256**
東京地判平成18年2月27日，計装士講習資料事件，判時1941号136頁	………	**127**
東京地判平成18年3月23日，江戸考古学研究事典1事件，判時1946号101頁	…………	**82**
東京地判平成18年12月21日，スナップ肖像写真事件，判時1977号144頁	………	**67, 68, 200**

東京地判平成19年1月18日，再分配とデモクラシーの政治経済学事件，裁判所ウェブサ
イト ……………………………………………………………………………………………… **69**

東京地判平成19年1月19日，THE BOOM事件，判時2003号111頁	………………	**258**
東京地判平成19年4月27日，HEAT WAVE事件，裁判所ウェブサイト	………………	**258**
東京地判平成19年5月25日，MYUTA事件，判時1979号100頁	………………………	**135**
大阪地判平成19年7月26日，グラブ浚渫施工管理プログラム事件，裁判所ウェブサイト	…	**257**
東京地判平成19年8月29日，チャップリン映画DVD事件，判時2021号108頁	…………	**68**
東京地判平成19年8月30日，営業成績増進セミナー事件，裁判所ウェブサイト	…	**18, 68, 81, 241**
東京地判平成20年1月31日，パズル著作物事件，裁判所ウェブサイト	……………	**195**
東京地判平成20年2月26日，社保庁LAN事件，裁判所ウェブサイト	……………	**70, 76, 172**
東京地判平成20年4月18日，スターボねえちゃん事件，裁判所ウェブサイト	………	**248, 256**
東京地判平成20年5月28日，ロクラクⅡ事件，判時2029号125頁	……………………	**135**
東京地判平成20年6月25日，ネットワーク技術者教本事件，裁判所ウェブサイト	…	**125, 210**
那覇地判平成20年9月24日，首里城事件，判時2042号95頁	………………………	**70**
東京地判平成20年12月25日，真説猟奇の檻事件，裁判所ウェブサイト	……………	**199**
東京地判平成21年2月19日，フランスの運河を巡って事件，裁判所ウェブサイト	…	**72**
大阪地判平成21年3月26日，マンション読本事件，判時2076号119頁	…………	**58, 137, 239**
東京地判平成21年8月25日，新しい歴史教科書をつくる会事件，裁判所ウェブサイト	…	**204**
東京地決平成22年5月24日，スリー・ディ・アイ株式会社事件，LEX/DB25471293	………	**60**
東京地判平成22年5月28日，漢方コラム事件，裁判所ウェブサイト	………………	**162**
東京地判平成22年9月10日，やわらかい生活事件，判時2108号135頁	……………	**205**
札幌地判平成22年11月10日，風車写真事件，LEX/DB25464357	……………………	**171**
東京地判平成23年3月2日，USBフラッシュメモリ事件，裁判所ウェブサイト	…………	**317**
東京地判平成23年11月29日，マンモス画像事件，裁判所ウェブサイト	……………	**183**
東京地判平成23年12月14日，ケーズデンキテレビCM原版事件，判時2142号111頁	………	**132**

大阪地判平成24年1月12日，ストッキング販促ツールデザイン画事件，裁判所ウェブサ
イト ……………………………………………………………………………………………… **122**

東京地判平成24年2月23日，携帯電話機用釣りゲーム事件，裁判所ウェブサイト	……	**224**
東京地判平成24年2月28日，Shall we ダンス？事件，裁判所ウェブサイト	………	**196**
東京地判平成24年9月27日，餃子焼売イラスト事件，判時2196号108頁	……………	**183**
東京地判平成24年9月28日，霊言DVD事件，判タ1407号368頁	……………………	**160, 171**

338 判例索引

東京地判平成24年12月18日，ディスクパブリッシャー制御ソフト事件，裁判所ウェブサイト‥‥‥‥‥‥‥‥‥‥‥‥‥‥‥‥‥‥‥‥‥‥‥‥‥‥‥‥‥‥‥‥‥‥‥‥**241**

東京地判平成25年3月14日，風にそよぐ墓標事件，裁判所ウェブサイト‥‥‥‥‥‥**182**

東京地判平成25年3月25日，いのちを語る事件，裁判所ウェブサイト‥‥‥‥‥‥**182**

東京地判平成25年4月26日，ENJOY MAX事件，判タ1416号276頁‥‥‥‥‥‥‥**229**

東京地判平成25年7月16日，天皇陛下似顔絵事件，裁判所ウェブサイト‥‥‥‥**212**

大阪地決平成25年9月6日，希望の壁事件，判時2222号93頁‥‥‥‥‥‥‥‥‥**184**

東京地判平成25年12月20日，毎日オークションカタログ事件，裁判所ウェブサイト‥‥‥‥**175**

東京地判平成26年3月14日，旅行業システムSP事件，裁判所ウェブサイト‥‥‥**204**

東京地判平成26年4月30日，遠山の金さん本訴事件，裁判所ウェブサイト‥‥‥‥**151**

東京地判平成26年8月29日，ゴム製バンド事件，裁判所ウェブサイト‥‥‥‥‥**151**

東京地判平成26年12月18日，江戸明治東京重ね地図事件，裁判所ウェブサイト‥‥**198**

東京地判平成27年2月25日，歴史小説事件，裁判所ウェブサイト‥‥‥‥‥‥‥**182**

東京地判平成27年3月25日，MANGA RAK事件，裁判所ウェブサイト‥‥‥‥‥**263**

東京地判平成27年3月26日，幻想ネーミング辞典事件，裁判所ウェブサイト‥‥‥**203**

東京地判平成27年3月27日，通信・放送融合論文事件，裁判所ウェブサイト‥‥‥**182**

大阪地判平成27年9月10日，いわきフラオンパク事件，判時2320号124頁‥‥‥‥**158**

東京地判平成27年11月20日，Dazzy写真事件，裁判所ウェブサイト‥‥‥‥‥‥**184**

東京地判平成27年11月30日，英単語語呂合わせ事件，裁判所ウェブサイト‥‥‥‥**151, 195**

東京地判平成28年1月22日，ヤフオクオマケ事件，裁判所ウェブサイト‥‥‥‥**213**

東京地決平成28年4月7日，判例百選事件，判時2300号76頁‥‥‥‥‥‥‥‥‥**203, 206**

東京地判平成28年4月21日，FC2サイト事件，判時2316号97頁‥‥‥‥‥‥‥‥**79**

東京地判平成28年10月27日，仕入会分析ソフト事件，裁判所ウェブサイト‥‥‥‥**151**

東京地判平成28年12月6日，遮断弁事件，裁判所ウェブサイト‥‥‥‥‥‥‥‥**77**

大阪地判平成29年2月20日，ヤフオクダウンロード事件，裁判所ウェブサイト‥‥‥‥**80**

東京地判平成29年2月28日，交通事故110番宣伝広告事件，裁判所ウェブサイト‥‥‥**184**

大阪地判平成29年3月21日，アクシスフォーマー事件，裁判所ウェブサイト‥‥‥‥**160**

東京地判平成29年11月30日，食品包装デザイン事件，裁判所ウェブサイト‥‥‥‥**184**

東京地判平成30年1月30日，建築CADソフトウェア事件，裁判所ウェブサイト‥‥‥‥**135**

東京地判平成30年2月21日，沖国大ヘリ墜落事故事件，裁判所ウェブサイト‥‥**70, 72**

東京地判平成30年3月1日，ブルニアンリンク事件，判時2392号50頁‥‥‥‥‥‥**77**

大阪地判平成30年4月19日，ジャコ・パストリアス事件，裁判所ウェブサイト‥‥‥‥**189**

東京地判平成30年6月19日，一竹辻が花事件，裁判所ウェブサイト‥‥‥‥‥‥‥**77**

徳島地判平成30年6月20日，四国八十八ヶ所本尊事件，判時2399号78頁‥‥‥‥**208**

大阪地判平成30年9月20日，フラダンス振付事件，裁判所ウェブサイト‥‥‥‥‥‥**196**

大阪地判平成30年10月18日，傘立て事件，裁判所ウェブサイト‥‥‥‥‥‥‥‥**197**

奈良地判令和元年 7 月11日，金魚公衆電話ボックス事件，裁判所ウェブサイト……………194

著作権トラブル解決実務ハンドブック

2019年10月 3 日　初版第 1 刷印刷
2019年10月16日　初版第 1 刷発行

編著者　三　山　裕　三
発行者　逸　見　慎　一

発行所　東京都文京区　株式　青　林　書　院
　　　　本郷 6 丁目 4 の 7　会社
振替口座　00110-9-16920／電話03(3815)5897〜8／郵便番号113-0033
ホームページ☞http://www.seirin.co.jp

印刷／藤原印刷株式会社　落丁・乱丁本はお取替え致します。
Ⓒ2019 三山　Printed in Japan
ISBN978-4-417-01773-8

JCOPY 〈出版者著作権管理機構　委託出版物〉
本書の無断複製は著作権法上での例外を除き禁じられています。複製される場合は，そのつど事前に，出版者著作権管理機構（TEL 03-5244-5088，FAX 03-5244-5089，e-mail: info@jcopy.or.jp）の許諾を得てください。